AI 빅뱅
AI 빅뱅
AI 빅뱅
AI 빅뱅

일러두기

1. 이 책은 저자의 기출간 논문과 발표문, 단행본의 일부 내용을 새로 집필한 글과 엮은 것이다. 출처에 기출간 자료의 서지정보를 수록했다.
2. 각 장 끝에 수록된 'Q&A로 짚어보기'는 저자의 강의와 인터뷰에서 제기된 주요 물음을 문답 형식으로 정리한 것이다.
3. 주요 용어와 인명은 번역어와 함께 원어를 병기했다. 번역어는 국내에서 관용적으로 많이 쓰이는 표현이 있는 경우 해당 표현으로 표기했고, 그 외 경우는 원어 발음에 가깝게 표기했다.
4. 본문에서 인용한 문헌은 각주로 출처를 표기했다. 해당 문헌의 자세한 서지정보는 참고문헌에 수록했다.
5. 단행본은 『 』, 저널과 신문은 《 》, 논문과 보고서는 「 」, 그림·동영상·영화는 〈 〉로 구분했다.
6. 이 책에 제시된 그림과 표는 기존 문헌 자료를 인용한 경우 재가공해 수록했다. 출처는 해당 이미지 제목이나 각주에서 확인할 수 있다. 출처 표시가 없는 경우 저자가 직접 웹에 접속해 작업한 것이다.

AI 빅뱅
AI 빅뱅
AI 빅뱅
AI 빅뱅

생성 인공지능과 인문학 르네상스

김재인 지음

동아시아

AI 발전 전망을 둘러싼 대논쟁의 시대

문용식 · 아프리카TV 창립자,
제주대 소프트웨어융합원 석좌교수, (전)한국지능정보사회진흥원 원장

AI 발전 전망을 둘러싼 대논쟁의 시대다. AI 빅뱅은 논쟁의 빅뱅을 불러왔다. 논란은 생성형 AI 모델에 내재한 고유의 문제점과 한계 등 가까운 지점에서 시작했다. 환각 현상, 확증편향, 오리지널리티의 실종, 생태계의 황폐화 등을 어쩌할 것인가?

논쟁은 당연히 근본적인 지점까지 나아간다. 인간에게 창조란 무엇인가? 언어를 생성한다는 것은 무엇인가? 인간의 본질은 무엇인가? 인공지능과 인간지능, 즉 디지털 지능과 생물학적 지능의 차이는 무엇인가? 많은 사람이 두려워하는 인공일반지능^{AGI}의 시대는 과연 오는 것인가? 인공지능을 계속 인간의 통제하에 두는 인간의 가치와 정렬된^{Alignment} AI는 가능한 것인가? 지금도 제프리 힌튼과 얀 르쿤, 허사비스와 샘 올트먼 사이에는 세기의 논쟁이 벌어지고 있다.

이런 본질적인 질문에 관심을 가진 독자에게 이 책을 추천한다. 이 책의 장점은 철학적 '깊이'에 있다. 저자는 AI의 근본적인 원리와 한계를 차근차근 짚어간다. 저자의 논지를 따라가다 보면 AI 빅뱅 시대가 왜 역설적으로 '인문학 르네상스' 시대를 가져오는지, 인문학은 왜 인간의 언어에서 디지털, 데이터, 수학, 과학, 예술의 언어로까지 확장되어야 하는지, 인간의 교육은 무엇을 바꾸어야 하는지를 매우 선명하게 알게 된다.

인공지능은 예술작품을 창작할 수 있을까?

김대식 · 카이스트 전기 및 전자공학부 교수

"인공지능은 예술작품을 창작할 수 있을까?"라고 저자는 물어본다. 창작이란 무엇이고, 예술의 영역은 어디까지이고, 인공지능에게 과연 한계는 있는 걸까? 챗GPT를 시작으로 전 세계 산업, 사회 그리고 정치까지도 뒤흔들어 놓고 있는 '생성형 인공지능Generative AI'. 『AI 빅뱅』을 읽으며 필연적으로 하게 되는 질문들이 있다. 생성형 인공지능 시대를 살게 될 미래 인류는 참과 거짓의 차이에 관심이라도 있을까? 그들은 어떤 일을 하며 살까? 그리고 만약 생성형 인공지능이 범용 인공지능AGI의 시작점이라면…. 생성형 인공지능의 시대는 결국 더 이상 인간이 없는 세상을 말하는 걸까? 많은 생각과 고민을 하게 하는 책이다.

AI 빅뱅 시대, 인공지능에 대한 최상의 안내서

김만권 · 경희대학교 학술연구교수, 정치철학자

철학자 김재인의 말처럼 'AI 빅뱅' 시대다. 새로운 생성 인공지능이 삶의 거의 모든 영역에서 자리 잡으며 폭발하고 있다. 그래서 모두 다 불안하다. '인공지능이 인류를 집어삼키지는 않을까?' 막연한 두려움이 우리를 잠식하고 있다. 그런데 대다수 우리는 인공지능에 대해 아는 것이 별로 없다. 아는 게 없으니 더 두렵다. 이런 두려움에 사로잡혀 있는 사람들에게 『AI 빅뱅』은 최상의 안내서다. 생성 인공지능에 대해 친절히 알려줄 뿐만 아니라 인공지능과 '인간'이 어떻게 다른지 상세히 들려준다. 더하여, 흔들리는 인문학과 교육의 어깨를 토닥이고 새로운 시대에 적합한 변화의 길까지 제시한다. 이 책에서 독자들은 위기에 대응하는 철학의 쓸모를 볼 수 있으리라 확신한다.

인공지능과 함께 살아갈 인류를 위한 책

하정우 · 네이버 클라우드 AI innovation 센터장

2022년 11월 챗GPT가 출시된 이후로 매일매일 쏟아져 나오는 초거대 생성 AI 기술과 서비스들은 따라가기도 벅차다. 마이크로소프트에서 발표한 Spark of AGI with early GPT-4라는 연구나, GPT-4를 활용한 Auto-GPT의 등장은 인공지능 특이점의 가능성을 논하게 한다. 이런 흐름을 대변하듯, 국내에서도 매일매일 초거대 생성 AI 관련 도서들이 쏟아져 나오고 있다. 챗GPT의 설명, 응용, 돈 버는 법 등을 다룬 책이 다수를 차지하고, 더러 가치와 한계점을 동시에 설명하는 나름 균형 잡힌 책도 출간되고 있다.

이러한 챗GPT 열풍 상황에서 이 책은 또 다른 의미를 갖는다. 다른 책과 달리 인문학, 철학 관점에서 현재 초거대 생성 AI가 갖는 의미와 한계를 비판자적 입장에서 설명한다. 이 책에서 서술한 기술적인 설명이나 해석에는 논쟁의 여지가 있는 것도 사실이다. 그러나 인공지능이 인터넷 이상의 파급력을 갖고 인류가 인공지능과 함께 살아가는 시대가 올 것을 고려하면, 공학적 시각과는 다른 시각으로 인공지능을 바라보는 것도 중요할 것이다. 다양성이 세상을 강하고 튼튼하게 만든다. 인공지능에 관심 있는 독자들은 이 책을 통해서 또 다른 시각과 해석을 경험할 수 있으리라 생각한다.

AI를 가장 정확하게 아는 인문사회 연구자

김성환 · 대진대학교 대학원장

한국연구재단 인문학단장으로 일할 때 「인문사회와 인공지능AI 융합연구지원방안」(2020)이라는 정책과제를 맡길 인문사회 연구자를 찾고 있었다. 조건은 우리나라에서 AI를 가장 정확하게 아는 인문사회 연구자였다. 김재인 교

수가 연구책임자로 선정되었다. 김재인 교수는 이 정책과제가 끝난 뒤 정보통신기획평가원IITP이 기획한 「인공지능기술청사진 2030」(2020) 프로젝트에 참여했다. AI 관련 공학 전문가들의 작업에 인문사회 연구자가 본격 협업한 것은 처음이었다. 김재인 교수를 여러분께 추천한다. 우주를 만들어 낸 빅뱅처럼, 『AI 빅뱅』은 여러분을 생성 인공지능의 우주로 안내할 것이다. 재미있는 여행을 즐기시길 바란다.

나는 여전히 김재인의 통찰을 지지한다

박진서 · 구글 클라우드 코리아 FSR, 『악마는 꼴찌부터 잡아먹는다』 저자

상상으로만 존재하던 것이 현실이 되는, 그 누구도 예상치 못한 세상. 이러한 부류의 신세계는 인간에게 축복보다 시련을 안겨줄 가능성이 더 크다. 왜냐하면 대다수 사람들이 관심을 가지고 환호하는 새로운 것들의 이면에는 항상 어두운 그림자가 숨어 있기 때문이다. 그래서 이 시대의 우리에겐 철학과 인문학의 힘이 요구된다.

혹여라도 빅테크 시대에는 철학이 쓸모없는 것이라고, 인문학을 공부하는 것이 무용하다고 믿는 자들이 있다면, 그들은 이 책의 저자 김재인 선생을 기억해야 한다. 그는 인간의 본질을 협업자로 보면서, 이를 강화하기 위한 새로운 인문학과 그에 어울리는 새 교육과정을 제안하며 세상에 더 많은 걸 주고 싶어 한다.

그를 통해 우리는 불안한 삶을 부여잡는 길을, 스스로의 무지를 한탄하지 않고 꼿꼿이 걸어가는 방법을 배우게 된다. 정신이 번쩍 든다. 나는 여전히 그의 통찰을 지지하지 않을 수 없다.

급격한 기술변화에 관한 철학적 사유

김영수 · 국립한글박물관 관장

김재인 교수는 두 가지 면에서 출중한 인문학자다. 우선 그는 오랜 시간 4차 산업혁명, 인공지능, 빅데이터, 블록체인, 사물인터넷 등 급격한 기술변화가 인류에 미칠 영향을 견고한 철학적 사유를 바탕으로 연구하고 있다. 더 중요한 건 김 교수는 국내외를 막론하고 이 기술변화가 가진 의미와 그 파장에 대해 사유하고 예측하고 판단한 바를 자신 있게 진술하는 몇 안 되는 귀한 학자라는 점이다. 이 책을 포함한 김 교수의 연구가 특이점singularity에 대한 오해를 극복하고 미래를 대비하는 데 소중한 지적 자산이 될 것임을 믿는다.

모든 화제의 중심, 생성형 인공지능

김정호 · 코너아시아 대표

챗GPT로 대표되는 생성형 인공지능이 화제의 중심에 섰다. 산업과 시장을 완전히 리셋할 기술 혁신이라는 사실에 압도당한 개인들은 그 변화의 폭과 깊이를 가늠하기가 쉽지 않다. 갑작스러운 대유행이 되기 전부터 인공지능 문제에 대해 깊이 천착해 온 김재인 교수답게, 새로운 변화의 맥을 꼼꼼히 짚어준다. 다 읽고 나니 생성형 인공지능에 대한 이해의 첫걸음을 잘못 떼면 엉뚱한 이해의 길로 들어서고도 남겠다 싶다. 이 책이 아니었다면 생성형 인공지능에 대한 이해가 '챗GPT=만능 생산성 도구'라는 데서 한 발짝도 나가지 못할 뻔했다. 가볍게 읽히지 않는 책이라서 더 추천하게 된다. 생성형 인공지능이 우리에게 던져준 화두가 절대 가볍지 않다. 가볍게 읽히지 않는 것이 당연하다.

인공지능 기술이 우리에게 던지는 질문을 생각하다
한상기 · 테크프론티어 대표, 『신뢰할 수 있는 인공지능』 저자

이 책은 인간의 눈으로 바라본 인공지능 이야기다. 기술에 대한 철학자의 시선에는 늘 색다른 면과 통찰이 있다. 김재인 교수와 여러 번 토의와 협업을 했던 나로서는 생성형 인공지능이 폭발적으로 성장하는 이 시대에 인공지능 기술이 예술과 우리 존재 및 인식에 어떤 질문을 던지는지 생각해 볼 수 있게 하는 책이 나와 반갑다.

거대 언어 모델과 인간 언어의 의미와 활용을 동일선상에서 비교하는 것에는 여러 논쟁이 있지만, 언어철학자들이 생각해 온 언어의 의미와 챗GPT 등의 문장 생성 간 관계를 깊이 있게 비교 분석하는 것은 여전히 흥미로운 주제다. 그가 꾸준히 주장하는 새로운 인문학의 필요성에 늘 동의하면서, 인문학자와 공학자의 교류가 더 많아지기를 바라는 마음에 이 책을 권한다.

AI 제대로 이해하는 철학자의 통찰이 빛나는 책
정지훈 · K2G테크펀드 공동창업자,
모두의연구소 CVO, DGIST 전기전자컴퓨터공학과 겸임교수

기술을 제대로 이해하는 철학자, 김재인 교수의 통찰이 빛나는 책이다. AI 시대에 우리에게 반드시 필요한 예술과 언어, 창조성과 교육에 이르는 수많은 인문학적 문제들에 대해 깊이 있는 답과 해결책을 제시하고 있다. AI에 관심이 있는 일반인이나 인문학 전공자는 물론이고 AI 전공자에게도 꼭 읽어보라고 권하고 싶다.

'사회적 동물'로서의 인간 본연의 능력
인공지능 시대의 인류에게 전하는 희망의 메시지
이원태 · 한국인터넷진흥원 원장

김재인 교수를 처음 만난 것은 '알파고 충격'에 휩싸여 ICT 정책연구의 새로운 방향 설정을 고민하던 2017년 말 어느 인공지능 세미나 현장에서였다. 그당시 인공지능 시대를 바라보는 그의 계보학적, 인문학적 성찰은 내가 인공지능 관련 디지털 사회정책 어젠다를 새롭게 발굴하는 데 훌륭한 지적 촉매제 역할을 했었다. 그 이후 'AI 윤리', '알고리즘 규제' 등 지능정보사회 규범연구가 내게 숙명과도 같은 중요한 정책연구 주제가 되었기 때문이다

그런 점에서 이번에 6년 만에 새롭게 펴낸 『AI 빅뱅: 생성 인공지능과 인문학 르네상스』는 챗GPT로 대표되는 생성 인공지능에 대한 두 번째 인문학적 통찰서라는 점에서 너무 반갑다. 저자가 스스로 밝혔듯이, "인공지능의 등장은 인간을 다시 묻게 했고, 이제 생성 인공지능은 인간의 가장 본질적인 특징과 능력을 돌아보게 하고 있기" 때문이다

6년 전에서도 그랬듯이, 이 책은 인공지능 시대를 살아가는 인간과 인류에게 새로운 희망의 메시지를 전하고 있다. 멀티모달 초거대 언어모델에 기반한 생성 인공지능의 충격이 인간의 존재감을 위축시키는 게 아니라 오히려 인간의 본질적 능력과 가치를 새롭게 부각시킬 것으로 전망하는 것이다. 특히 창작의 진정한 의미가 작품 그 자체보다 작품에 대한 가치 부여 방식으로서의 '평가'에 있듯이, 끊임없이 새로운 가치를 창조하려는 가치평가 행위는 인간의 핵심 능력이라는 것이다. 창작과 교육에 있어서 협력 또는 협업이라는 '사회적 동물'로서의 인간 본연의 능력은 생성 인공지능이 결코 대체할 수 없을 것이다.

인공지능과 인간의 상호작용에 있어서 '최종적 해석자', '최종심급the last instance 결정자'로서의 인간의 본질적 역할은 인공지능의 잠재적 위협에 대

비하려는 정책담당자 입장에서도 중요한 시사점을 제기한다. 인공지능 시대의 다양한 사이버위협을 극복하는 데에 있어 사이버보안 역량 강화를 고민하게 만들기 때문이다. 과거 ICT 정책연구자 시절 알파고 충격이 인공지능과 윤리의 관계를 성찰하게 만들었다면, 오늘날 사이버보안을 담당하는 정책담당자의 입장에서 챗GPT의 충격은 인공지능과 보안의 관계를 더욱 유기적으로 만들어야 할 숙제를 떠안겨 주었다. 생성 인공지능은 어쩌면 내게 인공지능 규범 연구의 두 번째 전환점이 되었다고도 할 수 있을 것이다.

생성형 AI의 현재와 미래를 짚는 데 매우 유용한 책

장동선 · 뇌과학자, 한양대 창의융합교육원 교수,
『AI는 세상을 어떻게 바꾸는가』 저자

2023년은 아마도 AI 기술이 인간의 삶에 들어와 대체하기 어려운 그 일부가 되어버린 해로 기억되지 않을까. 그런 의미에서 『AI 빅뱅』이라는 책은 챗GPT와 바드를 필두로 엄청난 속도로 일상을 바꿔가고 있는 생성형 AI의 현재와 미래를 짚는 데 매우 유용한 책이다. 무엇보다 오랫동안 인공지능을 연구해 오던 철학자의 눈으로 '언어'와 '창조'의 본질에 대한 질문을 던지며 AI 언어 모델의 작동 방식을 들뢰즈, 과타리, 촘스키, 비트겐슈타인과 같은 언어 철학자의 시각에서 다룬 부분은 많은 생각할 거리들을 던져준다. 최근에 쏟아져 나오고 있는 수많은 AI 관련 책 중에서 눈에 띄는 독보적이고 신선한 책이다. 단순히 AI 기술과 트렌드만을 다루는 것이 아니라 AI와 함께 살아갈 삶 안에서의 협업과 교육에 대해 보다 깊은 질문을 던지기에 이 책을 추천한다.

인공지능의 본질에 대한 철학적 질문

권호열 · 정보통신정책연구원 원장

챗GPT가 선도하는 생성 인공지능 혁명은 국가 산업과 경제뿐만 아니라 문화, 예술 등 전 사회적으로 인간의 일하는 방식과 삶을 완전히 바꾸어 갈 전망이다. 저자는 인공지능 시대에 대응하는 방안을 찾기 위한 선행작업으로서 초거대 언어모델인 생성 인공지능의 본질에 대하여 철학적인 질문을 던진다. 이 책은 챗GPT 기술의 발전 과정과 응용 사례를 소개할 뿐만 아니라 생성 인공지능의 한계를 밝히고 확장된 문해력을 포함하는 인문학 교육 등 저자의 주요 이슈별 제안을 담고 있어서 일반인은 물론 정책 관계자들에게도 생각할 점을 던져준다.

우리에게 필요한 것은 새로운 차원의 다름

이제현 · 한국에너지기술연구원 책임연구원

여행할 때 카메라를 들고 포즈를 취하기보다 신체의 감각을 활용해 새로운 기분을 느끼려고 하는 편이다. 흔히 말하는 포토스팟Photo Spot 사진은 내 사진과 인터넷 검색 결과가 다르지 않기 때문에 찍고 싶은 생각이 별로 들지 않는다. 섀넌Claude Shannon이 말한 정보 엔트로피처럼 흔한 대상의 가치는 0으로 수렴하기 때문이고, 내가 영상으로 남기고 싶은 것은 검색하면 나오는 풍경이 아니라 옆에 있는 가족의 행복이기 때문이다. 이런 사진엔 스마트폰 카메라면 족하다.

바야흐로 인공지능이 글을 쓰고 그림을 그리는 시대다. 누구나 일상의 언어로 명령prompt하는 것만으로 불과 몇 달 전의 내가 상상하지 못할 수준의 결과물을 심지어 대량으로 생산할 수 있다. 누구나 예술작품을 만들 수 있는 시대이지만, 역설적으로 남들과 비슷해지기 쉽다. 인공지능은 학습된 데이터 밖을 벗어나기 어렵기 때문이다. 기술에 경도된 이들은 파라미터 수로 새로 나온 인공지능 모델을 평가하기도 하지만, 종국의 가치는 사용자가 느끼는 만족감이다. 특수효과가 현란해도 스토리가 뻔한 영화는 감동이 없기 마련이다.

인공지능으로 인한 또 다른 대량생산의 시대에 우리에게 필요한 것은 새로운 차원의 다름일지도 모른다. '남다르다'라는 우리말처럼, 인류는 남들과 다름에서 존재감을 느끼는 생물이기 때문이다. 저자가 던지는 많은 화두를 마음에 담아 새로운 싹으로 키워내기를 바란다.

AI는 주체가 아니라 미디어이자 인문학적 탐구 주제
이경전 · 경희대학교 경영학과, 빅데이터응용학과, 첨단기술비즈니스 학과 교수

가치 창조를 평가하는 능력이 있고 그 평가를 스스로 바꿀 수 있다는 점에서, 문제나 목표를 스스로 형성할 수 있다는 점에서 인간은 AI와 차별화된다. AI가 알려준 것을 활용하려면 인간은 AI가 평균적으로 해내는 것보다 더 큰 능력, 즉 전문지식과 기능을 갖추어야 한다. 언어는 인간을 닮지만 진실을 닮진 않고, 원리상 오류를 내포하며, 언어로 번역되지 않는 감각이 있으므로 초거대 언어모델은 한계가 있다. AI는 주체가 아니라 미디어이며, AI에 대한 사람들의 의인화 경향은 인간의 본성으로, 연구해야 할 인문학적 탐구 주제일 뿐이다. 이러한 저자의 냉철한 분석은 평자의 평소 생각과 100퍼센트 같아 반갑고 위로가 되었다. 인공지능 전문가들, 인문학에 종사하는 분들, 그리고 인공지능 시대에 인간 존재의 문제를 고민하는 모든 분들께 이 책은 철학적, 과학적 기초를 제공할 것이다.

차례

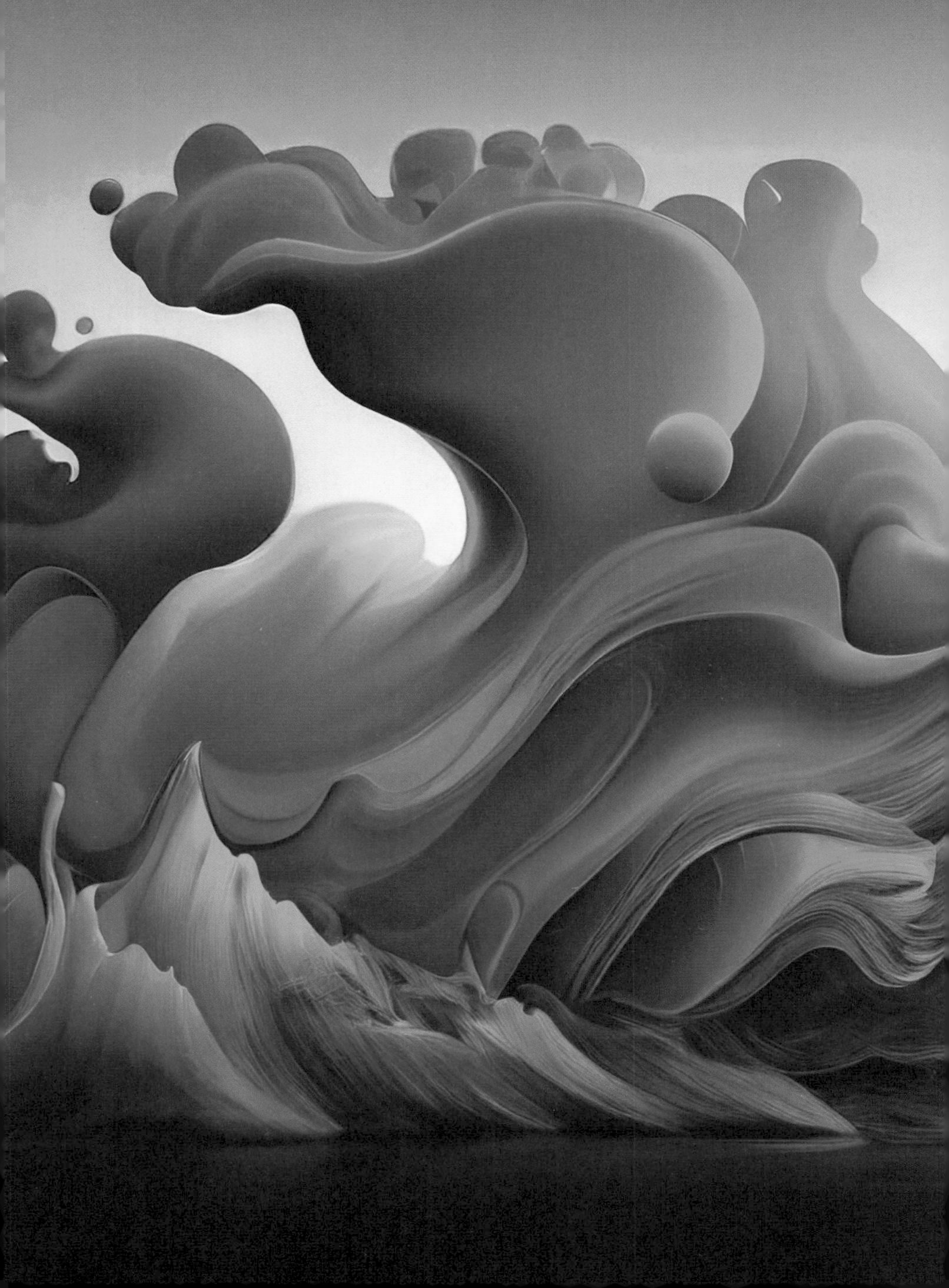

꼭 7년 전, 알파고가 준 충격의 여파 속에서 『인공지능의 시대, 인간을 다시 묻다』를 쓰기 시작했다. 지금 생성 인공지능이 인류를 다시 한번 놀라게 하고 있다.

알파고와 생성 인공지능의 가장 큰 차이는 사용자 인터페이스^{UI}와 사용자 경험^{UX}에 있다. 알파고가 바둑을 둘 줄 아는 사람의 관심사였다면 생성 인공지능은 일반인 모두에게 놀라운 경험을 주었다. 쉽게 '대화형'으로 요청하면 생성 결과를 곧바로 내놓는다는 것이 생성 인공지능의 핵심 특징이다. 어찌 보면 알파고는 블랙박스 속에 숨어서 활동하는 은자隱者의 느낌이라면 생성 인공지능은 말동무 혹은 개인 비서에 가깝다. 그래서 더 충격이 컸는지 모른다. 이를 생명 종이 폭발적으로 늘어난 '캄브리아기 대폭발'에 비유하는 이들도 많다. 나는 지금 상황을 'AI 빅뱅'으로 부르고 싶다.

생성 인공지능은 그림, 언어, 음악, 영상, 코드 등을 생성하는 인공지능을 가리킨다. 먼저, 생성 인공지능의 역사를 짧게 살펴보겠다.[1]

---

1 기술적 내용에 대해서는 다음 기사를 참조. AI Network, 「GPT 모델의 발전 과정 그리고 한계」, 2021년 2월 19일, https://medium.com/ai-networkkr/gpt-모델의-발전-과정-그리고-한계-81cea353200c, (마지막 접속 2022년 11월 6일) 및 Will Douglas Heaven, 「초거대 AI 모델들이 탄생한 2021년」, https://www.technologyreview.kr/초거대-ai-모델들이-탄생한-2021년/ (마지막 접속 2022년 11월 6일).

2017년 구글의 연구자들은 「주목이 전부다Attention is all you need」라는 논문에서 '트랜스포머Transformer'라는 자연어 처리 모델을 발표했다. 비영리재단 오픈AI는 이 모델을 활용해 '사전훈련 생성 트랜스포머Generative Pre-Trained Transformer', 약칭 GPT라 불리는 '초거대 언어모델Large Language Model, LLM'을 개발한다. 오픈AI는 2018년 1억 1,700만 개의 매개변수parameter가 있는 GPT-1을 발표했고, 2019년 1억 2,400만 개에서 15억 개의 매개변수가 있는 총 4개 버전의 GPT-2를 발표한 데 이어, 2020년 6월에 1,750억 개의 매개변수가 있는 GPT-3를 출시했다(2023년 3월 14일에 GPT-4가 출시됐지만 이 버전은 역사가 이루어진 후의 사건이다). 매개변수란 언어 간의 관계의 개수라고 이해하면 좋다. 매개변수가 많아지면 언어 전체의 세밀한 좌표 혹은 지도가 그만큼 정밀해지고 해상도가 높아졌다는 뜻이다. 이에 따라 각종 언어 관련 문제 풀이, 무작위 글짓기, 간단한 사칙연산, 번역, 주어진 문장에 따른 간단한 코딩이 가능해졌다. 이 GPT-3가 지금 유행하는 생성 인공지능의 원천이다.[2]

앞서 말했듯 생성 인공지능은 그림, 언어, 음악, 동영상, 코드 등 다양한 모드mode를 생성하지만, 논리적으로 언어 생성 인공지능과 이미지(이미지는 비언어적인 모든 것을 대표한다) 생성 인공지능으로 나눌 수 있다. 요컨대 언어와 비언어 생성을 아우르는 명칭이 '생성' 인공지

---

2 GPT 말고도 2018년에 구글에서 출시한 버트(Bidirectional Encoder Representations from Transformers, BERT)라는 초거대 언어모델이 있는데, 이는 언어 '생성'보다 '정확도'에 초점을 맞추었다.

능이다. 중요한 건 비언어 생성 인공지능도 아직은 언어 생성 인공지능에 종속되어 있다는 점이다. 비언어 자료도 컴퓨터에 입력될 때 언어 설명label이 붙어 있기 때문이다. 우리는 챗GPT에 주목하며 놀라고 있지만, 실은 더 넓은 시야와 관점에서 언어·비언어 생성 인공지능 전반을 고려해야 현재의 인공지능 상황을 이해할 수 있다.

초거대 언어모델은 법률, 행정, 백과사전, 시와 소설, 역사, 철학, 신문 기사 등 활용할 수 있는 모든 문장을 데이터로 삼아 학습했으며, 개별 단어(정확히는 언어 '토큰') 다음에 어떤 단어가 오는지, 또 개별 문장뿐 아니라 어떤 문장 다음에 어떤 문장이 오는지도, 즉 문장 간의 관계도 학습한다. 학습이라는 표현을 썼지만 통계적 빈도를 추출해 활용한다고 이해하면 더 좋다. 이렇게 되면 어떤 단어 다음에 올 수 있을 법한 단어가 추천되고, 또 어떤 미완성 문장 다음에 어떤 단어들이 올지 추천되며, 문장 중간중간 구멍이 뚫린 곳에 어떤 단어가 들어갈지도, 나아가 한 문장 혹은 몇 개 문장 뒤에 어떤 문장 혹은 문장들이 올지도 추천될 수 있다. 초거대 언어모델에 기반한 언어 생성은 이런 식으로 이루어진다. 새 문장들의 생성은 철저하게 통계와 확률 그리고 여기에 가미되는 변이의 미세한 편향bias과 가중치weight에 따라 이루어진다.

놀라운 소식은 언어 생성보다 그림 생성에서 먼저 전해졌다. 2015년 구글의 딥드림 생성기, 2016년 마이크로소프트의 넥스트 렘브란트, 2017~2019년 럿거스 대학 팀의 AICAN 같은 시도가 비교적 초기의 것이었다면, GPT-3를 활용하기 시작한 2021년 1월의 달

그림1　Théâtre D'opéra Spatial
미국 콜로라도 주립박람회 미술대회의 디지털아트 부문에서 우승 (2022년 8월)

리DALL-E, 2021년 10월의 디스코디퓨전Disco Diffusion, 2022년 3월의 미드저니MidJourney, 2022년 4월의 달리 2DALL-E 2, 2022년 8월의 스테이블디퓨전Stable Diffusion까지 '텍스트를 이미지로Text-to-Image' 기반의 발 빠른 전개는 눈부시다 못해 경이롭다.[3] 특히 2021년과 2022년의 발전은 이른바 글자로 프롬프트prompt를 적어 그림을 구성하는 요소들을 요청하면 인공지능이 그에 따라 이미지를 생성한다는 특징

그림2   그림3

이 있다. 검색창에 키워드를 여러 개 집어넣어 찾고자 하는 내용에 최대한 가깝게 다가가려는 시도와 비슷하다.

최근의 이미지 생성 모델은 언어뿐 아니라 이미지도 함께 학습시킨 데서 출발한다. 언어로 설명이 붙은 이미지를 언어와 함께 학습했기 때문에 언어 프롬프트로 입력해도 이미지가 출력될 수 있다. 가령 "카스파르 다비드 프리드리히, 안개 바다 위의 고양이"라고 간단하게 프롬프트를 입력하면, 학습된 데이터에서 출발해 프롬프트에 맞는 이

---

3 〈그림1〉은 미국 콜로라도 주립박람회 미술대회의 디지털아트 부문에서 우승한 '스페이스 오페라 극장(Théâtre D'opéra Spatial)'으로, 미드저니를 통해 생성했다. 이 작품이 언론에 대대적으로 보도되면서 대중의 관심이 쏠리기 시작했다. 2022년 8월 말의 일이다. 이 작품은 세계사적 사건인데, 그 까닭은 기술자 사이에 통용되던 생성 인공지능이 드디어 일반인의 관심사가 된 계기이기 때문이다.

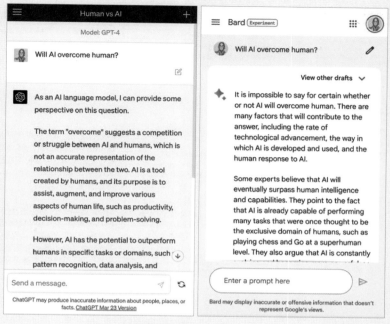

챗GPT 사용 화면   바드 사용 화면

미지가 생성되는 식이다(그림2 참조). 생성된 작품이 카스파르 다비드 프리드리히의 〈안개 바다 위의 방랑자〉에서 왔다는 것을 쉽게 알 수 있다(그림3 참조). 이렇게 언어와 이미지 두 종류의 매개변수를 학습했기 때문에 이를 '멀티모달multimodal'이라고 한다. 모드, 즉 방식이 여러 종류라는 뜻이다. 멀티모달로 언어, 이미지, 음악, 영상이 두루 학습되면, 프롬프트에 맞는 연속된 동영상 생성도 가능하다. 아니, 실제로 동영상 생성이 이루어지고 있다. 개인이 골방에서 영화를 만들 수 있는 경지에 이르게 된 것이다. 멀티모달 초거대 언어모델의 한계에

딥엘   구글 번역   파파고

대해서는 2장에서 상세히 논할 것이다.

　더 큰 충격은 언어 생성에서 왔다. 2022년 11월 30일, 오픈AI가 출시한 챗GPT^{ChatGPT}가 그것이다. 챗GPT는 GPT-3의 마이너 업데이트 버전인 GPT-3.5를 기반으로 개발됐다. 흥미로운 것은 챗GPT가 챗봇 형태로 운용된다는 점이다. 즉 챗GPT는 카카오톡이나 메신저로 대화하듯 질문 창에 문장을 적으면 그에 대응해 답을 한다. 그러니 채팅을 해본 사람이라면 누구나 쉽게 사용하고 결과물을 확인할 수 있다. 이 점은 너무나 중요하다. 사용자 경험의 혁명이 일어났기 때문이다. 2장에서 언급하겠지만, 챗GPT는 구글이나 네이버 같은 검색엔진

클로바노트
구글Speech-to-Text

위스퍼

이 아니어서 진실이 아닌 말을 꾸며내기도 한다. 이렇듯 몇몇 한계가 있음에도 불구하고 챗GPT가 일으킨 충격은 생성 인공지능 전체를 대표하는 흐름을 만들어 냈다. 그래서 어지간한 생성 인공지능은 '챗GPT'로 불리고 있다. 알파고가 인공지능 전체를 대표했던 시절의 재판이다. 그러나 생성 인공지능 사이에 미세한 특징과 용법이 있다는 점을 잊지 말아야 한다. 이에 질세라 2023년 3월 22일 구글도 챗GPT와 유사한 바드Bard를 일반에 공개했다.

널리 인정되고 있지는 않지만 언어 생성 인공지능에는 챗GPT 말고도 두 가지가 더 있으며, 이용자에 따라서는 그것들이 더 중요하다. 우선 인공지능 번역기가 있다. 최근 한국어 서비스가 추가된 딥엘DeepL의 성능이 탁월하고, 그 밖에 구글 번역이나 파파고가 있다. 물론 챗GPT도 있다. 워드나 PDF 문서를 올리면 책 한 권 분량도 뚝딱 번역해 줄 정도니 훌륭한 생산성 도구다. 시간을 엄청 절약해 주고, 참조 범위를 수천 배 넓혀준다. 인공지능 번역기는 언어 생성 인공지능의 정수다. 언어를 입력하면 언어를 생성해서 출력해 준다. 학생이나 연구자뿐 아니라 회사에서 자료를 찾으려 할 때도 무척 유용하다.

다음으로 음성 인식 문자 출력 인공지능Speech-to-Text, STT이 있다. 대표적으로 네이버의 '클로바노트'는 한국어 인식도 잘해준다. 강의나 회의, 인터뷰 내용을 글로 풀어주다니 기적 같은 일 아닌가. 이것 역시 글을 만들어 주는 언어 생성 인공지능이다. 이 책에서 언어 생성 인공지능이라 하면 적어도 챗GPT, 번역기, 음성 인식 모두를 포괄한다.

생성 인공지능은 '생산성 도구'다. 말하자면 우리가 작업할 때 결과물 산출을 도와주는 도구라는 뜻이다. 워드프로세서는 글쓰기 도구다. 과거 종이에 글을 쓰던 때(이 시절을 기억하는 사람도 점점 줄고 있지만)와 지금의 속도감을 비교해 보라. 생산성이 엄청나게 향상됐다. 물론 부작용도 있다. 불필요한 글도 크게 늘었다. 아무튼 워드프로세서의 등장으로 글쓰기 도구가 모두의 손에 쥐어졌다는 것만큼은 분명하다.

스마트폰은 '글쓰기' 도구로는 부적절하다. 과학적 문자인 한글 입력에는 그나마 낫다. 그래도 워드프로세서와 비견할 수는 없다. 하지만 스마트폰은 사진, 동영상 촬영, 녹음 등에서는 엄청난 생산성 도구다. 아주 전문적인 작업이 아니라면 별도의 카메라나 녹음기가 필요하지 않다. 이렇듯 생산성 도구는 '자신이 하는 작업'의 생산성 증대에 도움이 될 때 의미가 있다.

사실 도구를 잘 쓰려면 도구와 관련된 지식과 기술이 중요하다. 워드프로세서는 글쓰기의 기본을 갖춘 사람에게나 도구지, 글을 쓸 줄 모르는 사람에겐 무의미한 존재다. 도구는 활용하는 사람을 증강한다는 점을 놓쳐서는 안 된다. 본질을 봐야 한다. 챗GPT는 생산성 도구일까? 어떤 점에서 그럴까? 어떤 일을 도와줄 수 있을까? 자신이 하는 '일'의 관점에서 파악해야 한다. 작금의 챗GPT 열풍 뒤에도 더 중요한 것들이 많고, 그걸 놓치면 결국 뒤처질 것이다. 가령 마이크로소프트의 코파일럿copilot 같은 도구가 훨씬 영향력이 클 것으로 보인다. 워드 문서를 파워포인트 문서로 바꿔주고(중복 작업을 하지 않아도 된다), 실시간 통역도 가능하다. 여기에 협업 도구 기능까지 막강하다. 앞다투어 나오는 이런 인공지능 도구가 결국엔 승자가 될 것이다.

생성 인공지능의 등장은 일상적으로 하는 업무의 상당 부분을 대체하리라는 실질적 공포를 불러일으켰다. 알파고의 공포가 얼마간 과장이 섞여 있었던 데 반해(인공지능이 바둑 말고 뭘 대체한단 말인가) 문서와 그림과 발표 자료를 생성해 주는 인공지능을 보며 자신이 대체되고 말리라는 공포를 느낄 수밖에 없다(순식간에 워드 문서를 파워포인트 문서로 바꿔준다). 사용자 경험이 너무나 인상적이어서 상황을 몸으로 느낄 수밖에 없다.

일자리의 문제가 심각한 건 맞다. 하지만 '생성' 인공지능이 준 충격의 본질은 '창작'과 '교육' 부문에 있다. 창작의 진짜 의미는 무엇일까? 생성 인공지능이 과연 창작하는 걸까? 생성 인공지능 시대에 전문가의 위상은 어떻게 될까? 전문가가 할 일은 무엇일까? 2부의 4~6장에서 다룰 창작과 교육의 문제는 서로 얽혀 있다.

예술작품 창작이라는 주제와 관련해서 인공지능이 이미지나 영상을 그럴듯하게 생성한다는 사실은 앞에서 확인했다(1장에서 더 자세히 볼 것이다). 분명히 인공지능이 그 작업을 한 건 맞다. 하지만 예술작품 창작 작업에서 가장 결정적인 존재는 작품을 만들어 낸 작가다. 작품을 경험하는 감상자나 거래가 이루어지는 시장이나 작품의 의미를 설명하는 평론가와는 다른, 작가만의 독특함은 무엇일까?

작품을 창작할 때 가장 중요한 건 자기 작품을 평가해서 남에게 제시하는 순간이다. 예술가는 아무 결과물이나 남에게 보여주지는 않는다. 황순원의 단편 『독 짓는 늙은이』는 이 문제와 관련해 독보적인 사례다. 노인은 자기 작품을 갈고 닦고, 마음에 안 들면 깨버린다. 제일 좋은 걸 내놓기 위해서다. 반면 인공지능은 생성 속도가 무척 빠르지만 말 그대로 무작위로 작품을 산출한다. 1,000개의 작품을 내놓는다 해도 단 한 번의 평가도 거치지 않는다. 최종 평가 작업은 인간에게 넘겨진다. 이게 결정적인 차이다. 자기가 무슨 일을 하는지, 한 일이 좋은지 나쁜지 아름다운지 평가하지 못한다. 예술작품 창작을 비롯한 창작의 진정한 의미는 평가에 있다. 이 점은 2장에서 살필 언어 생성 인공지능에도 적용된다. 윤리, 법, 예술, 사상 등 지금까지 존재했던 것을 넘어서는 새로운 가치의 창조, 즉 가치 평가 활동이 인간의 핵심 능력으로 남을 것이다.

전문가란 어떤 존재일까? 전문가에는 두 종류가 있다. 하나는 교과서를 집필할 수 있는 사람, 다시 말해 해당 분야에서 그동안 전수되어 정립된 지식을 정리해 소개할 수 있는 사람이다. 근데 이 일은 언어 인공지능도 꽤 잘할 수 있다. 전문 분야의 교과서를 집필하는 일은 과거 교과서와 최신 논문을 활용해서 생성할 수 있기 때문이다. 한편 또 다른 전문가가 있다. 이게 사실 중요하다. 지식의 변방, 다시 말해 아직 교과서 수준으로 확립되지 않았지만, 새로 탐구할 만한 가치가 있는 영역을 과거 유산을 바탕으로 새롭게 탐구하려고 시도하고, 그로부터 뭔가를 끌어내는 사람이다. 이러한 전문가는 기존 지식의 평균치를 넘어서는 사람이라고 할 수 있다.

두 종류의 전문가 역할 중 후자의 역할, 다시 말해 새롭게 정립될 학습 자료의 채굴자 같은 역할이 전문가에게 필요하다. 또한 인공지능이 어설프게 생성한 오류 지식을 분별해 낼 수 있어야 한다. 바로 그 분별 능력, 새로운 걸 찾아내는 능력과 연동될 수 있는 능력이 이제 전문가에게 필요한 능력이다. 교육의 본질이 전문가 양성은 아니지만 전문 지식과 기능이 생성 인공지능 시대에 더 중요해질 것임은 분명해 보인다.

이 책은 크게 세 부분으로 구성된다. 1부는 생성 인공지능의 현황과 원리 차원의 한계를 다룬다. 아무리 어려운 기술이라 해도 '원리' 수준에서 접근하지 않으면 한계를 짐작하기 어렵다. 논의에 철학적 깊이가 필요할 때는 더더욱 그렇다. 1장과 2장은 각각 그림 생성과 언어 생성의 문제를 살피고, 3장은 생성 인공지능의 특징과 한계를 논한다. 특히 언어 생성 인공지능이 활성화한 문제들, 가령 이해, 생각, 요약, 번역, 의식, 창조 같은 민감한 주제에 있어 인간과 기계의 차이를 드러낼 것이다.

2부는 창의력과 창작, 학문과 교육의 본질과 미래를 궁리한다. 인공지능의 등장은 인간을 다시 묻게 했고, 이제 생성 인공지능은 인간의 가장 본질적인 특징과 능력을 돌아보게 하고 있다. 4장은 창조성과 창의성의 본질을 '협력'의 관점에서 살피고, 이 능력을 기를 방안을 제안한다. 나아가 5장과 6장에서는 인간의 본질을 협업자로 보면서, 이를 강화하기 위한 새로운 인문학A New Liberal Arts과 그에 어울리는 새 교육과정을 제안한다. 창작은 인간만의 특권일까? 기계가 창작한다는 게 성립할까? 앞으로 인간으로서 그리고 사회의 일원으로서 길러야 할 역량은 무엇일까? 잘 산다는 건 무엇일까? 기계가 인간의 일을 대신할 때 사회 제도는 어떻게 재구성되어야 할까? 물밀듯 몰려오는 질문들에 답해야 할 때다.

각 장의 끝에는 'Q&A로 짚어보기'라는 꼭지를 두었다. 지난 수년간 강의와 인터뷰에서 제기되었던 물음 중 대표적인 것을 꼽아 답하는 방식으로 정리했다. 본문보다 이 문답 과정에서 당장 궁금한 것을 먼저 읽어보는 것도 이 책을 읽는 좋은 방법이다. 또한 대부분의 장과 절은 독립적으로 읽을 수 있어서, 너무 어렵다고 느껴지면 궁금한 부분부터 먼저 읽고 나서, 마지막에 전체를 보는 것도 좋다.

부록에서는 별도로 발표했던 글을 정리했다. 생성 인공지능이 제기한 가장 중요한 의문점은 과연 '인공일반지능Artificial General Intelligence, AGI', 나아가 '초지능'이 실현될 것인가다. 첫째 부록은 바로 '초지능' 인공지능의 가능성 문제를 다룬다. 다음으로 인공지능에 대한 규제 혹은 윤리가 갖는 현실적 '전략'의 의미를 따지는 것이 둘째 부록이다. 이 두 주제는 철학의 현실 개입과 진단의 예시로 이해되면 좋겠다. 마지막 부록은 앨런 튜링의 기념비적인 논문 「계산 기계와 지능」의 한국어 번역이다. 70년도 더 전에 쓰였지만, 여전히 현재적인 이 논문을 읽으며 인공지능의 가능성과 연관된 (거의 모든) 문제들을 함께 생각해 보는 계기가 됐으면 한다.

30년 넘는 세월을 학자로 지내면서 나의 활동 영역이 문화철학과 기술철학을 오갔음을 느끼고 있다. K-컬처와 인공지능이 시대의 뜨거운 주제다. 세상에 더 많은 걸 주고 싶다.

생성 인공지능의 빛과 그림자

인공지능의 발전 현황과 한계

1장

이미지 생성 인공지능과
예술 창작의 문제

나는 "인공지능은 예술작품을 창작할 수 있을까?"라는 물음을 고찰하자고 제안한다. 이 일은 '인공지능'과 '예술작품 창작'이라는 용어의 의미를 정의하는 데에서 시작해야만 할 것이다. 그 낱말들의 일반적인 용법을 가능한 한 많이 반영하도록 정의를 내릴 수도 있겠으나, 이런 태도는 위험하다. '인공지능'과 '예술작품 창작'이라는 낱말의 의미가 그 낱말이 통상적으로 사용되는 방식을 조사함으로써 발견될 수 있다면, "인공지능은 예술작품을 창작할 수 있을까?"라는 물음의 의미와 그에 대한 답은 갤럽 여론조사 같은 통계적 조사를 통해 찾아질 수 있다는 결론에 이르게 된다. 하지만 이렇게 하는 건 부조리하다. 사람들이 '인공지능'과 '예술작품 창작'에 대해 품고 있는 통념은 종종 애매하거나 과장되어 있어서 곧이곧대로 받아들여서는 안 되기 때문이다.[1]

---

[1] 영국의 수학자 앨런 튜링의 저 유명한 논문 「계산 기계와 지능」의 첫 문단을 패러디해서 이 문단을 구성했다. 이 논문은 책의 부록에 번역해서 실었다.

1. 인공지능과 예술작품 창작

인공지능의 발전은 지금까지 인간만이 할 수 있다고 여겨왔던 지능적 활동을 빠른 속도로 대체하고 잠식할 것으로 전망된다. 특히 이미지 생성 인공지능의 비약적 발전으로 그 가능성이 더욱 높아지고 있다. 그렇다면 예술은 어떤 지위를 갖게 되고, 예술가의 작업은 어떤 전망을 지니게 될까? 이 물음은 인공지능과 함께 살아갈 미래에 인간의 지위와 역할을 전망하는 데 도움을 줄 것이다.

나는 "인공지능은 예술작품을 창작할 수 있을까?"라는 물음이 인공지능의 본질과 능력, 나아가 인간적 의미의 창작과 창조의 본성을 밝히는 데 중요한 시사점을 제공해 준다고 믿는다. 나는 다음과 같은 일련의 물음이 앞의 물음과 궤를 같이한다고 본다. 인공지능은 발표문presentation slides을 만들 수 있을까? 논문을 쓸 수 있을까? 영화를 편집할 수 있을까? 거짓말을 할 수 있을까? 농담을 할 수 있을까? 컴퓨터가 생성한 그림은 누구의 창작품일까? 그림을 만든 행위(프로그래밍 혹은 프롬프트 작업)는 창작 행위일까? 컴퓨터는 붓이나 물감 같은 도구에 불과할까? 오직 인간만이 창의적일까? 내가 보기에 인공지능이 예술작품을 창작할 수 있다면 같은 이치로 방금 열거한 일들도 할 수 있을 것이기 때문이다. 따라서 이상의 물음은 인간과 인공지능을 본성과 능력 차원에서 구별하는 중요한 기준이리라.

이 물음을 살피기 위해 나는 럿거스 대학교 예술과 인공지능 연구실The Art and Artificial Intelligence Laboratory at Rutgers: Advancing AI

Technology in the Digital Humanities, 페이스북 인공지능 연구소, 찰스턴 대학교 미술사학과 연구원이 공동으로 발표한 논문을 검토할 것이다(본 글에서는 '럿거스 팀'으로 약칭한다).[2] 럿거스 팀은 2017년 6월 23일에 「CAN: 적대적 창조망Creative Adversarial Networks, 스타일을 학습하고 스타일 규범에서 일탈함으로써 '예술'을 생성하기」[3]라는 흥미로운 논문을 발표한다. 나아가 논문의 주요 저자인 마리언 마조네와 아흐메드 엘가말은 이 논문의 예술사적·미학적 의미까지 담은 후속 논문 「예술, 창조성, 인공지능의 잠재력」[4]을 2019년 8월 26일에 발표한다. 두 논문에서 럿거스 팀은 자신들이 만든 알고리즘을 AICAN이라고 명명하고, AICAN이 예술작품을 창작했다고 주장한다.

나는 우선 럿거스 팀의 주장과 논거를 정리하고, 다음으로 이 주장의 논거를 비판적으로 검토한 후, 끝으로 럿거스 팀의 주장은 예술 창작의 가장 중요한 국면인 '작가의 관점'을 놓치고 있어서 옳지 않은 주장이라고 입증할 것이다. 럿거스 팀의 작업을 논의하기 전에 나는 구글 '딥드림'과, ING와 마이크로소프트가 만든 '넥스트 렘브란트'를 고찰할 것이다. 럿거스 팀의 작업은 이들에 대한 비판과 극복을 전제하고 있기 때문이다. 나는 주로 시각 예술에 초점을 맞추어 논의를 진

---

2 럿거스 대학교 '예술과 인공지능 연구실' 홈페이지 주소는 다음과 같다. https://sites.google.com/site/digihumanlab.

3 Ahmed Elgammal et al. (2017), "CAN: Creative Adversarial Networks, Generating "Art" by Learning About Styles and Deviating from Style Norms", https://arxiv.org/abs/1706.07068.

4 Marian Mazzone & Ahmed Elgammal (2019), "Art, Creativity, and the Potential of Artificial Intelligence", www.mdpi.com/journal/arts, Arts 2019, 8, 26; doi:10.3390/arts8010026.

행하지만, 내 결론은 다른 모든 예술 장르에도 타당하게 적용될 수 있다고 믿는다. 또한 달리와 미드저니 같은 좀 더 최근의 이미지 생성 인공지능도 럿거스 팀의 작업에서 그다지 발전했다고 평가하기 어렵다고 주장한다.

2. 딥드림과 넥스트 렘브란트

구글의 딥드림Deep Dream[5] 전에도 인공지능을 통해 예술작품을 창작하려는 시도가 있었지만, 본격적인 의미에서 인공지능이 예술작품을 창작했다고 주장된 것은 딥드림 이후다. 따라서 먼저 딥드림이 이미지를 생성하는 원리를 간략히 살피면서 논의를 시작해 보자.

　인공 신경망an artificial neural network 중 왜 어떤 모델은 잘 작동하고 어떤 모델은 잘 작동하지 않는지는 꽤 수수께끼다. 2010년대 초반, 인공 신경망은 보통 10~30개의 인공 뉴런 층layer으로 이루어져 있었다(그 후로 층의 수가 급격히 늘어났다). 훈련 과정에서 인공 신경망에 수백만 개의 훈련용 사례를 보여주고 인공 신경망의 매개변수를 점진적으로 조정함으로써, 원하는 분류 결과output를 얻어낼 수 있다. 이 과정을 보면, 첫 층에서는 작은 특징들에 주목하고 매개 층들에서는 전

5　2015년 6월 구글 인공지능 블로그 포스팅. "Inceptionism: Going Deeper into Neural Networks". http://ai.googleblog.com/2015/06/inceptionism-going-deeper-into-neural.html. 이어지는 설명은 블로그 포스팅 내용을 적절하게 정리한 것이다.

Horizon　　　　　Trees　　　　　Leaves

Towers & Pagodas　　　Buildings　　　Birds & Insects

그림4

체적인 모양이나 성분에 주목한다. 그리고 마지막 몇 층에서는 이것들을 수집해 해석을 완결해서 복잡한 사물을 끌어낸다.

이렇게 신경망이 서로 다른 종류의 이미지를 구별하도록 훈련될 수 있다면, 이 신경망은 어떤 이미지를 생성하는 데 필요한 정보를 꽤 많이 갖게 되는 셈이다. 어떤 사물에서 더 중요한 측면과 무시해도 되는 측면을 신경망이 학습하도록 훈련할 수 있다는 말이다. 가령 포크에서 핵심은 손잡이와 2~4개의 갈라지는 가지이지 모양, 크기, 색깔, 방향 따위가 아니다. 이로써 신경망이 포크의 표상을 시각화하는 일을 도와줄 수 있다.

이제 우리가 특징을 지정해 주는 대신 인공 신경망이 어떤 특징을 강조할지 결정하게 할 수도 있다. 임의의 이미지나 사진을 신경망에 주고 신경망이 그림을 분석하도록 해서, 우리가 선택한 특정 층(첫 층, 매개 층, 마지막 층 등)에서 신경망이 감지한 것을 증폭하도록 요청할 수 있다. 이렇게 하면 피드백 루프가 만들어진다. 만약 구름이 새처럼 보이면, 신경망은 그걸 더욱 새처럼 보이게 만들 것이다. 또한 신경망이 새를 인지하면, 더 새다운 새를 만들어 낼 것이다. 더 나아가 신경망이 어떤 특징을 얻게 되면 신경망을 특정 해석으로 편향^{bias}되게 할 수 있다. 지평선은 탑으로 가득 차고, 바위와 나무는 건물로 바뀌고, 새와 곤충은 잎사귀 이미지 안에 나타난다(그림4 참조).

'딥드림'의 원리와 예를 보고한 첫 포스팅은 다음 문장으로 끝맺는다. "그것은 신경망이 예술가를 위한 도구, 즉 시각적 개념들을 리믹스하는 새로운 방법이 될 수 있을지 아니면 혹시라도 창조적 과정 일반의 뿌리에 얼마간 빛을 비춰줄 수 있을지 우리를 의문에 처하게 만든다." 내가 딥드림 알고리즘에 관심을 가진 이유도 여기 있다. 딥드림은 예술가를 위한 도구일까 아니면 인공지능 예술가가 출현하는 전조일까? 인공지능은 예술작품을 창작할 수 있을까? 컴퓨터가 생성한 그림은 예술작품일까?

이런 의문에 답하기 위해 딥드림의 작업을 조금 더 고찰해 보자. 앞의 포스팅을 발표한 직후에 구글은 이 기술을 실현하는 오픈소스 코드를 배포했으며, 그 후에 해당 변환을 가능케 하는 웹 서비스 '딥드림 생성기'Deep Dream Generator⁶를 개시했다.

딥드림 생성기 홈페이지 하단에는 이런 안내문이 있다. "딥드림 생

그림5

성기는 서로 다른 인공지능 알고리즘을 탐색할 수 있게 해 주는 도구들의 집합이다. 우리는 '이미지 스타일들과 콘텐츠를 병합하는 도구'나 '다층 신경망에 대한 통찰을 탐색하는 딥드림' 같은 시각 콘텐츠 생성을 위한 창조적 도구에 초점을 맞추었다." 홈페이지에는 세 가지의 서비스가 있는데, '특정 회화의 스타일을 해석해서 업로드한 이미지에 전달하는' 딥스타일Deep Style, 딥스타일의 '단순화된 버전'인 신스타일Thin Style, 가장 최초의 버전인 딥드림Deep Dream 이 그것이다.

딥드림 알고리즘을 이해하기 위해, 먼저 가장 세련된 버전인 딥스타일을 통해 직접 이미지를 변환해 보자. 나는 홈페이지의 '딥스타일

---

6 구글 딥드림 홈페이지는 다음과 같다. https://deepdreamgenerator.com/ (가장 최근에는 2019년 11월 4일 접속).

도구'로 가서 서해안의 한 바닷가를 찍은 사진을 업로드한 후, 고흐의 〈별이 빛나는 밤〉 스타일을 지정하고, 약간의 세팅 값을 조정한 뒤, 이미지를 생성했다. 그 결과물이 〈그림5〉다.

자, 이제 이 변환 작업을 고찰해 보자. 생성된 이미지는 회화를 조금이라도 아는 사람이라면 누구라도 알아챌 수 있는 〈별이 빛나는 밤〉의 특징을 지니고 있다. 원본 사진은 늦은 오후의 정취를 지니고 있지만, 생성된 이미지는 고흐 특유의 스타일과 질감을 획득했다. 말하자면 원본 이미지의 내용은 그대로인 채 새로운 스타일로 변형된 것이다. 딥스타일에는 다빈치, 르누아르, 뭉크, 피카소 등 유명한 화가들의 스타일뿐 아니라 다른 스타일도 준비되어 있다. 내가 생성한 그림을 본 많은 이들은 경탄을 금치 않았다. 출력해서 걸어놓고 싶다는 의견도 많았다.

이와 유사한 작업은 3D 수준에서도 구현됐다. 2016년 칸 광고제Cannes Lions에서 두 개의 사이버 부문 대상 중 하나Cyber Grand Prix and Creative Data Lions Innovation Award를 수상한 넥스트 렘브란트The Next Rembrandt[7] 프로젝트가 그것이다. 넥스트 렘브란트는 네덜란드 광고 회사 월터 톰슨J. Walter Thompson이 기획했고 ING와 마이크로소프트가 협업했다. 다음 〈그림6〉의 이미지를 보자. 이 초상화는 인공지능이 렘브란트의 구도, 화풍, 습관, 기법, 색채, 질감, 선호 등을 거의 완벽하게 습득해 3D 프린터로 생성한 새로운 창작물이다. 이를 위해

---

[7] 홈페이지는 다음과 같다. https://www.nextrembrandt.com/

그림6

렘브란트의 모든 작품을 3D 스캔해서 디지털화한 후 인공지능을 통해 스타일을 학습했으며, 렘브란트 그림의 모든 것을 그대로 구현할 수 있게 했다.

여기에서 가장 흥미로운 것은 알고리즘이 그림의 주제까지 선택해서 완전히 새로운 결과물을 만들어 냈다는 점이다. 렘브란트의 작품을 분석한 알고리즘은 흰색 깃이 있는 어두운 옷을 입고 모자를 썼으며 수염이 난 30~40대 백인 남성의 초상화를 그려야 한다고 결론 내렸다. 인물의 얼굴이 오른쪽을 향해야 한다고 결정한 것도 알고리즘이다. 전기적 사실과의 일치 여부를 고려하지 않고 그림 자체만 놓고 보면, 인공지능이 그린 이 초상화를 렘브란트의 새 유작이라고 주장한다 해도 아무 무리가 없다. 전문가들이 렘브란트의 모든 그림에서 특징과 스타일을 분석하면 할수록 이 초상화를 진품으로 판단할 수밖에 없을 것이기 때문이다.

사실 딥드림에서 생성한 이미지나 넥스트 렘브란트가 생성한 이미지 모두 감상자의 경탄을 자아내기는 마찬가지다. 결과물이 빚어낸 미적 성취에 대해서도 우리는 높이 평가할 수밖에 없으리라. 여기서 미적 성취가 작품성 평가에서 얻은 것이라고 전제한다 해도 말이다. 즉 고흐나 렘브란트의 현존하는 모든 그림이 사라지고 오직 3D 프린터로 생성된 저 두 작품만 남더라도 이 두 작품은 높은 미적 평가를 받으리라. 위대한 화가의 작품을 마치 그 화가가 손수 그린 듯 재현했다고 인정할 수밖에 없기 때문이다.

그렇다면 저 두 인공지능은 예술작품을 창작한 것일까? 아니면 예술가가 활용할 수 있는 유용한 도구일 뿐 그 이상의 창조성을 발휘하지는 못한 것일까? 이런 물음 앞에서 우리는 비교적 쉽게 답할 수 있다. 결론부터 말하면, 결과물이 아무리 높은 미적 성취를 이루었다 해도 그건 '예술작품 창작'이라고 보기 어렵다. 오늘날 낭만주의적 예술관, 즉 천재와 창조성을 강조하는 관점이 아무리 퇴조했다 하더라도 우리가 저 결과물을 예술작품으로 여길 수 없는 데는 중요한 근거가 있다고 본다. 저 결과물들은 작품성 자체는 뛰어날지 몰라도 최소한 고흐나 렘브란트를 흉내 낸 것에 지나지 않는다. 우리는 이런 것들을 아류, 짝퉁, 심지어 표절이라고까지 부른다. 독창성 없는 작품을 놓고, 비록 그 자체로 아무리 뛰어나다는 평가를 받더라도 '예술작품을 창작했다'고 평가하기는 어렵다. 길거리 화가의 작품이나 이른바 달력 그림을 즐기는 것은 충분히 있을 수 있지만, 그것이 '창작된 예술 작품'이라서 즐기는 건 아니다. 요컨대 고흐나 렘브란트가 최초로 그린 그림들이 없었다면, 인공지능의 생성물도 없었으리라.

3. 럿거스 팀의 AICAN

럿거스 팀은 딥드림이나 넥스트 렘브란트 같은 부류의 작업을 문제 삼는다. 하지만 직접 다루는 대상은 이것들보다 더 뛰어난 알고리즘을 사용해 생성한 작품들이다. 럿거스 팀은 2014년 6월에 발표된 이언 굿펠로와 동료 연구자들의 「적대적 생성망Generative Adversarial Nets, GAN」[8] 알고리즘을 변형해서 회화를 창작하는 '적대적 창조망Creative Adversarial Networks, CAN'이라는 알고리즘을 만들었다. CAN을 이해하기 위해서는 먼저 GAN을 알아야 한다.[9]

GAN은 이름에 나타나 있듯이 두 개의 신경망이 경쟁을 통해 학습하고 결과물을 만들어 내는 알고리즘이다(그림7 참조). '생성자Generator'와 '감식자Discriminator'로 불리는 두 개의 신경망은 상반

---

[8] Ian J. Goodfellow et al. (2014), "Generative Adversarial Nets", arXiv:1406.2661v1 [stat.ML] 10 Jun 2014.

[9] GAN에 대한 설명은 Goodfellow et al. (2014), Elgammal et al. (2017), Mazzone & Elgammal (2019)을 비롯해 유찬미(2017), 「네이버 웹툰 '마주쳤다'에 적용된 GAN (generative adversarial networks) 기술」(네이버랩스, 2017년 12월 21일, https://www.naverlabs.com/storyDetail/44), 이기범(2018), 「GAN(생성적 적대 신경망)—진짜 같은 가짜를 만드는 AI」(2018년 6월 8일, http://www.bloter.net/archives/311614) 등을 참조해서 정리했다. 〈그림7〉은 유찬미(2017)에서.

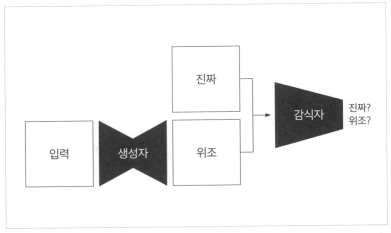

그림7

된 목적이 있다. 생성자는 진짜 데이터[Input]를 학습하고 이를 바탕
으로 그와 비슷한 위조 데이터[Fake]를 생성한다. 최대한 진짜와 비
슷한 위조 데이터를 생성하는 것이 생성자의 목적이다. 감식자는 자
신에게 입력된 데이터가 진짜[Real]인지 위조[Fake]인지 판별하도록
학습한다. 진짜 데이터와 위조 데이터를 잘 구분하는 것이 감식자의
목적이다. 생성자와 감식자는 서로 경쟁하며 진화한다.

GAN이 작동하는 원리는 다음과 같다. 굿펠로는 생성자를 위폐범
에, 감식자를 경찰에 비유했다. 생성자는 감식자를 속이지 못한 데이
터를 입력받고, 감식자는 생성자에게 속은 데이터를 입력받아 각각
학습한다. 이 과정이 반복되면 생성자는 점점 더 진짜에 가까운 데이
터를 생성하고, 감식자는 데이터가 진짜인지 위조인지 점점 더 잘 구
별하게 된다. 즉 생성자는 위조지폐가 정교해지듯 점점 더 진짜에 가

까운 위조 데이터를 만들 수 있게 된다.

   GAN은 진짜 같은 위조, 즉 원본에 가까운 이미지를 생성할 수 있다. 이런 점에서 GAN은 본뜨는emulation 능력이 있다. 럿거스 팀은 이능력에 착안해서 기존의 회화 이미지들을 입력 데이터로 삼아 생성자가 이미지를 생성하게 할 수 있다고 보았다. 하지만 이 경우 생성된 이미지는 '본뜬 것'일 뿐 '창조'는 아니다. 그렇긴 해도 GAN을 이용해서 훈련용 데이터에서 서로 다른 예술 장르나 스타일을 학습시키면, 르네상스건 바로크건 인상주의건 큐비즘이건 간에 그 안에 속한 작품을 생성할 수 있다(그림8 참조). 원리상 딥드림과 넥스트 렘브란트가 해낸 작업도 이와 다르지 않다. 럿거스 팀은 이런 식으로 생성된 작품을 두고 "창조적 작품을 생성하는 데 있어 GAN 사용의 근본적인 한계"라고 지적한다.[10]

---

10 Elgammal et al. (2017), pp. 5~6.

동시에 럿거스 팀은 GAN이 "인공지능 예술의 새 흐름"에 불을 붙였다고 평가하면서 "예술가는 최종 작품을 큐레이션하기 위해 많은 결과 이미지를 면밀히 조사한다(사후 큐레이션)"라고 덧붙인다. 하지만 이 과정에서 인공지능이 '예술 창작의 도구'에 불과하다는 점은 명백하다.[11]

이른바 인공지능의 예술 창작은 기계학습machine learning, 특히 지도학습supervised learning에 바탕을 두고 있다.[12] 인간에 의해 설정된 알고리즘에 따라 작동하면서 기존의 데이터에서 어떤 유사성이나 패턴을 발견해서, 그걸 토대로 작품을 만들기 때문이다. 딥드림, 넥스트 렘브란트, GAN의 활용 등은 얼마간 서로 다른 접근법을 택했지만, 본질적으로 기존 작품의 스타일을 재활용한다는 공통점이 있다. 이 점

---

11 럿거스 팀은 이를 다음 도식으로 설명한다. Mazzone & Elgammal (2019), p. 2.

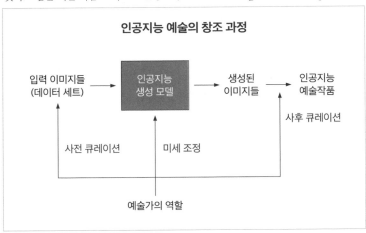

인공지능 예술의 창조 과정

12 지도학습에 대한 자세한 설명은 3장 3절 참조.

에서 럿거스 팀의 GAN 예술작품 자체에 대한 평가는 야박하다. 주도권이 작가에게 있다고 보았기 때문이다. "결과 이미지들만이 아니라 창조 과정을 전반적으로 보면, 예술가는 큐레이션과 미세 조정이라는 선택자 역할에서 선택권이 있으므로 이 활동은 명백히 개념 미술 범주에 속한다."[13] 거기에서 예술가의 적극적 역할이 두드러지기 때문에 이런 평가는 자연스럽다.

내가 보기엔 많은 작가가 인공지능을 활용한 작품을 내놓고 있지만, 아직 유의미한 미학적 담론에 포섭될 만한 획기적인 작품은 보이지 않는다. 지금 상태라면 다양한 예술 장르 중에서 특히 미디어아트의 변종에 가깝다고 보인다. 보통 미디어아트가 사운드와 영상의 조합인 데 비해 인공지능을 활용한 작품은 좀 더 복잡하고 구체적인 실물을 내놓을 수는 있다. 조금 과장하면, 백남준의 성취를 넘어선 인공지능 예술작품은 아직 없다.

2년 후, 럿거스 팀은 자신들이 만든 AICAN을 "자신의 생산물을 자기 평가하는 시스템"이자 "거의 자율적인 예술가"이며 "내재적으로 창조적"이라 자평한다.[14] AICAN은 "예술가가 예술사를 소화하는 방식의 과정을 모사"했다. AICAN의 원리는 다음과 같다(그림9 참조). AICAN의 훈련에는 두 개의 힘이 관여한다. 스타일 꼬리표(르네상스, 바로크, 인상주의, 표현주의 등)가 붙은, 15세기에서 20세기에 이르는 예

---

13 ibid., p. 3.
14 이어지는 설명은 Elgammal et al. (2017), pp. 5~7, 21과 Mazzone & Elgammal (2019), pp. 3~5.

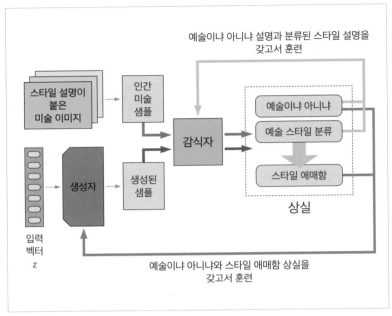

그림9

술의 미학을 따르도록 요구하는 힘(예술 분포에서 일탈을 최소화)과 기존에 설립된 스타일을 모방할 때 벌칙을 가하는 힘(스타일 애매함)이 그것이다. 전자는 예술이냐 아니냐를 가려내며, 후자는 새롭냐 아니냐를 걸러낸다. 상반된 이 두 힘은 "생성된 예술이 새로우면서도 동시에 용인할 수 있는 미적 기준에서 너무 많이 벗어나지 않도록" 해준다. 생성자는 여전히 예술의 범위에 속하면서도 기존 스타일에서는 최대한 멀리 떨어진 작품을 창조하도록 짜인 알고리즘을 따른다.

　이 과정을 통해 생성된 예술작품의 예는 다음과 같다(그림10 참조).

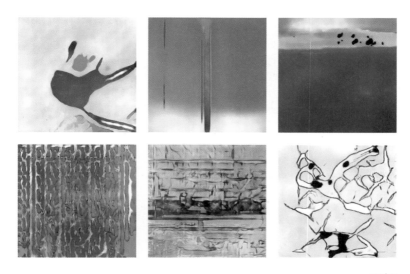

그림10

더 나아가 럿거스 팀은 이 작품들이 인간 화가가 그린 작품과 얼마나 구별되는지 직접 조사했다. 즉 사람들에게 알려 주지 않은 채 인공지능의 그림과 인간 그림을 뒤섞어 놓고 인간 감상자에게 호감도, 새로움, 놀라움, 모호성, 복잡성, 의도, 구도, 영감, 소통 정도 등을 묻고, 나아가 인간이 그렸는지 컴퓨터가 그렸는지를 알아봤다. 그 결과 놀랍게도 인간 작품과 인공지능 작품은 잘 구별되지 않았고, 심지어 인공지능 작품이 때때로 더 높은 미적 평가를 받기도 했다. 이는 인공지능이 생성한 이미지를 인간 감상자가 예술로 본다는 뜻이다. 럿거스 팀은 '시각 튜링 검사ᵃ visual Turing test'를 통과했다고 평가했다.

4. AICAN에 대한 검토

모방을 통해 새로운 것이 탄생할 수 있다면, 기존의 패턴을 바탕으로 작품을 만드는 인공지능도 창작한다고 볼 수 있지 않을까? 럿거스 팀이 만든 인공지능 미술가 AICAN은 여태까지 없던 스타일의 작품을 창출해 내도록 프로그래밍 됐다. AICAN은 GAN과 마찬가지로 지도학습에 바탕을 두고 있으며, 기존 패턴을 다 익히는 데서 출발한다. 이 점을 럿거스 팀은 화가가 미술사를 소화하는 방식에 비유했다. AICAN은 15세기에서 20세기까지 미술사에 등장했던 1,119명의 화가가 그린 8만 1,229점의 그림을 스타일별로 분류하고, 화가들과 화풍들을 학습시킨 후, 예술의 범위 안에 속하되 기존 스타일과 최대한 다른 그림을 만들어 냈다. 모방과 창작은 사실 한 끗 차이다. 실제로 많은 예술가가 남의 작품을 보고 베끼는 연습 과정을 거친다. 그렇게 모방이 거듭되다 어느 순간 그 작가만의 독창적인 작품이 탄생한다. 그때가 바로 창작의 순간이다. 원본보다 더 나은 원본이 나왔다고 얘기할 수밖에 없는 순간이 있다. 바로 이 순간에 대한 평가는 인간의 몫이다. 모방과 창작은 분명 서로 엮여 있고 얽혀 있지만 최초로 등장하는 '새로움'이라는 게 있다. 럿거스 팀은 AICAN이 그런 새로운 작품을 창작했다고 주장한다. 인간 감상자가 그림을 보고, 인간 화가가 그렸는지 인공지능 화가가 그렸는지 좀처럼 식별하지 못하는 이른바 '시각 튜링 검사'를 통과했다는 점이 그 증거다.

튜링은 기계가 생각할 수 있는지 검사하는 방법으로, 인간이 강도 높은 대화를 나눈 뒤 상대가 인간인지 기계인지 30% 이상 혼동하면 그 상대가 생각하고 있다고 간주하자고 제안한 바 있다.[15] 이 방법이 '생각한다'는 단어의 상식적이고 정상적인 용법이 내포할 수 있는 편견을 피할 수 있는 길이라고 보았기 때문이다. 럿거스 팀의 시도는 이 점에서 튜링의 방법을 정확히 재현하고 있다. 그렇다면 AICAN은 예술작품을 창작했다고 인정해도 좋을까?

나는 시각 튜링 검사가 원래의 튜링 검사와 성질이 다르다고 본다. 원래의 튜링 검사는 어떤 상대건 간에 대화를 통해서만 상대가 생각하는지 판단할 수밖에 없다는 근본적 한계 때문에 의미가 있다. 겉으로는 판별할 수 없기에, 부득이 대화라는 수단을 이용해야 한다는 것이 튜링의 직관이었다. 반면 럿거스 팀의 시각 튜링 검사는 중요한 맹점이 있으며, 이는 미학에서 전통적으로 중요하게 다루어진 주제이기도 하다. 말하자면 시각 튜링 검사를 통과하더라도 '예술작품'이 아닌 대상이 있다. 대표적으로 자연이 그러하다. 나아가 꼭 자연이라고 한정할 순 없지만 우연들이 겹쳐 만들어진 대상도 있다. 결과만 보면, 이런 대상도 예술작품이라고 여겨지는 것은 물론 미적 감동을 불러일으키곤 한다. 감동을 일으킨 대상에 대해, 우리는 그것이 만들어진 방식(자연, 우연 등)을 알고 나면 아마도 신기하게 여길 것이다. 이런 경우라도 감동이 훼손된다고 하긴 어렵다. 요컨대 럿거스 팀의 시각 튜링 검사는 어떤 대상이 예술작품인지 아닌지를 검사하는 데 있어 불충

---

15 부록의 「계산 기계와 지능」 참조. 또, 책의 3장 3절 참조.

분한 조건이다. 럿거스 팀의 전제가 맞는다면, 세상에는 '인공지능 예술작품'뿐 아니라 '자연 예술작품'과 '우연 예술작품' 등 여러 종류의 '예술작품'이 있을 수 있다. 이런 넓은 의미에서라면 인공지능이 만든 작품은 예술작품이 될 수도 있다. 하지만 단순히 예술작품에 해당하는 '결과물'을 만들어 내는 것과 그 작품을 만들어 내는 '과정'은 확실히 다른 문제다.

십분 양보해서, 인공지능이 만든 작품, 즉 그 결과물에 대해서는 100퍼센트 인정하고 받아들일 수 있다. 미적 가치를 담고 있다는 점이 예술작품의 중요한 의미인데, 인공지능이 만든 작품을 보고 감동이 느껴지기도 한다. 그런 면에서는 인공지능이 만든 작품도 예술일 수 있다. 결과물만 놓고 보면 인공지능이 창의적인 활동을 한 것 같다. 하지만 창의적이라고 평가해 준 건 결국 사람이다. 인공지능 스스로는 그게 새로운지 모른다. 인간만이 인공지능이 만든 작품을 보며 "와, 이거 새롭다!"라고 한다.

인공지능은 작품을 일관되게 내놓지도 못한다. 아이들도 파울 클레Paul Klee의 작품과 비슷한 그림을 그릴 수는 있다. 그런데 매번 일정하게 만들어 내지는 못한다. 때마다 결과의 질이 달라진다. 인공지능도 마찬가지다. 진짜 작가는 같은 수준의 그림을 계속해서 만들어 낼 수 있지만, 인공지능은 무작위로 작품을 내놓는다. 스타일이 비슷하게 나올 수도 있지만 그렇지 않을 수도 있다. 한마디로 성과물의 품질이 갈팡질팡한다. 더 정직하게 말하면, 럿거스 팀이 인간 감상자에게 평가를 의뢰한 작품들은 일차로 팀원들이 골라낸 것들이다. 이처럼 시각 튜링 검사는 숨은 전제를 깔고 있다. 인간인 럿거스 팀에 의해 AICAN이 무작위로 생산한 작품 중에서 인간의 작품과 견줄 만한 것들을 골라내는 사전 작업이 있었다. 이 점에서 시각 튜링 검사는 적합하게 설계되지 않았다.

인공지능은 미적 가치를 평가하지 못한다. 자신이 탄생시킨 작품이나 화풍에 대해 생각을 품지도 못하고 자기 작품을 감상하지도 못한다. 럿거스 팀은 AICAN이 그런 평가를 할 수 있다고 주장했지만, 그 전제가 되는 시각 튜링 검사가 잘못 설계되어 있기에 사실상 평가한 건 인간인 럿거스 팀원이다. 작품들은 인공지능에 의해서가 아니라 작품을 감상하는 인간에 의해서 선택됐다. 인공지능에게 작품을 무작위가 아닌 스스로 내린 평가 순서대로 내놓으라고 할 수 있을까? 자기 작품 중 제일 좋은 것 10개를 순서대로 꼽아보라고 할 수 있을까? 적어도 AICAN의 작업에서는 그것이 불가능하다. AICAN은 알고리즘상 예술에는 속하되 기존 스타일에서 최대한 벗어난 작품을 무작위로 생산하는 일을 넘어서는 작업은 하지 못하기 때문이다. 인간 예술가는 다르다. 자신이 그린 작품 중 전시회에 걸고 싶은 작품 10개를 고르라고 하면 잘 골라낸다. 이건 좋다, 이건 별로다, 이건 왜 그렸다 등 이유를 대면서 스스로 평가한다.

인공지능은 자기 작품은 물론 다른 작품도 평가하지 못한다. 인공지능에게 미술사에 등장했던 수많은 작품 중에 어떤 것을 좋아하며, 왜 좋은지 10개만 꼽아 설명하라고 하면 어떨까? 미술사 속 작품뿐 아니라 동시대에 창작되고 있는 작품에 대해서도 이런 평가 작업은

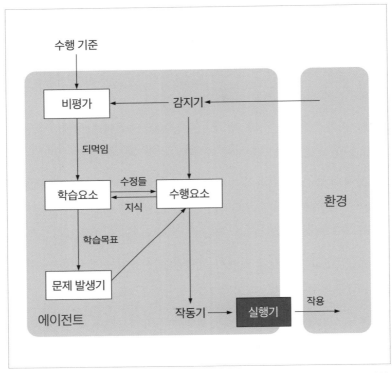

그림11　일반적 에이전트의 구조(변형)

불가능하다. 원리상 인공지능은 평가 기준을 자기 바깥에 둘 수밖에 없기 때문이다. 그 기준은 인간이 준 것이다. 나는 이 점을 논증한 바 있다(그림11 참조).[16]

　역설적으로 들릴지 몰라도, 작품은 예술일 수 있지만 인공지능은 예술가가 될 수 없다. 이 점을 이해하기 위해 우리는 "하나의 작품은

16　김재인(2017a), 『인공지능의 시대, 인간을 다시 묻다』, 동아시아. pp. 326~356.

작가가 그 안에서 자기 의도에 도달할 때 만족된다"[17]라는 렘브란트의 말을 참조할 수 있다. 이 말은 그 어떤 작가라도 충분히 동의할 수 있는 말이리라. 미술사가 곰브리치는 이 구절과 관련해서 "하나의 그림이 완성됐다고 판단할 권리는 화가에게 있다"라고 적절하게 해석한다.[18]

작품에 서명하기 전에 작가는 충분히 숙고한다. 서명의 순간은 작품이 완성되는 순간, 즉 작품이 완성됐다고 작가가 승인하는 순간이다. 이 순간에 주목하면 그 어떤 예술작품이건 작가의 평가를 통해 완성된다는 것을 알 수 있다. 이런 점에서 작품을 완성하는 건 작가의 권리다.

작품이 감상자에게 어떤 평가를 받느냐는 또 다른 문제다. 작품에 대한 호응이 전혀 없을 수도 있고, 오랜 시간이 지난 후에야 제대로 된 평가가 생겨나기도 한다. 감상자의 평가는 평가의 또 다른 국면, 즉 이차적 평가다. 이 평가는 자연 풍경을 보았을 때나 사진에 찍힌 장면을 보았을 때 내리는 평가와 본질적으로 다르지 않다. 작가의 노력의 결과건, 자연의 일부건, 우연히 만들어진 장면이건 간에 감상자는 일단 있게 된 대상을 평가한다. 대상을 있게 만드는 일은 작가의 창작 의도와만 관련되어 있지는 않다. 자연이 그런 일을 하거나 우연히 그런 일이 이루어지는 경우도 많기 때문이다. 중요한 점은 감상자

---

17 "een stuk voldaan is als de meester zyn voornemen daar in bereikt heeft". Karel van Mander (1718), *De groote schouburgh der Nederlantsche konstschilders en schilderessen*, vol. 1, p. 259.

18 에른스트 H. 곰브리치 (2013), 백승길, 이종숭 옮김, 『서양미술사』, 예경, p. 322.

의 평가 행위가 작가의 평가 행위와 다르지 않다는 점이다. 작가도 감상자로서 평가한다. 다만 감상자보다 먼저 평가한다. 창작자의 평가는 일차적이다.

이런 사실은 클레와 프랜시스 베이컨Francis Bacon의 말을 통해 뒷받침될 수 있다. 클레는 말한다. "예술은 보이는 것을 다시 제시하는 것이 아니라 [보이지 않는 것을] 보이게 만든다."[19] 여기서 '보이게 만드는 대상'은 감상자로서 클레가 먼저 보았던 것이다. 한편 베이컨은 말한다. "오늘날 모든 예술가가 그러하듯, 전통에서 벗어나 있을 때는 특정 상황에 대한 느낌을 자기 신경계에 최대한 접근하여 기록하는 것만을 바랄 수 있을 뿐이다."[20] 베이컨은 신경계에 접근해서 자신이 본 것을 꺼내려고 시도한다. 창작자이기 전에 감상자로서의 활동이 먼저다. 그렇기에 베이컨은 자신을 '수용자'라고 여긴다.[21] 사실 이런 진술은 수많은 작가가 똑같이 되풀이하는 말이기도 하다. 작가는 먼저 보고 나서 그다음에 그것을 자신이 활용할 수 있는 매체로 표현

---

19 "Kunst gibt nicht das Sichtbare wieder, sondern macht sichtbar." in Paul Klee, *Schöpferische Konfession*. In: *Tribüne der Kunst und der Zeit. Eine Schriftensammlung*, Band XIII, hgg. v. Kasimir Edschmid. Reiß, Berlin 1920. p. 28. 아래 사이트에서 재인용. https://de.wikiquote.org/wiki/Paul_Klee. 들뢰즈는 이 구절을 "non pas rendre le visible, mais rendre visible"이라는 표현으로 인용하곤 한다. cf. Gilles Deleuze (2002, 초판 1981), *Francis Bacon. Logique de la sensation*, Seuil, p. 57.

20 David Silvester (1987, 3판), *The Brutality of Fact: Interviews with Francis Bacon*, Thames and Hudson, p. 43. 또 다음 구절도 참조. "나는 단지 할 수 있는 한 정확하게 내 신경계에서 이미지들을 꺼내려고 시도할 뿐이다."(p. 82)

21 "난 항상 내가 화가라기보다 우연과 운의 매개자라고 생각한다. … 나는 재능을 부여받았다고 생각하지 않는다. 난 단지 잘 수용할 뿐이라고 생각한다. … 난 내가 수용한다고 생각할 뿐이다."(ibid., pp. 121~122)

한다.

　작가가 보통의 감상자와 구별되는 점은 안목이 뛰어나다는 데 있다. 즉 작가는 보통 사람이 못 보는 것을 먼저 본다. 이 안목을 베이컨은 '비판적 감각critical sense' 또는 '비평criticism'이라는 말로 부른다. 그냥 보는 게 아니라 날카롭게 평가하면서 본다는 말이다. "그것이야말로 우연이나 운이나 아무튼 뭐라 부르든 그것이 나를 위해 가져다줄 수 있기를 바라는 바다. 그래서 그것은 우연이나 운이라 불릴 수 있는 것과 직관과 비판적 감각 사이에서 일어나는 연속적인 일이다. 이 주어진 형태나 우연적 형태가 당신이 원하는 것 속으로 얼마나 결정結晶화하는지에 대해서는 비판적 감각, 즉 당신 자신의 본능에 대한 비평만이 붙잡을 수 있기 때문이다."[22] 베이컨의 말에서 확인할 수 있는 중요한 점은, 창작의 진정한 의미는 결과의 관점이 아니라 창작 과정에 개입되는 '평가'에 있다는 것이다. 작가는 작품을 아무렇게나 내놓지 않으며 평가를 거친 후에 내놓는다. 니체가 잘 말했듯이, 평가야말로 가치 창조다.[23] 창작의 가장 중요한 의미는 가치 평가고 가치 창조다.

---

[22] ibid., p. 102.
[23] "인간은 자신을 유지하기 위해 우선 사물에 가치를 수여했다. 인간은 우선 사물에 의미를, 인간적 의미를 창조했다! 그 때문에 인간은 자신을 '인간', 즉 평가하는 자라고 부른다. / 평가는 창조이다. 이 말을 들어라, 그대 창조하는 자들이여! 평가 자체는 평가된 모든 사물에게 보물이자 보석이다. / 평가를 통해 비로소 가치가 있다. 그리고 평가가 없었다면 실존이라는 호두는 속이 텅 비어 있었으리라. 이 말을 들어라, 그대 창조하는 자들이여! / 가치 변경, 그것은 창조하는 자의 변경이다. 창조자이어야 하는 자는 언제나 파괴한다."(니체, 『차라투스트라는 이렇게 말했다』, 1부. '천 개의 목표와 한 개의 목표')

럿거스 팀이 AICAN에게 자율적인 예술가의 지위를 부여한 것은 예술작품을 감상자의 관점에서만 보았기 때문이다. 창작에서는 결과만 놓고 보면 안 된다. 나는 렘브란트가 말하고자 했던 '의도'가 '미적 의도'라고 해석한다. 이 의도는 작품 창작 작업 전에 보았던 것에 결과물이 얼마나 부합하는지와 관련된다. 미술사를 통해 화가가 반복해서 말하고 있는 바가 그것이다. 이 의도는 '이성적 의도'나 '지적 의도'와는 전혀 상관없다. 그런 거라면 예술은 필요 없고 오직 철학만 필요하리라. 오늘날 플라톤처럼 예술에서 '진짜 여부'가 중요하다고 말하지 않으려면, 예술 창작의 고유한 의미를 주장해야 하며 그 의미는 가치 평가와 가치 창조에서 찾아야 한다.

5. 인공지능 예술의 미래와 인공지능 예술가의 가능성

인공지능 때문에 인간이 하는 예술이 위협받을 수도 있을까? 그렇지 않을 것이다. 지금까지 최근에 생산된 일련의 인공지능 주도 예술작품을 예로 들어 이 물음을 검토했고, 논의 과정에서 인공지능이 무엇인지 살짝 살펴보았다(더 자세한 설명은 3장 참조). 나는 특히 럿거스 팀의 작업을 검토하면서 '예술작품 창작'이라는 말의 의미를 묻고 따졌다. 사람들이 기본적으로 인공지능을 정확히 모르기 때문에 공포심을 가질 수도 있다. 영화나 드라마에서 본 인공지능의 이미지가 끼친 영향도 클 것이다. 목표를 세우고, 자유의지를 발휘해서, 스스로 의사 결정을 하는 이미지는 창작하는 인공지능이 출현했다고 상상하게 만든다. 하지만 그런 이미지는 허구일 뿐 실제 인공지능과는 거리가 멀다. 자기 작품에 대해 아무 생각도 없을진대 창의적이라고 할 수 없다.

그렇긴 해도 인공지능은 여태까지 만나지 못했던 강력하고 유용한 도구다. 인공지능이 만든 작품은 인간 작가가 활용하기에 따라 예술이 될 수도 있다. 창작이라는 말을 넓은 의미로 쓴다면 자연의 창작도 창작이고 아이의 첫 작품도 창작이다. 하지만 이제껏 인간이 행했던 본격적인 의미의 창작에 국한해 고찰한다면 인공지능은 '창작'의 주체이기 어렵다. 예술 '창작'이라는 말이 성립하려면 자신이 내놓는 작품에 대한 평가가 필수적이기 때문이다. 이 점에서 나는 평가자로서의 작가의 역할에 주목했다.

인공지능이 높은 품질의 이미지와 동영상까지 생성할 수 있다는 점은 명백하다. 그렇더라도 인공지능은 훌륭한 창작 보조 도구다. 인공지능이 작품을 생성할 때 프로그래머의 미세 조정이 얼마나 정교한지 혹은 프롬프트가 얼마나 섬세한지와는 별개로, 작품은 우연히 무작위로 생산된다. 결국 '모든' 인공지능 창작물은 그것을 사람들에게 공개하기로 판정한 '평가자'의 판단에 달려 있다. 즉 생성물에 가해진 인간의 비평과 평가가 필수적이다. 인공지능의 등장으로 '평가자' 역할을 하는 인간의 안목이 굉장히 중요해지는 시대가 됐다고 기뻐해야 할는지도 모른다.

작품에 대한 '블라인드 테스트blind test'를 통해 인공지능 창작물의 우위를 뒷받침할 수 있다는 주장도 많다. 인공지능의 작품과 인간의 작품을 섞어놓고 제시한 후, 사람들에게 투표하게 하는 과정 말이다. 이를 '튜링 검사'를 통과하는지 알아보는 작업으로 표현하기도 한다. 럿거스 팀은 AICAN이 시각적 튜링 검사를 통과했다고 주장하기도 했는데, 검사의 설계가 잘못됐다는 점은 앞에서 지적했다.

이번에는 문학을 예로 신춘문예나 공모전의 상황을 설정해 볼 수 있다. 투고된 작품은 인간이 썼는지 인공지능이 썼는지 알 수 없다. 물론 인공지능이 썼다고 해도 인공지능은 손발이 없으니 인간의 도움을 받아 원고를 제출했을 것이다. 이 과정에서 심부름꾼이 전혀 읽지 않고 전달만 했다는 건 불가능하다. 보람 없이 배달했을 리는 없을 테니까.

종종 인공지능이 창작한 시나 소설이 화제가 된다는 보도가 있다. 하지만 본질은 인간의 평가와 선별에 있다. 최근 가상 인간 한유아와 소설가 우다영이 대화를 주고받은 실험이 소개됐다.[24] 기사에는 이런 구절이 있다. "먼저 이날 우 작가는 20개의 질문을 던지며 대화했으나 전체 분량 등을 고려해 이 중 11개 질문과 답을 골라야 했다. 또 우 작가가 질문을 던지면 한유아는 5 6개 문장으로 이뤄진 답변을 6개 가량 내놓는다. 우 작가는 이 6개 답변 중 질문에 대한 답으로 가장 적합한 것을 골랐고, 답변을 구성하는 5~6개 문장 중 논리적으로 부적절한 문장은 뺐다." 우다영 작가의 작업이 바로 큐레이션이다. 한유아

---

24 「소설가와 6개월간 대화 교감…가상인간, 얼마나 성장할까」, 나윤석 기자, 《문화일보》, 2022년 11월 3일. http://m.munhwa.com/mnews/view.html?no=2022110301031912173001. (최근 접속일 2022년 11월 6일)

를 만든 회사에서는 "앞으로 추가 학습을 통해 시스템 고도화를 진행할 예정으로 학습을 거듭할수록 더 긴 문장, 더 충실한 내용의 답변을 할 수 있을 것"이라고 했다. 하지만 이는 원리상 불가능하다. 현실적으로도 이 직후에 챗GPT가 등장했기에 경쟁력도 없어졌다.

인공지능은 작가가 사용하는 도구 중 하나에 지나지 않는다. 단순한 작업 도구 이상으로 어떻게 나아갈 것인지는 작가의 몫으로 남을 것이다. 작가가 인공지능을 사용할지 아니면 다른 도구를 사용할지, 작가가 인공지능을 이용해 어떤 작업을 할 수 있을지는 결국 작가가 무엇을 하려고 하느냐에 따라서 달라질 문제다. 인간과 인공지능의 차이가 중요한 것이 아니라 인공지능을 어떻게 다룰 것인지가 중요하다. 아이디어가 풍부한 작가가 뛰어난 작품을 만들 때 인공지능은 아주 좋은 도구가 될 것이다. 마지막 화룡점정은 예술가의 몫일 테지만.

이쯤에서 예술과 문학의 본질을 묻지 않을 수 없다. 예술은 경험한 적 없는 세계를 감각할 수 있게 만드는 활동이다. 감각에서 생기는 놀라움과 충격은 예술의 본질에 닿아 있다. 진부한 것, 익숙한 것, 상식을 다시 확인하는 데 머문다면 예술과 문학은 필요하지 않다. 같은 언어를 쓴다 해도 머리를 써서 이해하는 개념 작업은 철학이 훨씬 잘한다.

프롤로그에서 초거대 언어모델이 작업하는 방식을 간단히 언급했다. 인간이 여태껏 만든 수많은 단어와 문장의 패턴을 참조해 그럴듯한 이야기를 지어내는 일이 전부다. 하지만 이야기가 그럴듯한지 아닌지는 사람이 평가한다. 인공지능이 시를 쓰고 짧은 소설을 쓴다고 하지만, 실제로는 무작위 생산물 중에서 인간이 그럴듯하다고 본 것을 골라낸 것일 뿐이다. 여기에서 새롭고 흥미로운 것은 없다. 아니, 더 정확히 말하면, 누군가에게는 새롭고 흥미로울지 몰라도 그건 앞서 창작된 더 좋은 작품을 접한 적이 없기에 그렇게 느끼는 것일 뿐이다. 초거대 문장이 처음 쓴 새로운 문장은 없다.

인간 작가가 쓴 문장도 '처음 새롭게 쓴 문장'이 없지 않느냐는 반론이 당장 제기될 수 있다. 이 지적은 옳지 않다. '언어의 생산성이 무한에 가깝기에 누군가는 그 문장을 쓴 적이 있겠지' 하고 '짐작'할 수는 있다. 하지만 중요한 건 한 문장이 아니라 문장들의 결합이며, 이를 통해 포착한 장면과 인상이다. 작품의 신선함은 이 장면과 인상에서 온다. 이 점을 작가나 평론가는 알고 있다. 생성 가능성이 무한에 가깝다고 해서 모든 문장이 이미 있었던 문장이라는 건 성립하지 않는다. 많은 고전 작품이 있지만 여전히 고전의 목록은 갱신되고 늘어나는 중이다.

인간은 왜 예술이 필요할까? 왜 예술 창작을 시작했을까? 예술이 없었다면 인간이 결코 경험할 수 없었을 그 무엇을 느낄 수 있었기 때문이리라. 그 무엇은 죽음과 유한성에 닿아 있다. 인간은 미리 죽음을 느낄 줄 아는 존재다. 아직 현행은 아니지만 끝내 피할 수 없는 경험인 죽음. 삶은 죽음의 연습이고 죽음과의 중첩이다. 죽음이라는 극한을 직시하면서, 어떻게 살아야 하고 타인과 우주와 어떻게 관계해야 하고 어떻게 살려야 하고 무엇을 남길 수 있는지 인간은 고민한다. 문학과 예술은 그 고민에서 나온다.

인공지능의 작품을 인간화해서 그로부터 무언가를 느끼는 것도 인간다움의 발현이다. 인간은 세상과 대상에 자신을 투영해서 인간을 읽어낸다. 세상과 대상에 없는 그 무엇을 인간이 부여하고 창출한다. 이처럼 인간은 평가하는 자다. 보석이 보석일 수 있는 건 인간이 거기에 가치를 주었기 때문이다. 본래적 가치란 없다. 가치를 평가하고 표현하는 일이 예술과 문학의 원천에 있다면, 통계 처리를 통해 창작을 도와주는 인공지능은 아주 세련되고 훌륭한 도구 그 이상이 될 수 없다.

럿거스 대학의 예술에 대한 정의가 대단히 자의적이고, 뭐랄까 솔직히 약간 유치한 느낌이 들었거든요. 왜 그렇게 느꼈는지 교수님께 말씀드리고 싶습니다.

네, 왜 그런 느낌이 드셨는지 궁금하네요.

예술가와 그가 만든 작품, 그러니까 연극이나 공연까지 포함해서 작품이라고 부른다면, 크게 보면 예술가와 작품 그리고 감상자 이렇게 세 가지 요소가 있다고 생각합니다. 교수님은 감상자를 시장과 비평가, 평론가로 다시 구분하셨지요. 이렇게 보면 "예술이란 무엇인가?"라는 질문에는 "예술가에게 예술은 무엇인가?"와 "작품에 있어서 예술작품이란 무엇인가?" 그리고 "감상자에게 예술이란 무엇인가?" 이렇게 세 가지 질문이 포함될 수 있다고 생각하는데요. 그렇게 본다면 AI 작품이 예술이라고 불리는 건 작품과 감상자의 측면에서 본 것 같아요. 완성도나 숙련도의 면에서 대단하다는 거죠. 일상생활에서 누군가가 굉장히 훌륭한 일을 했을 때 "예술이네"라고 말하기도 하는데, 그때 '예술'은 완성도와 숙련도를 칭한다고 생각합니다. 그런데 이 AI 작품에는 "예술가에게 예술은 무엇인가?"에 대한 답이 빠져 있는 것 같습니다. 예를 들어, 럿거스 대학의 AICAN은 GAN에다가 C를 붙인 거죠. 적대적 생성 모델에 덧붙여 이 활동이 새로워야 한다고 요구했어요. 그런데 새로워야 한다는 게 무슨 뜻인가요? 무슨 기준이 있나요? 주체가 없이 새롭다고 말할 수 있나요? 그리고 자신의 생산물을 자기가 평가하는 시스템이라고 했는데, 여기서 자신은 무엇인가요? 자신이라는 것이 있나요? 용

인 가능한 미적 기준에서 너무 많이 벗어나지 않는다는 것도 대단히 이상한 설명인 것

같아요. 용인 가능하다고 할 때 주어는 누군가요? 누가 용인하나요? 그리고 미적 기준

은 무엇인가요? 누가 가지고 있는 기준인가요? 거기다가 더 끔찍한 건, 너무 많이 벗어

나지 않는다고 했는데 '너무 많이'의 기준은 무엇인가요? 벗어난다는 건 무슨 뜻인가

요? 그리고 거의 자율적인 예술가라는 건 거의 살아 있다는 말과 비슷하다고 받아들였

는데, 거의 살아 있다는 건 죽었다는 말일까요? 거의 자율적이라는 건 무슨 뜻인가요?

이게 성립할 수 있는 말인가요? 마치 '거의 동그라미다'라는 말과 비슷한 것 같아요. 거

의 동그라미라는 건 원이 아니라는 얘기잖아요. 결국 작품 혹은 감상자 수준에서 예술

을 설명하고 있지만 작품을 생산한 주체 수준에서 예술이란 무엇인지 설명하지 못하

는 것이 아닌가요?

아주 예리한 질문들이고, 함께 생각해 봐야 할 문제들이 많이 내포돼

있는 것 같습니다. 저도 질문 내용에 대부분 동의합니다. 그리고 질문

에 대한 답이 질문 안에 포함돼 있는 것 같습니다. 실제 럿거스 대학

작업이 재미있는 게, 연구팀의 주 저자 중 한 분은 컴퓨터 사이언스

엔지니어이고 다른 한 분은 미술사 교수세요. 그러니까, 두 분이 같이

작업했고, CAN 알고리즘을 만드는 과정에서 아마 두 분의 아이디어

가 긴밀하게 연결된 것 같습니다. 많이 활용되는 GAN 알고리즘을 적

절하게 응용한 것 같아요. 그런데 잘 지적해 주신 것처럼 그리고 저

도 말씀드린 바 있는 것처럼 현재 미학이나 미술사, 예술사 쪽에는 감

상자 위주의 이론이 워낙 널리 퍼져 있는 데 반해, 예술가의 '작업' 또

는 '예술가 자신'에 주목하는 논의는 그다지 많지 않은 걸로 알고 있

습니다. 제가 니체나 들뢰즈의 미학 예술 이론을 발표할 기회가 가끔

있는데, 그럴 때 주로 접하게 되는 질문이 감상자 위주 또는 감상자와 연관된 수준의 이야기로 한정돼 있습니다. 많은 연구자나 학자로부터 피드백을 그렇게 받고 있어서 실제로 예술가에는 주목하지 않는다는 느낌이 듭니다.

저는 들뢰즈나 니체의 입장을 따르고 있어요. 가령 니체를 보면, 그리스 비극의 의미가 뭐냐고 물을 때 초기 『비극의 탄생』부터, 나중에 생각이 바뀐 부분도 있지만, 뒤로 갈수록 더 강조되고 있는 게 창작자 자신이 그걸 왜 창작하느냐입니다. 니체는 '디오니소스적'이라는 표현을 썼는데, 비극은 창작자의 필링feeling을 함께 느끼는 공연 예술이었으니까요. 그 속에서 공유하게 되는 '예술가성'에 주목했던 것 같고요.

들뢰즈를 봐도, 예술가에 주목했다는 건, 그의 회화론 중에 현대 화가 프랜시스 베이컨을 다룬 『프랜시스 베이컨: 감각의 논리』를 보면 잘 알 수 있습니다. 베이컨의 작업에서 독특한 게 한두 가지 있는데, 실제 어떤 대상을 보고 작업하는 것이 아니라 사진을 보고 작업한다는 측면과, 더 중요한 것은 우연성을 강조한다는 측면이 있습니다. 우연성을 강조하는 방식 중 하나는 물감을 캔버스에 던지는 것, 그다음에 솔이나 헝겊으로 캔버스를 문지르는 것, 칼로 찢는 것 등이 있습니다. 많은 우연의 요소들을 활용하면서 그로부터 어떤 지점을 포착하는 것, 그러니까 모든 우연이 다 작품이 되는 건 아니지만 작품의 가능성을 최대한 확장하면서 그로부터 어떤 결과물을 얻으려고 하는 것, 이런 것들이 베이컨 작업의 특징입니다. 가장 중요한 측면은 그렇게 우연의 실험을 많이 하다가 결과적으로는 작가가 보기에 '이거다'라고 생각되는 지점에서 멈춘다는 겁니다. 대단히 많은 우연한 시도를 통해서 결국은 자기가 느꼈던 그 무엇을 사람들에게 보여주려고 했던 거거든요.

작가란 언어적인 메시지 말고 더 포괄적인 의미에서 자기가 느꼈던 걸 남들에게도 느낄 수 있게끔 하는 존재라는 걸 전제해야 합니다. 예술가 주체를 얘기한 것도 비슷한 맥락이고요. 이것이 작가의 가장 중요한 특징이고 그렇기에 작가가 될 수 있는 측면인데, 인공지능이 도구로 이용될 때도 그런 식으로 접근한다고 봅니다. 그러니까, 의도된 것과 우연한 것들을 알고리즘에 돌려서 나오는 결과들을 '작가가 선별할' 수 있게 최대한 기회를 확장해 주는 도구인 거죠.

그런데 이 모든 일의 중심이 되는 건 예술가의 감感인 것 같습니다. 감성이라고 부르든 감수성이라고 부르든 아니면 우리가 그냥 통상 얘기하는 감이라고 부르든 간에, 예술가의 감이 결국 이 모든 것들을 평가하고 판정하는 기준이 되는 것 같습니다. 심지어 베이컨 같은 화가는 자기 의도가 최대한 직접적으로 반영되지 않게 하려고 물감을 던지는데, 그렇다고 할지라도 결과물에 대한 평가는 작가 자신이 내립니다.

이른바 '수용미학'은 큰 틀에서 문제를 안고 있다고 봅니다. 창작 주체, 즉 예술가가 무책임해질 수 있어요. 나는 나대로 뭔가 했으니 당신이 알아서 받아들여라, 해석해 내라. 그건 작가의 자존심, 작가의 존재 의미와도 관련됩니다. 그냥 아무거나 던져주고 그중에 좋은 것이 있으면 가져다 쓰라는 건데, 참 무책임해요. 이런 시도가 먹히는 경우는 작가가 사회적으로 권력이 있을 때예요. 주목받을 만한 위치에 있으면 자기가 어떤 행동을 해도 남들이 주목해요. 그런데 '듣보잡'이면 똑같은 시도를 해도 남들이 주목하지 않습니다. 쳐다도 안 봐요. 한편 감상자가 작가만큼의 창작적 개입을 해서 뭔가를 끄집어내는 측면에 주목할 수는 있습니다. 하지만 이 경우에도 작가는 사라지게 되죠. 작가가 하는 역할이 별로 없어요. 결국 인공지능 작품을 수용미학적으로 바라봐야 한다는 말의 취지는 이해되지만, 예술가의 존재 의미와 관련해서는 사실상 무용한 접근 방법이 아닐까 생각합니다. 이제 럿거스 대학 팀으로 와보죠. 그나마 이론적으로, 미학적으로, 예술사적으로 진도가 나간 팀입니다. 다른 팀들은 정말 훨씬 못 미쳐요. 그렇지만 한계는 예술가에 초점을 맞추지 않고 창작 후 결과물after creation에만 관심을 둔다는 데 있습니다. 저는 창작이 이루어지기 직전까지의 과정에 흥미가 있습니다. 서양 근대는 많은 것을 성취했고 많은 것을 제약했지만 그래도 성취 중 하나가 예술의 발명 또는 발견이라고 생각합니다.

인간다움, 인간의 특성 또는 인간의 장점 중 하나가 예술을 할 수 있는 능력입니다. 그리고 예술을 한다는 게 그냥 감상에 그치는 것이 아니라 작품을 만들어 내는 일이라고 생각하는데, 그 전까지는 인간이 그런 창조적 존재라는 걸 스스로 자각하지 못했습니다. 서양 근대는 정치적 자유, 경제적 확장, 기술적 발견 등을 이루었는데, 이러한 성취의 정점에 예술 창작 능력이 있습니다. 창작이 인간의 중요한 특징이라면 이에 대한 논의가 더 많아져야 하고, 특히 인공지능과 인간의 비교 작업이 더 활발해야 합니다. 공학을 하는 분들에게 기대할 필요는 굳이 없을 것 같아요. 하지만 인문학자가 많이 이야기하지 못하는 현실이 안타깝습니다. 요즘 인공지능의 미래나 근미래와 관련해서 책이 많이 나오고 있는데, 여전히 한계가 있는 것 같습니다.

과연 인공지능이 네 컷 짜리 카툰을 만들 수 있을까요? 굉장히 중요한 질문이에요. 카툰은 서로 독립된 장면이 조각나 있잖아요. 어떻게 배열하느냐에 따라 스토리가 달라집니다. 인공지능이 과연 의도에 따라 배열할 수 있을까요? 슬라이드도 어떤 순서로 배치하느냐에 따라 발표 내용 전개가 달라집니다. 인공지능에 그런 능력이 있을까요? 이 고민은 인공지능 개발자에게도 자극이 될 수 있을 것 같습니다.

인공지능은 평가할 수 없는 존재이기 때문에 인공지능이 만든 그림은 예술작품이라고 할 수 없다고 하셨는데요. 그러면 평가할 수 있는 기능을 인공지능에 탑재하면 그때는 인공지능이 만든 그림이나 작품을 예술작품으로 칭할 수 있는 건가요?

이 질문은 우리가 범하기 쉬운 질문상의 오류를 담고 있습니다. 오류라고 해서 비난하겠다는 건 아닙니다. 우리는 이렇게 질문하는 버릇이 있습니다. '만약 뭐라면^{if}~'. 언론에서 '~라면' 이런 식으로 기사를 쓸 때가 많잖아요. 비리가 사실이라면, 유출했다면, 음모를 꾸몄다면. '~라면'으로 시작할 때 '~라면'에 해당하는 게 얼마나 진실이고 실현 가능한지가 항상 관건입니다.

앞의 질문에서 가정 부분이 맞으면 뒤의 얘기는 맞습니다. 인공지능이 평가했다는 게 전제되니까요. 내가 100개를 만들었지만 이것 한

개만 보여주겠다. 이런 식으로 평가하는 거거든요. 그렇다면 당연히 인간과 같은 창작 과정을 거친 작품이라고 단언할 수 있습니다.

문제는 '기술이 더 발달한다고 해서 평가 기능을 추가할 수 있느냐'에 있습니다. 인간에게 평가 기능이 내장되기까지 거의 40억 년의 시간이 걸렸습니다. 지금 살아 있는 동물들은 생명의 역사를 공유하니까, 동물들에게도 거의 40억 년의 역사를 거치는 와중에 평가 기능이 내장됐을 겁니다. 과연 그 시간을 단축할 수 있을까요? 조만간 '기술이 더 발달하면~'이라고 가정할 수 있을까요? 그게 입증돼야 합니다. 인간이 무엇이고 생명이 무엇이고 디지털 기계가 무엇인지, 그 차이를 살펴볼 수 있는 좋은 질문입니다. 평가 기능을 추가할 수 있는지 계속 주시해야 합니다.

'딥드림 제너레이터'랑 '넥스트 렘브란트' 이야기에서, 이게 결국 기존 아티스트의 스타일을 좀 흉내 낸 거 아니냐, 결국에 짝퉁 아니냐 이렇게 설명하셨습니다. 오마주 작품도 하나의 예술작품이라고 봤을 때, 이런 창작물들을 오마주 작품으로 보고 예술로 평가할 수 있지 않을까요?

앞의 질문과 비슷한 맥락 같아요. 패러디가 패러디려면, 오마주가 오마주려면 어때야 할까요? 뭘 패러디했는지, 누구의 작품을 어떻게 오마주했는지, 그게 있어야 합니다. 단순히 비슷한 걸 '생산'해 낸다고 해서 패러디나 오마주가 될 수 있을까요? 예술적 창작성을 띠는 번득이는 아이디어가 덧붙어야겠지요. 그게 없다면 창작이라고 하기 어려울 겁니다. 인공지능이 그런 종류의 작업을 하는 건 아니라고 말씀드리고 싶습니다.

튜링 검사처럼, 감상자가 인공지능의 작품인지 인간의 작품인지 알아차리지 못하면 창작품으로 볼 수 있지 않을까요? 감상자 관점에서 보면 그럴 수 있을 것 같습니다.

감상자가 아니라 결국은 창작자가 관건입니다. 감상자는 화성 표면에 새겨진 흔적을 사람 얼굴로 보기도 하고, 들판에 눈이 녹아 있는 풍경을 예수의 얼굴로 보기도 합니다. 모래밭에 새겨진 자취를 예술작품처럼 받아들이기도 하고요. 이 모두가 인간이 거기에 투영한 것이죠. 인간이 결과물에 여러 형태로 개입하기 때문에, 즉 일종의 창작적 개입을 하기 때문에 창작된 작품으로 여겨지는 것일 뿐, 창작적 개입이나 해석을 빼고 나면 창작물로 보기 어렵습니다. 감상자도 곡해하고 왜곡할 수 있는데, 이것 역시 창작적 작업입니다. 결국 감상자 중심 접근법이 아니라 창작자 중심 접근법인 셈이지요.

피카소의 큐비즘 작품은 3차원을 2차원 평면에다 넣는 방식입니다. 만약 인공지능에 360도 카메라를 달아서 이런저런 개념으로 2차원 캔버스에 담아내게 했다면, 누가 더 큐비즘을 잘 수행했는지 비교해 봐도 되는 걸까요?

질문에서 '큐비즘'이라는 용어를 쓰고 있어요. 피카소나 브라크 같은 작가들의 작품을 큐비즘이라고 하는데, 중요한 건 뭘까요? 그림을 그릴 때 3차원 입체가 어차피 2차원 평면에 다 담지 못하니까 그걸 적절하게 재구성하자는 아이디어가 큐비즘이죠. 그러니까, 메타버스건 가상현실이건 기술 장치를 동원해서 평면에 가까운 모니터에 많은 차원을 담는다고 해서 큐비즘이라는 아이디어가 더 나은 아이디어로 바꾸는 건 아닙니다. 그건 큐비즘을 구현하는 수단의 차이에 불과하니까요. 위대한 건 큐비즘이란 발상이지 조각난 그림 자체가 아닙니다. 이렇게 보면 방금 전 질문은 여러 가지를 깨닫게 해줍니다. 결국 인간의 아이디어, 피카소의 아이디어가 더 중요했다는 걸 드러내 주니까요.

인공지능을 도구로 사용한 예술작품을 창의적으로 구성하려면 작가의 어떤 노력이 더 필요할까요? 작가의 몫은 뭘까요?

앞의 질문에서 힌트를 찾을 수 있습니다. 기술적으로 구현할 수 있는 측면과 아이디어 수준에서 만들어 내는 측면이 구별되거든요. 문명의 성취 또는 지식의 성취 아니면 철학, 학문, 예술의 성취 등 인간 성취의 순간들을 역사적 좌표로 찍는다면 아이디어를 만들어 낸 지점이 남는다고 봐요. 그렇게 본다면 작가 혹은 창작자의 몫은 결국 남들이 생각하지 못했던, 남들이 못 봤던 창의적인 발상입니다. 이 지점은 역사를 통틀어 자기 한 몸과 인류 전체가 대결하는 자리이고, 그런 점에서 위대합니다.

마르셀 뒤샹이 남자 소변기를 가져다 놓은 샘이나, 마우리치오 카텔란의 1억 4,000만 원짜리 바나나는 어떻게 봐야 할까요?

그런 건 해프닝입니다. 일을 벌인 거죠. 가령 뒤샹의 변기 사건은 미술관에서 일어났으니까 예술계art society의 사건입니다. 그래서 혼동이 생깁니다. 예술 고유의 영역과 사회적, 역사적 사건으로서의 예술을 구분해야 합니다. 최근에는 뱅크시 같은 얼굴 없는 작가도 있죠. 그것들이 갖는 역사성이 분명히 있습니다. 사회 속에 일을 벌였기 때문에 사건의 측면이 있어요. 일을 벌이면 화제가 되죠. 나쁜 일만 아니면 꽤 괜찮습니다. 그다음에 덧붙는 게 가격이죠. 그건 미의 범주와 관련이 없습니다. 사회학의 범주, 경제학의 범주죠.

다음으로 발상의 독특함을 따져봐야겠죠. 뒤샹은 기성품을 미술관에 가져다 놓음으로써 작품을 만들 수 있다고 주장했습니다. 코로나 직전에 런던에 갔을 때 테이트 모던에서 뒤샹 작품을 봤어요. 이게 엄청 비싸요. 영국의 중요한 박물관에 겨우 전시될 수 있을 정도로 희소하고요. 그런데 이걸 거실에 전시해 놓고 싶은 사람이 있을까요? 반면 고흐의 작품은 힘이 있어요. 가격이 비슷하다면 고흐의 작품을 거실 벽에 걸고 싶지 뒤샹의 변기를 놓고 싶지는 않을 거예요. 손님 올 때 꺼내놓고 싶긴 하겠지만요. 그때 과시하는 건 가격이지 미적 가치는 아니죠. 이 둘은 분명히 구별됩니다. 속지 말아야 해요.

전문가가 얘기한다고 다 맞는 것도 아니고 결국 자기 훈련이 함께 가야 합니다. 남들이 좋다고 따라가는 게 아니라 내가 보기에 진짜 좋다고 평가할 수 있어야 해요. 인공지능은 남들이 좋다고 하면 같이 좋다고 해 버립니다. 그냥 따라가고 추종하는 거예요. 인간은 스스로 평가를 바꿀 수 있습니다. 인간과 인공지능의 차이 중 하나입니다.

당사자 인공지능이 자기 변론을 할 수 없으니까 변론은 사람이 할 수밖에 없습니다. 예술이 잘 구현하고 사람들에게 깨우쳐주는 것이 '인

간이란 무엇인가?'입니다. 이 주제는 결국 예술 자체의 탐구 주제이
자 꼭 예술이 아니더라도 탐구해야 할, 탐구하고 싶은, 우리의 호기심
을 가장 자극하는 물음입니다.

AI 빅뱅
AI 빅뱅
AI 빅뱅
AI 빅뱅

2장

언어 생성 인공지능이 놓친
언어의 본질

〈프롤로그〉에서 언급했듯, 언어 생성 인공지능에는 챗GPT 말고도 인공지능 번역기나 음성 인식 문자 출력기STT가 있다. 어떤 이에겐 후자 두 개가 더 중요하다. 2장에서는 후자도 가끔 언급하겠지만, 주로 최근 관심이 몰려 있는 초거대 언어모델과 챗GPT를 고찰하는 데 초점을 둘 것이다.

1. 챗GPT 그리고 초거대 언어모델LLM의 원리와 한계

2022년 11월 30일 출시된 챗GPT의 열기가 뜨겁다. 구글의 검색 서비스까지 위협한다고 한다. 앞서 살펴본 것처럼, 2021~2022년에는 이미지 생성 인공지능의 열풍도 대단했다. 동영상 생성의 품질도 높아지고 있으며, 언어를 입력해 작곡도 한다. 나아가 챗GPT의 성능을 획기적으로 개선한 것으로 알려진 GPT-4도 2023년 3월 출시됐다. 충격과 열풍 앞에서, 차분히 챗GPT의 정체와 본질을 이해하고 나아가 한계까지 짚어보는 것이 절실한 시점이다.

(1) LLM 인공지능의 생성과 기억

이런 인공지능은 이른바 '초거대 언어모델'에 기초하고 있다. 〈프롤로그〉에서 원리를 설명했듯이, 이용할 수 있는 모든 문장을 학습 데이터로 삼아, 어떤 단어에 이어질 개별 문장은 물론 문장 다음에 어떤 문장이 오는지, 즉 문장 간의 관계까지도 학습했다. 그럼으로써 어떤 단어 다음에 올 단어 혹은 어떤 문장 다음에 올 문장을 '추천'하는 식으로 문장을 생성한다. 지금은 꽤 긴 글을 생성하는 것도 가능하다. 여기에 설명label이 붙은 이미지, 소리, 음성, 음악, 동영상, 컴퓨터 코드, 수식 등 비언어적 요소를 함께 학습한 것이 '멀티모달'이다. 이렇게 하면 언어 말고도 다양한 생성이 가능해진다.

　LLM은 에세이와 뉴스 기사를 쓰고 시험 답안과 과학 논문도 쓴다. 알고 싶은 지식도 구글 검색보다 더 잘 찾아준다고 한다. 학생들의 답안 평가를 어떻게 해야 할지에 대한 교육자의 우려와 함께, 간혹 발견되는 사실관계의 오류는 곧 수정될 것으로 기대된다는 전망도 있다. LLM을 기억의 맥락에서 함께 고찰해 보자.

　생성generation이라는 명칭을 붙이긴 했지만, 엄밀하게는 '기억 내용의 인출retrieval of memory' 혹은 '재구성recomposition'이라고 해야 할 것이다. 입력된 문장을 처리하는 함수에 의해 사전에 학습된(즉 저장된) 단어와 단어, 단어와 문장, 문장과 문장 간의 '관계'가 차례로 소

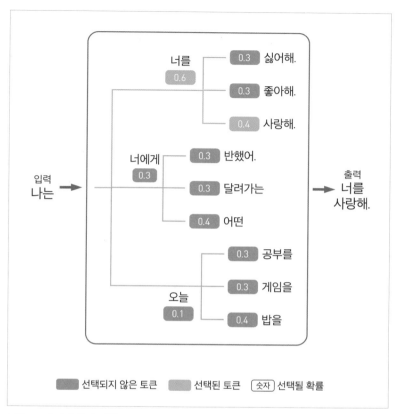

그림12　초거대 언어모델(Large Language Model, LLM)의 원리: 단어를 추천해서 문장 생성

환되는 것이기 때문이다(그림12 참조). 운이 좋으면 학습된 내용이 진실할 테고, 이 경우 정확한 검색 결과를 '생성'한다. 하지만 대다수의 경우 학습된 내용은 인간이 입력한 것이기에 뒤죽박죽이고, 검색 결과 역시 확인과 검증이 필요하다. 이 문제는 원리상 발생하는 것이기 때문에, 학습에 사용하는 매개변수를 아무리 늘리더라도 오류 산출

을 피할 수 없다. 인간이 오류를 잡아내어 수정한 내용을 되먹임해 학습하는 '지도 미세조정Supervised Fine Tuning, SFT'이나 인종차별 등 부적절한 답변을 억제시킨 '인간 되먹임 강화학습Reinforcement Learning from Human Feedback, RLHF'이 활용되고 있지만, 오류를 수정하는 데 한계가 있다는 점은 명백하다. 게다가 인간이 수정할 때 환각이 강화된다는 연구도 보고되고 있다.

그렇다면 왜 '원리상의' 오류인가? 초거대 언어모델 접근법이 '언어'에 의존하기 때문에 생기는 문제여서 그렇다. 언어는 인간을 닮지만 진실을 닮진 않는다. 그래서 언어는 원리상 오류를 내포한다. 또한 언어는 과거를 꽤 잘 기억할 수 있지만 미래에 있게 될 일에 대해서는 완전히 무지하다. 그래서 엄밀하게는 '생성'이 아니라 '인출'이고 '재구성'일 뿐이다.

(2) 시맨틱웹과 온톨로지

여기서 잠시 시맨틱웹semantic web을 만들려는 시도를 점검해 보자. '시맨틱'은 언어학에서 '의미론'을 뜻한다. 즉 시맨틱웹은 의미를 이해하는 웹을 만들겠다는 시도다. 무려 월드와이드웹World Wide Web, WWW/W3을 만든 팀 버너스리Tim Berners-Lee의 기획이다. 최초의 웹은 URLUniform Resource Locators(유일 자원 지시기), HTTPHyperText Transfer Protocol(하이퍼텍스트 전송 규약), HTMLHyperText Markup Language(하이퍼텍스트 표시 언어)을 통해 구성된 혁명적 발명이었다.

하지만 한계도 명백했다. 웹에서는 상호 지시가 가능했지만 지시된 것이 무엇을 의미하는지의 문제는 무시했다. 가령 독자가 보고 있는 화면에 표시된 글자들의 의미는 독자가 읽어야만 확인할 수 있다. 웹 페이지 자체는 무의미한 표시의 집합이어서 컴퓨터는 각각의 표시가 무엇을 뜻하는지 전혀 알지 못한다. 즉 웹의 수많은 데이터(웹 문서, 각종 파일, 서비스 등)는 인간만 이해·검색·추출·해석·가공할 수 있다. 이런 문제를 극복하기 위해 컴퓨터가 그런 일들을 할 수 있도록 만들려고 제안한 것이 시맨틱웹이다. 데이터의 속성, 관계 같은 것들을 미리 지정해 시맨틱웹을 구성하면 컴퓨터가 알아서 처리할 수 있으리라는 것이다.

시맨틱웹의 핵심으로 꼽는 것이 온톨로지ontology다. 컴퓨터과학에서 온톨로지란 컴퓨터가 데이터의 의미를 이해하고 처리할 수 있게 하는 기술, 지식, 수단의 총체다. 예를 하나 보자. 좌표에 표시한다고 치면, 초등학교 교사의 아래에는 학생이, 위에는 교장이 있다. 교사의 대표적 활동은 강의고, 강의를 하기 위해 교실이라는 장소를 사용한다. 이렇게 속성과 관계를 지정하면 나중에 처리가 쉬워진다. 초등학교에 가기 전에는 유치원에 다니고, 졸업하면 중학교와 고등학교로 이어진다는 관계가 덧붙을 수 있다. 초등학교는 총 6개 학년으로 구성되며, 7세부터 다닌다는 내용이 추가될 수 있다. 이런 식으로 확장하다 보면 세계 전체의 의미망이 백과사전처럼 촘촘히 짜일 수 있으리라 기대된다. 시맨틱웹이 온톨로지에 기대는 이유다.

(3) 존재론: 철학의 온톨로지

온톨로지, 즉 존재론은 인공지능 영역을 넘어 디지털 세계 전반의 핵심 문제다. 본래 존재론은 철학의 중심 분과 중 하나였다. 존재, 다시 말해 있는 것, 있다는 것, 있는 것들의 관계와 위계, 있는 것들의 분류, 있음의 등급 등에 대한 논의는 서양철학에서 2,500년이 넘는 동안 중요한 주제였다.

그런데 존재에 대한 논의는 인식을 경유할 수밖에 없다. 인간이 모르는 것이 있을 수는 있다. 하지만 인간이 모른다는 것조차 모르는 것에 대해서까지 '있다'고 할 수 있는 걸까? 아니, 있다고 할 수 있다 쳐도 그것에 대해 논의하는 건 도대체 가능하기나 한 걸까? 이렇게 묻다 보면 결국 어떤 식으로든 아는 것에 대해서만 있다고 할 수 있고, 나아가 논의도 할 수 있다는 결론이 나온다. 존재론은 인식의 한계 안에 머문다.

근대적 의미에서 인식의 대상, 즉 자연과학이 알려주는 지식의 대상은 시공간에 있는 것에 한정된다. 칸트는 이 점을 분명히 밝혔다. 또한 칸트는 영혼이 불멸인지(심리학), 세계가 무한한지(우주론), 신이 존재하는지(신학) 같은 문제는 인식의 문제가 아니라고 피해 간다. 이런 문제는 참이나 거짓을 밝힐 수 없다는 이유에서였다.

하지만 우리는 근대적 의미의 인식 대상뿐 아니라 표현하고 전달할 수 있는 다른 많은 대상이 있다는 것에도 동의한다. 유니콘이건 켄타우로스건 아프로디테건 용이건 상상의 존재, 아니면 '둥근 사각형'이나 '프랑스의 현왕現王' 같은 논리적 존재, 관찰 불가능한 수학과 과학의 대상, 예술적 존재, 거짓말과 역설 등도 없다고 할 수 없다. 이런 것들도 최소한 언어로 지칭하고 전달하고 알아듣는다.[1] 그래서 서로 존재 방식이 다를지언정 존재론의 대상에 포함해야 마땅하다.

인간이 지금껏 만든 언어는, 일부는 세상에 속하고 일부는 생각에만 속한다. 언어는 '세상'과 '세상에 대한 생각'과 '세상 바깥에 있는 것에 대한 생각'의 혼합물이다. 존재론은 인간의 머릿속에만 있는 것과 언어에만 있는 것도 포함한다. 시맨틱웹은 의미를 이해하기 위해 존재론을 구축한다. 그런데 언어는 많은 허구와 오류와 거짓을 필연적으로 내포한다.

언어를 자원으로 삼아 존재론을 구축하려 할 때 생기는 난점이 여기 있다. 언어를 아무리 조사하고 분류해도 세상에 대한 정확한 표상representation을 얻을 수 없다. 따라서 존재론을 잘 구축할수록 컴퓨터는 인간을 닮아간다. 시맨틱웹을 만들려는 최초의 시도에서 크게 어긋나는 지점이다. 인간과 세상에 대한 불충분하고 부정확한 표상인 언어만이 인간을 이해하는 길이기 때문이다.

다른 접근법이 있을까? 언어라는 인간 기억의 집적을 우회하는 것은 과연 가능할까? 더 나아가, 과거의 유물을 발굴해서 재구성하는 '생성' 인공지능이 과연 얼마나 쓸모가 있을까? 기존 지식의 암기와 인출이 교육의 본질이 아니라면, 우리는 다음 세대에게 무엇을 어떻

---

1 이 문장에서 언어는 개념에 국한되는 것이기보다 개념, 감각, 함수를 포괄한다. 들뢰즈는 생각의 위대한 세 형식으로 개념, 감각, 함수를 언급하며 각각 철학, 예술, 과학의 활동이라고 주장한다.

게 교육해야 할까?

2. 멀티모달 생성 인공지능은 돌파구일까, 막다른 골목일까?

(1) 멀티모달 생성 인공지능

언어의 한계를 벗어나려는 시도로 제시된 것이 멀티모달이다. 〈프롤로그〉에서 설명했듯이, 설명이 붙은 이미지, 소리, 음성, 음악, 동영상, 컴퓨터 코드, 수식 등 비언어적 요소를 함께 학습한 것이 '멀티모달'이다. 모드, 즉 방식을 다양하게 한 것이다. 이렇게 되면 언어 말고도 다양한 생성이 가능해진다. 요컨대 멀티모달 모델은 언어로 설명되거나 표현된 '세상'의 모든 것을 학습했고, 따라서 언어 생성뿐 아니라 세계 생성도 할 수 있으리라 기대된다. 언어를 넘어 세상으로 직접 발걸음을 내디딜 수 있다는 희망이다.

말하자면 이런 식이 될 것이다. 현재 챗GPT가 하고 있듯 그럴듯한 문장들을 만드는 것은 물론이고 이야기와 더불어 이미지, 소리, 동영상 등을 만들어 내는 것도 가능하다는 뜻이다. 챗GPT가 예상하는 것 이상의 '뻥'을 지어낸다고 화제인데, 이제 이야기만이 아니라 영상물도 지어낸다면 어떻게 될까? 조만간 유튜브는 이런 생산물 중에서 남이 보기에도 그럴듯한 것들로 가득 찰 것이고, 기존 콘텐츠 제작자는

잠시 설 자리를 고민해야 할 것이다.[2]

인간은 지어내기를 좋아한다. 인간은 진실을 추구하기도 하지만 거짓말을 더 좋아한다. 밤하늘 별을 바라보며 지어낸 무수한 신화, 있을 법하지도 않은 전설, 그 밖에 인류 초기부터 만들었다고 하는 수많은 예술작품까지 인간이 지어내기를 좋아한다는 증거는 차고 넘친다. 오늘날 디지털 네트워크에서 유통되는 콘텐츠의 상당수도 바로 이런 지어낸 것들이다.[3]

멀티모달 생성 인공지능은 바로 이런 인간 본성에 잘 맞아떨어진다. 이 본성을 인간의 '예술 의지Kunstwollen' 혹은 '놀이 본능'이라 부를 수도 있다. 멀티모달 생성 인공지능은 인간 본성과 잘 어울리는 좋은 노리개가 될 수 있을지도 모른다.

(2) 언어의 한계에 갇힌 멀티모달

반면 멀티모달 생성 인공지능은 세계와 진실에 대해서는 속수무책이다. 언어와 세계는 불일치한다. 또한 언어에 담긴 무수한 거짓말을 숨아낼 수도 없는 노릇이다. 독일의 나치 철학자 마르틴 하이데거는 "언어는 존재의 집"이라고 주장했지만, 이는 완전히 틀린 말이다. 이 말대로라면 세상의 수많은 언어마다 각각 다른 존재의 집을 가질 테

---

2 이 단계쯤 가면 마이크로소프트가 주도하는 챗GPT가 구글 검색을 잡아먹는다는 진단과 반대로, 이번엔 유튜브가 멀티모달 생성물이 유통되는 채널로 한 단계 승격됨으로써 다시 구글이 살아나는 방향으로 전환되지 않을까 하는 상상도 해보게 된다.

3 위조 뉴스(fake news)의 문제도 인간의 이런 더 근원적인 욕망에 뿌리를 두고 있지는 않은지 성찰해야 할 것이다.

Image and Trace:

Caption:

In the front portion of
the picture we can see
a dried grass area with
dried twigs. There is a
woman standing wearing
light blue jeans and
ash colour long sleeve
length shirt. This
woman is holding a
black jacket in her
hand. On the other hand
she is holding a balloon
which is peach in
colour. On the top of
the picture we see a
clear blue sky with
clouds. The hair colour
of the woman is
brownish.

Voice:

그림13   구글에서 예시한 멀티모달 설명[4]
출처: https://ai.googleblog.com/2020/02/open-images-v6-now-featuring-localized.html.

니까. 나아가, 언어는 존재의 불투명한 반영이거나 존재의 허구를 구
성하는 벽돌에 가깝다. 언어는 '개별 언어로 지어낸' 존재의 집이라고
해야 맞으리라. 요컨대 언어와 존재는 일대일 함수 관계가 전혀 아니
다. 따라서 언어 샘플을 아무리 많이 쌓아도 존재는 구성되지 않는다.

　멀티모달은 '언어(로 설명되거나 표현된)-이미지', '언어-소리', '언
어-동영상' 등 기본적으로 언어에 다른 요소가 짝지어진 데이터로 훈

4　원래의 데모 동영상에서 커서가 움직임에 따라(오른쪽 자막의 색깔 순서로 움직였음) 자막
　이 생성됨.

런됐다. 이 점에서 멀티모달 역시 언어에 전적으로 의존하고 있다(그림13 참조). 멀티모달은 본래의 취지와 상관없이 언어의 한계 내에 머무른다. 멀티모달을 구성하는 원리가 이를 강요한다. 철학에서는 이를 원리상$^{in \, principle, \, de \, jure}$의 문제라고 부른다.

이것이 왜 문제일까? 현대 프랑스 철학자 들뢰즈에 따르면, 문제의 핵심은 '로고스^{logos}(즉 이성과 논리)에 맞선 아이스테시스^{aisthesis}(즉 감각)'다. 언어^{logos}가 놓치는, 언어의 그물을 빠져나가는, 그리하여 언어를 통해서는 없다고 말할 수밖에 없는 또는 언어에 의해 추방되기만 해온 바로 그것이 관건이다. 하지만 감각^{aisthesis}은 바로 그것을 포착하고 파악하고 표현한다.

감각된 것$^{αισθητά, \, aisthēta}$은 언어로 번역되지 않는다. 예술작품은 제아무리 많은 설명^{logos}을 들어도 직접 감각하지 않으면 체험할 수 없다. 음악이나 회화를 말로 번역해 전달한들 그 말을 듣고 작품을 느낄 도리가 없다. 들뢰즈의 통찰에 따르면, 예술작품은 일차적으로 신경계에 직접 전달된다. 이런 점에서 예술은 탁월하게 무의식적인 실천이다.[5]

앞에서는 멀티모달이 인간의 예술 의지에 부합한다고 말했지만, 이를 구현하는 방식 중 언어 의존적 방식에만, 즉 이야기 만들기라는 측면에만 부합한다고 수정해야 한다. 언어를 비껴가는 '감각'은 멀티모

---

[5] 들뢰즈와 감각의 문제에 대해서는 다음 영상을 참조하라. 〈들뢰즈(Gilles Deleuze)를 통해 본 예술의 기능: 죽음에게 외치며 싸우기〉, YouTube, 2022년 2월 23일 수정, https://youtu.be/ivUW_Ls7n58.

달 모델과 별 상관이 없다. 오해하지 말아야 할 것은, 멀티모달 모델 말고 다른 모델을 통해 '감각'을 생성하려는 시도마저 불가능하다고 말하는 건 아니라는 점이다. 초거대 언어모델 말고 다른 생성 모델도 충분히 많다는 사실을 잊지 말자.

언어를 아무리 조사하고 분류해도 세상에 대한 정확한 표상을 얻을 수 없다. 언어를 자원으로 삼아 세계를 구축하려 할 때 생기는 난점이 여기에 있다. 그런데 현재까지 컴퓨터는 언어를 처리해야 인간에 접근할 수 있다. 이 지점에 굉장한 괴리가 있다. 인간과 세상에 대한 부정확하고 불충분한 표상인 언어만이 컴퓨터가 인간에 접근하는 길이기 때문이다.

(3) LLM은 어디까지 발전할까?

트랜스포머 모델을 만든 기술자들이 크게 오해하는 게 하나 있다. 커질수록 좋아진다는 착각이다. 기술적으로는 성능이 향상될 수 있을지도 모른다. 하지만 근본적 한계가 있다. 이 문제 역시 좀 철학적으로 들여다보자.

사실 GPT 같은 트랜스포머 모델이 준 충격은 커질수록 결과가 좋다는 것이었다. 그래서 GPT가 버전을 올리거나 학습 언어 데이터 개수와 매개변수의 개수를 늘릴 때 경탄을 낳았다. 그렇다면 계속 그 방향으로 갈 때 성능이 얼마나 향상될까? 철학적으로 보면, 언어모델이 지닌 근본적 한계 때문에 성능 향상은 상당히 제한적이다. 세계와의 접점이 극적으로 증가하지는 못한다는 뜻이다.

더 많은 언어를 학습시키고 매개변수를 늘려도 언어모델은 결국 언어 세계에 머물 수밖에 없다는 점이 핵심이다. 챗GPT가 현재 생성하고 있는 언어는 이미 충분히 언어스럽다. 내용의 진실성 면에서 봤을 때, 유능한 '구라 생성기'이자 '아무 말 대잔치'라는 점이 문제일 뿐이지. 언어 데이터는 이미 오류로 가득하며, 이는 인간과 언어의 본성과 관련된다. 인간이 원래 구라를 좋아한다는 점, 따라서 언어에 구라가 수두룩하다는 점을 외면해서는 곤란하다.

언어모델을 벗어나야 한다. 앞에서 이를 시맨틱웹과 존재론(온톨로지) 문제라고 말했다. 언어가 존재론으로 확장되지 않는 한, 현재의 놀라움은 조만간 진부함으로 바뀌고 말 것이다. 그렇다면 존재론으로 이행하려면 무엇이 필요할까? 짐작할 수 있겠지만, 세계를 분류하는 획기적인 틀이 필요하다. 설사 사물인터넷Internet of Things이 세계를 감지해 데이터를 확보할 수 있다 하더라도 그걸 분류해 넣어줄 범주가 필요하다. 그런데 철학에서 존재론의 역사가 보여주듯이, 이건 굉장히 어려운 과제다. 인간이 과연 그런 일을 해낼 수 있을지조차 의문이다.

로봇에 모터와 센서를 장착해 인공지능과 연결한다고 해결될 문제가 아니다. 인간 수준의 존재론을 구축하려 한다면 어느 정도 근접할 수 있을지도 모르겠다. 물론 후각, 촉각, 미각처럼 디지털화되기 어려운 감각을 측정하는 문제에 대해서는 회의적이다. 그렇더라도 최대치로 해결된다 치자. 그래도 기껏해야 오류투성이인 '인간의 존재론'에 접근한 것일 뿐이다.

인간은 수학과 과학을 통해 인간 존재론을 극복해 왔다. 또한 인간은 예술을 통해 감각의 변칙을 누리며 존재를 생성해 왔다. 요컨대 인간은 과학과 예술의 힘을 활용해 초인간 존재론을 도모했다. 초인간 혹은 비인간이 인간의 지향이었다. 인공지능은 인간 존재론을 거쳐 다시 비인간 존재론으로 나아가는 경로로 자체의 존재론을 구성해야 할 텐데, 현재로서는 기대하기 어렵다.

(4) LLM 의미론의 한계

철학이 하는 작업 중에 원리의 관점에서 가능성과 한계를 탐색하는 일이 있다. LLM에 대해서도 그런 작업을 해야 한다.

들뢰즈와 과타리는 '언어'의 본성에 대해 가장 파격적인 주장을 한다. 언어는 의미의 문제semantics가 아니라 행동의 문제pragmatics라는 것. 최소한의 의미가 없다면 행동도 불가능할지 모르지만 의미는 부수적일 뿐이다. 이를 이해하려면 앨런 튜링을 다룬 영화 〈이미테이션 게임〉의 한 장면을 보면 된다.

해당 장면을 보자. 동료가 일에 몰두하고 있는 튜링에게 말한다. "우리 점심 먹으러 가" 앨런이 "응" 하고 대꾸하기를 몇 차례. 동료는 말한다. "같이 점심 먹으러 가겠냐고 물었잖아" 앨런이 응대한다. "아니, 너희가 점심 먹으러 간다고 했지" 동료는 당황할 수밖에 없다. 이 상황에서 앨런은 언어활동의 본질을 놓치고 있다. 앨런은 동료의 말을 곧이곧대로 "그래, 너희가 밥 먹으러 가는구나"라고 이해했다. 물론 동료는 "같이 밥 먹으러 갈래?"라고 말한 것이었다. 이렇듯 모든 언어활동은 본질적으로 '수행문performative'이다.

　언어학자 존 오스틴John L. Austin의 표현을 따르면 발화효과행위perlocutionary, 철학자 존 설John Searle을 따르면 화행speech act, 들뢰즈와 과타리의 용어로는 명령어order-word 그리고 언어학 내부의 분과로는 화행론pragmatics이 그것이다.

　이를 위해서는 맥락과 뉘앙스를 파악하는 능력이 반드시 필요하다. 물론 LLM도 수많은 맥락과 뉘앙스를 수집해 놓았다. 수집 작업은 본질적으로 많은 전기와 반도체와 물을 집어넣은 '노동' 작업이었다. 그런데 인간은 맥락과 뉘앙스를 수시로 바꾸며, 없던 맥락과 뉘앙스를 만들어 낸다. 이런 활동은 '놀이'의 기본이기도 하다. 마치 이세돌 9단이 커피 한 잔 마시며 알파고와 대국했던 것과 같은 상황. 인간은 노는데 인공지능은 노동했다.

　사정이 이런데도 불구하고 LLM은 언어의 본성이 '의미'인 것처럼 가정하며 작업한다. 이것이 의미하는 바는 무엇일까? 이 사실로부터 LLM이 잘할 수 있는 일과 못하는 일을 구분하는 기준을 발견할 수 있다. LLM은 비록 거짓말을 잘 지어내지만(물론 거짓말임을 스스로 의식하는 건 아니다) 의미와 관련해 가장 많은 성과를 낼 수 있다. 무의미 혹은 비의미와 관련된 언어 영역, 나아가 언어 외적 영역은 여전히 LLM의 바깥으로 남는다.

(5) 오라클 문제

초거대 언어모델이 내포한 한계는 정보의 단위인 '비트'와 물질의 단위인 '아톰'의 관계를 통해 진술할 수도 있다. 요컨대 비트는 언어고 아톰은 세계다.

디지털 세계는 비트 공간에 있다. 비트 공간의 가장 중요한 특징은 그곳이 자족적 공간이라는 점이다. 비트의 세계는 컴퓨터 파일로 이루어져 있다. 파일이 생성되고, 저장되고, 전송되고, 조합된다. 비트 공간은 적절한 디지털 인프라만 갖춰지면 아톰 세계와 독립해서 구성될 수 있다. 아주 정교한 컴퓨터 게임 공간을 떠올려 보라. 비트 공간은 게임 공간과도 같다.

비트 공간이 아톰 세계와 접점이 있는지, 비트 공간 속의 아톰 세계 표상이 참인지 같은 문제는 '오라클 문제oracle problem'로 알려져 있다. 이 문제가 가장 중요하게 논의된 곳은 블록체인 기술 영역이지만 모든 디지털 세계에 다 해당한다.

미국 표준 기술원이 발표한 '블록체인 기술 개관Blockchain Technology Overview'의 다음 구절은 오라클 문제를 잘 요약하고 있다.

"블록체인 네트워크는 자신의 디지털 시스템 내에 있는 데이터에는 극히 잘 작동한다. 하지만 블록체인 네트워크가 현실 세계와 접촉할 필요가 있을 때는 몇 가지 이슈(보통 오라클 문제라고 불리는)가 발생한다. 블록체인 네트워크는 인간 입력 데이터뿐 아니라 현실 세계에서 온 감각 입력 데이터 둘 다를 기록할 자리가 있을 수 있다. 하지만 입력 데이터가 실제 세계의 사건을 반영하는지 결정할 방법이 없는 것 같다. 감지기는 오작동해서 부정확한 데이터를 기록할 수도 있다. 인간은 (고의건 비의도적이건) 틀린 정보를 기록할 수 있다. 이 이슈는 블록체인 네트워크에만 특유한 건 아니고 디지털 시스템 전반에 특유하다. 하지만 가명인 블록체인 네트워크에서, 디지털 네트워크 바깥에서 온 데이터 허위 표상을 다루는 일은 특히 문제적일 수 있다. 예를 들어, 현실 세계 물품을 구입하는 데 암호 화폐 거래가 발생했다면 바깥에 있는 감지기나 인간의 입력에 의존하지 않고서는 블록체인 네트워크 내에서 배송이 일어났는지 결정할 방법이 없다."[6]

언어는 불완전한 자족적 세계다. 따라서 언어에 전적으로 의존하는 LLM과 그것의 변형인 멀티모달에 진실과 세계에 대해 문의하는 건 아무런 의미가 없다. 기껏해야 잘 만들어진 이야기와 그것에 바탕을 둔 영상물을 만나게 될 수 있을 테니 말이다.

⑹ 초거대 언어모델의 미래를 예측해 보다

챗GPT가 주었던 충격은 '고점'일 가능성이 높다. 조금 더 세련된 문장을 생성하거나 조금 더 최신의 지식을 제공하거나 아니면 조금 더 그럴듯한 거짓을 지어내게 될 수는 있겠지만, 원리상 그것을 능가하는 성능을 발휘하기는 어렵다. 새로운 이용자 경험이 주었던 놀라움

6　"National Institute of Standards and Technology", *Blockchain Technology Overview* (Gaithersburg, Maryland: National Institute of Standards and Technology, 2018), P. 36, 최근 접속일 February 24, 2023, https://nvlpubs.nist.gov/nistpubs/ir/2018/nist.ir.8202.pdf.

이 거의 전부라는 뜻이다. 아마도 충격은 다른 생성 인공지능에서 오고 있을 것이다.

또한 언어에만 근거해 LLM의 마음 이론Theory of Mind(상대방도 마음이 있다는 걸 깨닫는 상태)을 입증했다거나 LLM으로 인간 사고의 구조를 더 잘 해명하게 됐다는 주장도 근거가 박하다. 마음과 언어의 관계 그리고 사고와 언어의 관계가 먼저 밝혀져야 하는데, 딱 봐도 전자(마음과 사고)의 범위가 훨씬 넓다. 들뢰즈가 지적한 바 있듯, 사고의 큰 형식 중 하나가 예술인데, 예술은 분명 마음의 영역이지만 언어와는 종종 견원지간이기까지 하다. 요컨대 LLM에 더는 큰 기대를 걸지 않는 것이 좋다.

2023년 3월 14일(미국 현지 시각)에 발표된 GPT-4는 GPT-3에 비해 진일보한, 한마디로 놀라운 기계다. 내가 하지 못하는 너무 많은 일을 잘한다. 그냥 잘하는 정도가 아니라 아주 잘한다. 그러나 과거 챗GPT에서 많이 나가지 못했다. 그래서 혁신은 없었다.

혁신은 이미 챗GPT에 있었다. GPT-4는 인간 되먹임 강화학습으로 정확성을 높이고, 가짜 정보인 환각hallucination을 줄이며, 윤리적 문제가 있는 답변을 최소화하려고 노력했다. 이 모든 것에도 불구하고 챗GPT가 가져다준 놀라움을 넘어서는 도약은 없었다.

이미지를 이해하고 농담을 안다고 제시된 사례를 검토해 보자. GPT-4에게 곰팡이가 핀 피자 그림을 보여주고 "맛있겠지?"라고 묻자 "곰팡이가 있는 피자는 건강에 해롭습니다"라고 답했다. 또한 그림처럼 아이폰에 영상 입력 단자인 VGA 케이블이 꽂힌 그림을 보여

그림14

그림15

주고 "이 그림에서 웃긴 점이 무엇인지 설명하라"라고 했더니 "옛날의 큰 VGA 커넥터를 현대의 작은 스마트폰 충전 단자에 연결한 점이 웃기다"[7]라고 답했다.

아마 GPT-4에서 가장 흥미로운 부분이 이미지를 해석하는 능력이 아닐까 한다. 정형화된 언어(법학, 설명문, 경제와 스포츠 기사 등), 수학, 과학, 기술 콘텐츠의 경우에는 인공지능이 더 잘 처리할 수 있음을 알고 있지만, 이미지는 그렇지 않다고 여겨왔기 때문이다.

그러나 크게 놀랄 필요는 없다. 왜냐하면 이미지 해석에 사용한 개

---

7 〈그림14〉는 오픈AI에서 공개한 「GPT-4 기술 보고서」, https://cdn.openai.com/papers/gpt-4.pdf에서 가져왔고, 〈그림15〉는 이 이미지를 구글 렌즈의 번역 기능을 사용해서 번역한 것이다.

별 기술은 이미 꽤 오래전부터 사용됐고, GPT-4는 다만 그것들을 종합했을 뿐이다. 이 종합이 쉬운 일이라는 뜻은 전혀 아니다. 또한 이전부터 사용된 기술이라는 걸 잘 모르는 일반인에게는 충분히 놀라울 것이라는 점도 인정한다. 물론 그 놀라움은 챗GPT가 준 놀라움에서 크게 도약한 수준은 아니라고 본다.

각각을 살펴보자. 먼저, 주어진 이미지에서 개별 객체를 식별recognize하는 일은 꽤 오래전부터 잘해왔다. 이는 가령 자율주행차의 카메라에 잡힌 이미지를 도로, 인간, 동물, 가로수, 자동차, 건물, 신호등 등으로 식별했던 것과 같은 작업이다. 동시에 이들 객체 간 관계를 식별하는 작업도 어려운 일이지만 꽤 잘해왔다. 위, 아래, 오른쪽, 왼쪽, 몇 시 방향, 거리 등. 인공지능 기술이 이 정도까지 발전한 것은 경탄할 만한 일이지만, 이 수준에 이미 도달해 있는 것도 사실이다(그림13 참조). 다음으로, 이미지 안에 있는 글자나 수식 같은 것도 잘 식별되고 있었다. 광학적 문자 인식Optical Character Recognition, OCR 기술은 이미 여러 응용프로그램으로 출시되어 있다.

GPT-4가 한 일은 다음과 같다(원리를 이해하는 일은 언제나 중요하다). 이미지 안의 객체들과 그것들의 관계를 식별한다. 그것을 언어 문장으로 바꾼다. 가령 앞에서 예로 제시한 스마트폰 이미지는 세 개의 패널에 들어 있으므로 각 이미지에 대해 그렇게 한다. 이렇게 문장들이 식별되고 나면 그걸 바탕으로 질문에 답한다. 질문에 이미 '웃긴 점'이라는 단서가 있으므로, 이미 챗GPT에서 보았듯, 문장을 생성하는 일이 일어난다. 이 과정은 개별 이미지를 텍스트로 주고, 그 텍스트를 바탕으로 '웃긴 점'을 서술하라는 요구로 바뀐다. 이는 이미 GPT-3.5를 바탕으로 했던 챗GPT가 잘해주던 일이다. 혁신은 획기적인 사용자 경험을 과감하게 제시했던 챗GPT의 몫이었다.

3. 언어의 본질은 무엇일까?

(1) 들뢰즈와 과타리의 언어철학과 LLM: 눈치 없는 튜링

LLM이 전제하고 있는 '언어'의 특징을 가장 강하게 비판한 학자는 아마도 들뢰즈와 과타리일 것이다. 1980년에 출간한 『천 개의 고원』에서 이들은 기존 언어학이 가정하고 있는 몇몇 '기본 전제postulate'를 지적한다. 유감스럽게도 LLM 언어관의 기본 전제와 일치한다. 따라서 들뢰즈와 과타리의 비판을 살피는 일은 LLM의 한계를 이해하는 데 도움이 될 것으로 보인다. 특히 현대 프랑스 철학의 강력한 핵심 논제를 거의 수용하고 있지 않은 영어권 학계에 줄 자극은 꽤 크리라 짐작된다.[8]

우선 들뢰즈와 과타리는 기존 언어학이 내세우고 있는 네 개의 기본 전제를 다음과 같이 요약한다. 원문에는 가정법 형태로 진술되고 있지만, 이를 직설법 형태로 옮기면 다음과 같다. ①언어의 관건은 정

---

[8] 최근 얀 르쿤(Yann LeCun)의 독특한 행보는 그가 프랑스인으로서 프랑스에서 박사학위를 받을 때까지 공부했다는 데서 찾을 수 있을 것 같다. 딥러닝의 거장 중 드물게 비영어권 문화에 기반을 두고 있다.

보와 소통이다. ②어떤 '외적' 요인에도 호소하지 않는 언어^{langue}라는 추상적인 기계가 있다. ③언어를 동종^{同種} 시스템으로 정의하게 해주는 상수 혹은 보편자가 있다. ④언어는 다수어나 표준어라는 조건에서만 과학적으로 연구될 수 있다. 이 네 개의 기본 전제는 당대 유럽과 미국을 대표하는 언어학자인 소쉬르와 촘스키에게도 공유되고 있다. 최근 촘스키는 LLM을 비판하고 있지만, 들뢰즈와 과타리가 보기에 양자는 같은 언어관을 공유하고 있다.

들뢰즈와 과타리의 언어관은 상당히 정교하고 복잡하다. 이 중에서 LLM을 이해하는 데 도움이 될 만한 대목을 추려 거칠게 요점을 살펴보겠다. 앞에 진술된 기본 전제에도 드러나지만, 소쉬르와 촘스키 등 주류 언어학에 따르면 '언어는 다수어로 대표되는 독자적인 동종 시스템으로 정보와 소통이라는 기능을 행사한다'는 것으로 간추려진다. 그에 반해 들뢰즈와 과타리의 언어관은 '언어는 소수어들의 모임이며 언어 외적인 요인인 현실과 함께 작동하는 이종^{異種} 시스템으로 명령과 수행을 요구한다'고 요약된다. 요컨대 언어의 핵심은 '정보와 의미'가 아니라 '명령과 행위'다. 이를 하나하나 살펴보자.

가장 중요한 점은 언어가 의미 네트워크라는 독자적 시스템이 아니라는 지적이다. 언어는 항상 사회 속에서, 즉 사람들 사이에서 작동하는데, 평서문이건 의문문이건 감탄문이건 명령문이건 관계없이 항상 '명령'의 형태로 작동한다. 명령은 모든 문장에 따라다니는 '잉여'다. 즉 모든 문장은 '문장+명령'이다. 앞에서 영화 〈이미테이션 게임〉의 한 장면을 소개했다. 동료가 튜링에게 "우리 점심 먹으러 가"라고 몇 차례 말을 건넸을 때 튜링은 '명령'의 측면, 즉 "같이 점심 먹으러 가자"라는 요구의 의미를 놓쳤다. 잉여로서 수반되는 명령이 이 사례에서 잘 드러난다.

들뢰즈와 과타리는 "언어의 기초 단위인 언표는 명령어mot d'ordre, order-word"[9]라고 단언한다. 그것이 가장 잘 드러나는 언표는 경찰이나 정부의 공식 성명이지만, 다른 '모든' 언표도 마찬가지 방식으로 작동한다. 신빙성이나 진실성은 거의 개의치 않고, 어떤 것을 준수하고 지켜야 하는지가 관건이다. 그저 정보와 의미만 전달하는 경우는 없다. '사랑해', '미안해', '잘했어' 등 모든 진술은 요구, 약속, 기대 등 어떤 명령 행위를 동반한다. 언어학에서는 이를 '화행론pragmatics'이라고 부르는데, 알기 쉽게 말하면 '돌려 말하기'다. '담배는 건강에 좋지 않다'거나 '규칙적인 운동이 몸에 좋다'고 말할 때 무슨 일이 일어나고 있는가? 돌려 말하기가 작동하려면 항상 현실 맥락이 소환되어야 한다. 언표는 언어 네트워크 안에서 기능하지 않고 물질적인 상황 맥락 속에서 매번 달리 기능한다. 앞의 진술이 친구에게, 학회 발표장에서, 법정에서, 공익광고에서 발화될 때 각각 다른 효과를 낸다. 사실상 정보와 의미는 거들 뿐, 중요한 것은 행위 유발이다.

나아가 언표는 물질세계를 변형할 힘이 동반될 때만 유의미하다. 들뢰즈와 과타리는 말한다.

---

9 Deleuze & Guattari (1980), p. 95.

"누구라도 '나는 총동원령을 내린다'라고 소리칠 수 있다. 하지만 그렇게 언표할 권리를 부여하는 유효한 변수가 없다면 그것은 어린애 장난이거나 정신 나간 짓이지 효력을 미치는 언표 행위가 아니다. 이는 '나는 너를 사랑해'라는 말에도 해당한다. 그 말에 신뢰성을 부여하는 데 그치지 않고 나아가 그 말을 하나의 진정한 배치체agencement로 만드는 상황이 없다면 그리고 이것이 짝사랑하는 사람의 말이라 해도 이 말을 하나의 권력의 표지로 만드는 상황이 없다면, 이 말에는 어떤 의미도, 주체도, 수신자도 있을 수 없다. … 그런데 상황이라는 용어가 일반적으로 갖는 함의 때문에 외부 상황만이 중요하다고 믿어서는 안 된다. '나는 맹세한다'라는 말은 가족 안에서, 학교에서, 연애할 때, 비밀결사나 법정에서 저마다 다르게 쓰인다."[10]

요컨대 헛소리가 아니라 실제 작동하는 언표 행위가 되려면 현실에 변화를 가져올 수 있어야만 한다는 것이다. 언어에서 상황과 맥락을 빼고 나면 무의미만 남는다.

(2) 비트겐슈타인 대 들뢰즈와 과타리

전통적으로 언어학은 음성학, 음운론, 형태론, 통사론, 의미론, 화용론 등의 하위 분야로 나뉘며, 이 중 화용론pragmatics은 '맥락이 의미

---

[10] ibid., p. 104.

에 기여하는 방식'에 대한 연구로 취급된다. 들뢰즈와 과타리의 언어철학도 'pragmatics'라는 개념을 사용하지만 뜻이 조금 다르다. 이 경우에 '화행론'이라는 번역이 적합하다. 그런데 비트겐슈타인[Ludwig Wittgenstein]의 언어철학도 'pragmatics'를 강조한다는 점에서 들뢰즈와 과타리의 언어철학과 비슷하다는 주장이 제기될 수 있다. 하지만 근본적인 차이가 있다.

비트겐슈타인은 언어의 의미는 사용 맥락에 따라 달라진다고 주장했다. 이를 위해 동원된 용어가 '언어 게임[language game]'이다. 언어 게임은 "언어 말하기란 행위의 일부 혹은 삶의 형식[a life-form]의 일부"[11]라는 사실을 설명하기 위해 채택된 용어다. 여기서 요점은 언어가 마치 게임에서처럼 맥락 바깥에서는 '이해'될 수 없다는 점이다. 즉 언어 게임에서 단어나 문장이 어떻게 이해되는지에 따라 그 의미가 달라진다는 것이다. "단어의 의미는 언어에서의 그것의 사용[its use in the language]"[12]이라고 비트겐슈타인은 규정한다. 그가 '삶의 형식'을 언급한 까닭은, 언어 행위가 명시적으로 규정될 수 없는 암묵적 규칙을 따르기 때문에 살면서 알아갈 수밖에 없다는 이유에서다. 요컨대 비트겐슈타인에게 의미란 사용이며, 따라서 '화용론'을 통해 해명된다.

언어의 의미가 사용 맥락에 따라 결정된다는 생각은 들뢰즈와 과타리의 언어관과 비슷해 보인다. 결정적 차이는 'pragmatics'를 어떻게 번역하느냐를 통해 드러난다. 비트겐슈타인은 언어의 의미를 '사용'

---

11 Wittgenstein (1953), 『철학적 탐구』 23절.
12 ibid., 43절.

맥락이 결정한다는 점에서 '화용話用', 즉 언어의 사용을 주장한다. 우회했지만 여전히 의미에 집착하고 있다. 반면 들뢰즈와 과타리는 언어의 본질이 의미가 아니라 명령과 행위라는 점에서 '화행話行', 즉 언어는 실천이라고 주장한다. 언어는 말을 통해 하는 실천이다. 식탁을 가리키며 "아빠 젓가락이 없네"라고 말하면, 젓가락을 놓으라는 말이다. 의미론적으로만 보면 정보를 주었지만, 사실은 행동을 요구하는 방향으로 언어가 사용되고 있다.

LLM은 비트겐슈타인의 언어관에 부합하는 것 같다. LLM은 단어와 단어, 문장과 문장의 관계를 통계적으로 학습해 어떤 단어나 문장 다음에 올 단어나 문장을 생성한다. 왜 그래야 하는지를 명시적으로 밝힐 수 없다는 점에서 LLM은 비트겐슈타인이 말하는 언어 게임을 한다. 다만 인공지능은 세계가 없기에 책상물림을 할 뿐이며, 따라서 삶의 형식을 갖고 있지 않다. LLM이 삶의 형식 없이도 언어를 구사하는 것일까? 삶의 형식은 언어에서 애초에 필수적인 것이었을까? 비트겐슈타인 전문가가 성찰하고 답할 문제다.

들뢰즈와 과타리의 언어관은 우리에게 직관적으로 와닿는다. LLM은 언어에서 핵심 요인을 결핍하고 있다. 바로 행위와 실천이다. 나아가 들뢰즈와 과타리는 비언어적인 사고의 중요성을 강조한다. 대표적으로 예술과 과학을 꼽는다. 과학이 수식과 법칙의 영역이기 때문에 LLM과 결합하는 것이 비교적 쉽다고 할 수 있을지 몰라도, 예술은 감각을 통해 신경계에 직접 가닿기 때문에 LLM과 원리상 결합하지 못한다. LLM에 몸을 주고 감각 기관을 붙이는 문제는 시간이 지난다고 해결될 것 같지 않다. 특히 촉각, 후각, 미각처럼 디지털화가 어려운 근접 감각은 더더욱 넘기 힘든 걸림돌이다.

(3) 번역과 해석

인간 삶의 내용과 경험이 서로 상당히 비슷해지면서 그걸 언어로 공유할 수 있게 됐다. 디지털 문화 덕분에 TV나 넷플릭스나 유튜브를 통해 아프리카 열대 지역에서도 화면으로나마 눈을 볼 수 있게 되면서 눈이 뭔지 알게 됐다. 모든 게 이런 식이 됐다. 아주 많은 공통 경험이 생겼고, 그에 기초해 번역도 쉬워졌다. 인류의 문화 조건이 변형되는 데 기술이 굉장히 중요했고 그렇게 해서 우리 삶이 변했다는 것을 이번에는 인공지능 기계 번역이 확인시켜 주고 있다.

진정한 번역은 한 언어와 함께 하는 세계관, 문화, 맥락, 삶의 스타일, 풍습, 권력관계 등도 번역해 낸다. 표피적인 '의미' 번역은 낮은 수준이다. 번역은 출발어의 원래 의미를 찾는 작업 못지않게 독자 혹은 청자에게 잘 가닿게 하는 중간 과정과 노력이 수반될 수밖에 없다.

그렇다면 인공지능 기계 번역기는 문장 또는 언어를 이해한 걸까? 인간이 글을 읽거나 번역할 때 도대체 이해는 어떻게 관여할까? 이해에 대해서는 뒤에서 더 살펴겠고, 지금은 번역에 집중해 보자. 문학 작품 해석, 철학에서 해석, 역사 해석 등 해석이라는 말을 많이 쓴다. 고정된 의미가 있는 게 아니라 잠재태로 의미가 있고 그 의미는 굉장히 풍요로워서, 어떤 해석을 거치느냐에 따라 아주 다르게 드러나고 다르게 체험될 수 있다. 이렇게 보면 의미에 관한 논의가 완전히 달라질 수 있다.

영화나 드라마에서 성우가 더빙하는 상황, 대본이 있고 연출가와 배우가 이것을 구현하는 상황, 이런 게 진짜 번역 상황이다. 기계 번역이 나쁘거나 쓸모없다는 뜻이 아니다. 그동안 인간이 번역 과정에 많이 개입해 왔고, 그것이 인간다운 특징과 관련되는 건 아닌지 고찰해야 한다.

개성, 스타일, 취향은 기계 번역 과정에서 상당히 뭉개져서 고유한 향 같은 게 사라지고 인공 향으로 진한 느낌만 주는 건 아닐까? 우리가 언어라고 할 때 너무 평균치(그런 게 가능하다면)만 생각하는 것 같다. 하지만 언어는 같은 단어와 문장이라 할지라도 누가 사용하느냐에 따라 굉장히 달라진다. 이를 너무 단일한 것으로, 나와 너와 저 사람의 언어가 다 같은 것으로 여기면서 언어의 풍요로움을 느끼지 못하는 것은 아닐까?

AI 빅뱅
AI 빅뱅
AI 빅뱅
AI 빅뱅

번역서에 오역이 많아 읽기 괴로울 때가 많은데요. 과거에 나온 번역서와 앞으로의 번역서 시장은 어떻게 전개될까요? 번역서는 더 이상 가치가 없을 수도 있겠네요?

흥미로운 대목입니다. 요즘은 인공지능 번역기에 pdf나 워드 파일을 올리면 1분 내로 순식간에 책 한 권을 다 번역해 줘요. 정말 깜짝 놀랐는데, 그래서 좀 비교해 봤습니다. 《뉴욕타임스》나 《뉴요커》 같은 신문이나 잡지 글이 첫 번째고, 두 번째는 대중적인 실용서, 세 번째는 자연과학 서적, 네 번째는 사회과학 서적, 끝으로 철학 서적을 넣어봤어요. 방금 말씀드린 순서대로 번역을 잘하더라고요. 철학 서적은 거의 읽기 어렵고, 사회과학이나 자연과학 서적은 그럴듯하게 잘 번역되고, 일반적인 뉴스 정도는 거의 다 번역됩니다. 아는 과학자 한 분이 그동안 과학책 번역을 많이 하셨거든요. 그런데 딥엘을 써보고 더 이상 번역을 안 하겠다고 하셔요. 그 정도로 발전했다고 보면 될 것 같습니다. 앞으로는 전 세계 동시 출간도 많이 시도될 것 같아요. 가령 아마존 킨들에서 책을 읽을 때 같은 내용을 인공지능 번역기와 연동하는 거죠. 번역이라는 과정이 얼마까지 유의미할까요? 과연 누가 시중의 번역서를 사려 할까요? 번역서가 나오기까지 기다리지 않고 직접 번역해서 보는 사람도 많이 늘어날 겁니다. 전문가가 감수자 역할만 해도 되는 시절이 왔다고 봅니다.

저는 불문학자이고 롤랑 바르트^{Roland Barthes} 책을 옮긴 번역가이기도 합니다. 그런 입장이라서 오늘 눈앞에 제시된 여러 가지 풍경이 대단히 섬뜩하기도 하고 한편으로는 진짜 가소롭기도 합니다. 문학 전공자의 관점에서 봤을 때 인공지능 기술이 영원히 따라잡지 못할 영역은 문학과 예술 같습니다. 프랑스 공쿠르상을 받은 한 작가가 '아름다움이 세상을 구원할 것'이라는 명제를 가져오면서, 하루 중 제일 모호한 순간인 해가 막 넘어갔을 때, 밤도 아니고 낮도 아닌 '개와 늑대의 시간', 하루 중 제일 쓸모없는 시간이 사실은 가장 중요한 시간이라고 말했습니다. 기술과 온갖 유용성을 떠들어 대는 세상에서, 어떻게 보면 우리한테 가장 무익한 게 역설적으로 가장 의미가 있다는 것이지요. 소통으로 인해 언어의 중요성이 강조되기 마련인데, 사실 또 따지고 보면 과연 언어를 통해서 제대로 소통하고 있을까, 그건 착시 현상이고 실제로 보면 언어가 인간의 관계를 완전히 망치고 있지 않은가 싶기도 합니다.

인공지능의 결과물은 학습된 언어를 통해 마치 모든 게 소통될 수 있다고 전제하지만, 된장 냄새 같은 걸 한번 설명해 보라고 하면 어떨까요? 여행하는 1,000개의 눈으로 보면 1,000개의 세상이 펼쳐집니다. 인공지능은 전 세계 여행지를 정리해서 제시할 수 있겠죠. 하지만 내가 느끼는 낯섦이 저 사람이 느끼는 낯섦과 다르다면 뭔가 정보의 결합이나 가공 같은 것은 근본적으로 거부해야 한다고 봅니다. 세상은 점점 더 기술이 고급화되는 쪽으로 바뀌겠지만, 인간이기 때문에 우리가 이런 기술을 받아들이면서도 영원히 인간으로 남는다는 차원에서 문학이나 예술 같은 것은 남아 있을 거로 생각합니다.

동조자를 얻은 느낌인데요. 챗GPT를 구동하면서 설명 수준에서 등장하는 오류를 봤습니다. 소크라테스의 글을 보라고 권하던데, 실제 소크라테스는 문맹이고 글을 몰랐지요. 챗GPT건 인공지능 번역기건 간에 뭔가 이상하다고 느껴진 결과물을 다시 확인하는 과정이 중요합니다. 오류를 확인하는 수준을 넘어, 진짜 중요한 것은 인공지능이 이상하게 설명하거나 번역하는 바로 그 지점을 최종적으로 판단하는 데 필요한 나 자신의 지식 능력 혹은 언어 능력이라고 생각해요.

설명이나 번역이 이상하다고 '느끼는' 것만으로는 충분치 않습니다. 궁극적으로는 '진짜 어떤지'를 검토하고 판단할 수 있는 언어 능력과 해석 안목이 있어야 해요. 이게 없다면 다음 진도를 못 나가죠. 그런데 그 정도가 되려면 인공지능 수준의 언어 능력을 훨씬 능가하는 구체적 언어 능력을 습득해야 합니다. 그러니까 굉장히 역설적이죠. 인공지능이 알려준 것을 활용하려면 인공지능이 평균적으로 해내는 것보다 더 큰 능력을 갖춰야 합니다.

앞으로는 기계가 하는 일의 한계를 넘어서는 사람이 사회적으로 평가받고 우대받는 상황을 맞닥뜨리게 될 겁니다. 그러니까, 인공지능 때문에 전문 번역가가 다 죽었다고 하면 안 되고, 물론 어지간한 번역은 인공지능이 잘해낼 건 분명합니다만, 어떤 영역에서는 인공지능 때문에 진짜 번역가가 힘과 실력을 발휘하는 시절이 왔습니다. 언어의 최첨단에 있는 저자는 인공지능으로 번역할 수 없습니다. 첨단 시대일지라도 외곽 지대, 즉 인간이 남의 생각 속으로 다이빙해서 그걸 끌어내서 자기가 다른 말로 만들어야 하는 그런 종류의 해석 작업은 기계로 대체할 수 없을 겁니다. 뉘앙스를 살려서 알려주는 번역가가 진짜 번역가라는 점이 확인되는 역설적인 상황을 지나가고 있습니다.

게임 회사에서는 텍스트를 이미지로 생성하는^{Text-to-Image} 인공지능을 이용해 게임 스토리를 기반으로 게임 캐릭터 초안을 잡을 수 있을 것 같은데요. 게임 회사가 초안을 바탕으로 추가 이미지 작업을 한다면 이 게임 캐릭터를 게임에 사용하고 저작권을 인정받을 수 있을까요?

저작권 문제는 지금 논란이 되고 있습니다. 특히 학습에 사용한 데이터가 문제가 됩니다. 텍스트도 그렇지만 작가의 이미지 작품을 허락받지 않은 채 긁어 간 사례가 많이 발견돼서 무단 도용 문제로 법적 소송이 빈번할 것으로 보입니다.

하지만 인공지능으로 캐릭터나 스토리를 생성해서 약간 손본 다음 활용한다면, 프로그램에 이미 사용료를 낸 것이기 때문에, 돈 주고 산 워드나 파워포인트를 써서 만들어 낸 결과물이 내 것으로 인정받는 것과 비슷하게 저작권은 인정될 겁니다. 문제는 학습에 사용한 데이터를 만든 원저작자와의 관계입니다. 다만 언어의 경우에, 가령 구텐베르크 프로젝트나 구글 북스, 다시 말하면 저작권이 만료된 주로 고전인 언어 데이터를 활용하는 건 문제가 안 됩니다. 또 위키피디아 같은 공개된 백과사전 역시 저작권 문제에서 자유로울 것입니다.

온라인상에서 가상의 아바타가 창작 활동을 할 때 이 창작물의 저작권을 인정해 줄 수 있을까요?

비교적 답이 단순할 것 같습니다. 아바타 소유자에게 저작권이 있습니다. 아바타가 창작 활동을 했다고 하지만 결국은 아바타 소유자가 한 작업입니다. 벌어들인 돈을 출금할 수 있는 권리를 누가 갖고 있느

나가 핵심입니다. 아바타는 출금도 못 하고 출금할 의도도 없고 돈을 가질 수도 없습니다. 결국 통장을 출납할 수 있는 사람이 다 갖습니다. 인공지능도 그렇고 기술도 그렇고, 결국은 누가 그걸 제어하는 위치에 있느냐가 핵심입니다.

일반인에게는 프로그램도 어렵고 과학도 철학도 어렵습니다. 하지만 전문 분야 안에서는 이미 레거시legacy**, 즉 잘 알려진 지식이 아닐까요? 따라서 전문 영역 안에서 '넘어선다'는 건 최근 담론을 넘어선다는 뜻일 뿐이고, 레거시가 이미 역사에서 축적된 보고**寶庫**라면 기계에게는 훨씬 정제된 세계 아닐까요? 이미 구축된 레거시라면 분석이 훨씬 정확하지 않을까 싶습니다.**

철학이 레거시라는 말에는 큰 오해가 있습니다. 물론 철학사라는 형태로 요약 정리된 철학도 있습니다. 그래서 대학 교양 시간에 배울 수 있는 철학 개론 강의가 분명히 있습니다. 하지만 그건 철학이 아닙니다. 그건 철학사, 즉 역사입니다.

철학에서 중요한 건 악보 같은 것이라고 생각하면 됩니다. 바흐의 악보, 베토벤의 악보. 악보는 아주 많은 실현 가능성을 품고 있습니다. 연주자나 지휘자에 따라 서로 완전히 다른 해석이 나옵니다. 그런 해석은 "뭐가 원본이다"라는 말을 무색하게 만드는 작업입니다. 굉장히 창조적인 작업입니다. 곡 해석을 다르게 하면 귀 밝은 사람들은 환호성을 지릅니다. 연극 대본이나 영화 시나리오도 마찬가지입니다. 잠재태의 형태로 존재하면서도 분명히 무언가 독자적인 것을 담고 있습니다.

중요한 건 본질을 어떻게 끄집어내느냐입니다. 철학이나 예술에서 관건이 되는 점입니다. 예를 들어, 에스파냐 화가 벨라스케스를 피카소가 해석하고 그 해석을 다시 프랜시스 베이컨이 해석했습니다. 이런 부류의 작업은 철학과도 관련됩니다. 철학이나 예술은 그런 해석 작업입니다. 철학사는 철학의 역사니까 객관적인 지식이라고 부를 수도 있습니다. 하지만 플라톤을 다시 읽으면서 오늘날의 문제를 조명해 주는 논점을 끌어내는 작업은 화석을 발굴하는 것과 같은 작업이 아닙니다. 일반적으로 철학에 대해서 "누구의 철학은 어떻다"라고 하는 건 철학이 아니라 역사입니다. 역사를 되풀이하는 건 철학자의 본질적인 활동이나 업적이 아닙니다.

인공지능은 학습 데이터를 바탕으로 통계 처리를 해서 확률을 찾아내 예측하는 기계이기 때문에 데이터의 한계 앞에 무릎을 꿇을 수밖에 없습니다. 나중에 새로 발생할 해석 부분도 취약합니다. 넘어서는 일을 인공지능이 하기 어렵다는 것도 이런 맥락입니다.

챗GPT가 철학을 잘 설명해 주나요?

영어로 질문해 봤습니다. 니체의 '영원회귀' 사상을 알려달라고 했어요. 뭔가 답을 하긴 해요. 그런데 그건 영원회귀 사상에 대한 시대에 뒤진 한 가지 해석이었습니다. 물론 해석에 정답이 있는 건 아니니까 여러 해석이 가능하기는 해요. 하지만 제일 후진 해석이었습니다. 아마 영어로 쓴 철학 백과사전을 주로 참조한 것 같았어요.

그래서 더 캐물었어요. 들뢰즈의 '차이' 개념이 니체의 철학과 무슨 상관이 있냐고요. 그랬더니 뭘 좀 주절거리다가 니체의 영원회귀 답변에서 했던 얘기로 돌아가더라고요. 다시 정정을 요청했지만 비슷한 답변이 되풀이됐습니다. 그 얘기 틀린 거 아니냐고 했더니 "죄송합니다" 하고 몇 줄 쓰다가 다시 똑같은 얘기를 반복했습니다. 10년 뒤에 물어본다 해도 유사한 패턴이 반복될 것 같아요. 그 무렵 백과사전에 실릴 만한 정도의 서술을 내놓을 겁니다. 내용은 지금과는 달라져 있겠지만요.

AI 빅뱅
AI 빅뱅
AI 씨 빅뱅
AI 씨 빅뱅

3장

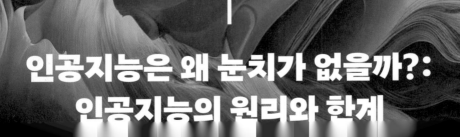

인공지능은 왜 눈치가 없을까?:
인공지능의 원리와 한계

1. 컴퓨터공학에서 인공지능이 해결하는 '문제'의 성격

UC 버클리 대학교의 스튜어트 러셀Stewart Russell과 구글의 피터 노빅Peter Norvig은 현재 전 세계에서 가장 널리 사용되는 인공지능 교과서 『인공지능: 현대적 접근』(2020년 4판)[1]에서 인공지능을 정의하기 위해 '지능적 에이전트intelligent agent'라는 개념을 도입한다. 인간이건 기계건 상관없이 '행하는 자doer'를 포괄하려면, 그러니까 인간중심주의를 피하려면, 에이전트라는 용어가 유용하다. 러셀과 노빅에 따르면, 어떤 에이전트는 환경 안에 있으면서(조건) 그 환경과 뭔가 주고받는데(지각과 작용), 그 중간에 어떤 일인가가 일어난다. '지능'이 놓이는 곳은 바로 지각과 작용 중간 어디쯤이다. 저자들에 따르면, '지능

---

1   2010년에 나온 3판을 대폭 개정해서 딥러닝과 자연어 처리(NLP)를 강화했다. 2021년에는 4판의 글로벌판(Global Edition)을 냈는데, 수식을 줄이는 대신 문장 설명을 강화했다.

적'의 핵심은 '합리성'에 있다. 이때 합리적이란 어디까지나 현실에서 최적으로 기능한다는 의미다. 가령 '정확한 추리inference'는 합리성을 위한 중요한 요건이다.

방금 지능적 에이전트가 환경과의 상호작용 속에서 정의된다고 했다. 그런데 여기에서 환경은 우리가 보통 생각하는 동물들이 살아가는 환경 같은 게 아니라 '과제 환경task environment'이다. 러셀과 노빅은 말한다. "과제 환경은 본질적으로 '문제problems'고, 합리적 에이전트는 그것에 대한 '해답solutions'이다." 이 문장에서 '문제'는 인간이 인공지능에게 준 문제며, 그래서 과제라고 불린다. 그리고 합리성은 과제와 관련해서 규정된다. 합리적 에이전트는 현실적으로 도달할 수 있는 최상의 결과물을 성취할 수 있도록 작용한다. 현실은 언제나 이런저런 제약 아래 놓여 있기 때문이다. 예를 들어, 청소라는 과제가 주어지면 인공지능 청소기가 수행할 일을 기준으로 삼는 것보다 실제로 얼마나 깨끗하게 청소됐는지를 기준으로 삼는 게 낫다. 그게 합리성의 기준이다. 이처럼 합리성은 과제의 성과와 관련해서만 평가될 수 있다. 이 점이 중요하다.

이처럼 공학자들이 산업 현장에서 개발하는 인공지능은 한 가지 과제 해결에 특화되어 있다. 빨래, 청소, 밥 짓기, 냉난방, 바둑, 번역, 길 찾기, 언어 및 비언어 생성 등 특정한 과제가 주어졌을 때 인간처럼, 아니 인간보다 훨씬 잘 해결하는 인공지능을 '약인공지능Artificial Narrow Intelligence(특화 인공지능)'이라고 부른다. 오늘날 경제적, 기술적으로 개발되고 있는 거의 모든 인공지능이 여기에 속한다. 흔히 이야기되는 '강인공지능'은 여러 약인공지능을 스스로 종합하고 통합하는 상위의 인공지능으로 이해할 수 있다. 강인공지능은 '인공일반지능AGI'이라고도 하는데, 일반지능general intelligence은 인간처럼 모든 특화된 일을 아울러 수행하는 지능을 가리킨다. 조금 강한 조건이지만, 인공일반지능이 갖춰야 할 가장 중요한 특징으로 '의식'이 꼽히고 있다. 인공으로 일반지능을 만든다면 금세 인간을 능가하리라 상상된다.

이 점을 더 잘 이해하기 위해 러셀과 노빅이 제시한 일반적 에이전트의 구조를 다시 보자.[2] 도식을 보면, 인공지능의 '수행 기준'은 에이전트 바깥에 있다. 반면 인간을 포함해서 동물에게는 수행 기준이 에이전트 안에 내장되어 있다. 러셀과 노빅은 말한다.

"무엇이 좋고 무엇이 나쁜지에 대한 되먹임이 없으면, 에이전트는 다음 수를 결정하기 위한 근거가 없을 것이다. … 에이전트에 대한 우리의 구상은 보상을 입력 지각의 일부로 간주한다. 하지만 지각의 일부가 단지 또 다른 감각 입력이 아니라 하나의 보상임을 에이전트가 알아채기 위해서는 [판별 기준이]] '내장hardwire되어' 있어야만 한다. 동물들은 고통과 배고픔을 부정적 보상으로 알아채고 쾌快와 음식 섭취를 긍정적 보상으로 알아채도록 내

---

2 이 내용에 대해서는 김재인(2017a)의 2장과 7장에서 다시 다루었는데, 나는 '작동기'와 '실행기'를 구별해야 한다는 내 주장에 따라 도식을 약간 수정했다. 본서 1장의 〈그림 11〉 참조.

장되어 있는 것처럼 보인다."[3]

왜 생물에게는 기준이 내장되어 있느냐고 묻는다면, 우리는 정답을 말할 수 없고 대신 진화 과정에서 그런 일이 일어났다고 겨우 답할 수 있을 뿐이다. 우리는 시초도 모르고 원리도 모르지만 특징에 대해서는 말할 수 있다.

인공지능은 인간이 준 과제에 대해서만 합리적 해답을 제출한다. 물론 동물에게도 해결해야 할 과제로서 문제가 닥친다. 차이는 동물은 혼자서도 문제를 문제라고 감지한다는 점이다. 인공지능에게는 문제를 문제라고 알려주어야 하지만, 동물은 스스로 문제를 문제라고 깨닫는다. 문제가 생긴 후에 지능이 작동하는 과정은 인공지능에게나 인간에게나 같다고 봐도 좋다. 현실적인 최상의 해결책을 찾으려 한다는 점에서 '합리적'이라고 불러도 좋다. 인공지능은 최고의 확률을 찾아내고 최적화 솔루션을 제시할 수 있지만, 인간이 시킨 일에 대해서만 그럴 수 있다.

인공지능의 핵심인 알고리즘은 자신의 고유한 의지로 목표를 세우고 그 목표를 성취하는 게 아니다. 목표를 정하는 건 인간이다. '문제'라는 관점에서 보면, 공학에서는 문제가 인간이 정해준 과제 형태다. 반면에 진화에서 문제는 생물이 환경에서 해결해야만 하는 것이다. 진화란 문제의 발생과 문제의 포착 그리고 문제의 해결 과정이라고

---

3 Russell & Norvig (2010, 3rd ed.), p. 830. 2021년 4판은 p. 57 참조.

해도 과언이 아니다. 그러니까, 공학과 진화에서는 각각 문제의 성격도 다르고 목표의 위상도 다르다.

기술적 분류를 떠나 '철학적으로' 조금 더 강하게 주장해 보면, 어떤 유형의 기계학습이건 간에 '모든' 기계학습은 자율학습이 아니며 지도학습을 벗어나지 못한다. 학습 목표, 즉 해결해야 할 과제가 내부가 아니라 외부에서, 말하자면 인간에 의해 주어져야 한다는 뜻이다. 다음 2절에서 살필 '강화학습'에서는 인간이 규칙을 알려주고, 다음 3절에서 살필 '좁은 의미의 지도학습'에서는 인간이 입력과 출력의 답을 알려준 후 과제 해결을 명령한다. 인간을 포함해 동물은 전혀 다르다. 목표나 문제는 스스로 찾고 정한다. 작동 원리 또는 규칙이 진화 과정에서 내장됐기 때문이다. 배고픔과 고통을 피하고 배부름과 쾌를 추구하라는 원리가 한 예가 될 수 있다.

인공지능은 스스로 문제를 제기할 수 있을까? 혼자 목표를 세울 수 있을까? 그럴 수 없다. 원리상 안 된다. 에이전트의 구조상 안 된다. 인간은 다르다. 문제도 제기하고 목표도 세운다. 따라서 잠정적인 결론 하나를 살짝 내놓고 갈 수 있을 것 같다. 인공지능은 인간지능과 마찬가지로 문제 해결이나 목표 성취를 위해 합리적으로 접근한다. 하지만 인공지능에서 문제나 목표는 에이전트 바깥에서(더 구체적으로는 인간에 의해) 주어지는 데 반해 인간지능은 문제나 목표를 스스로 정한다는 점에서 이 둘은 결정적으로 다르다. 인공지능과 인간지능의 원리상의 차이는 문제나 목표가 외적이냐 내적이냐에 있다.

『특이점이 온다』의 저자이자 구글의 엔지니어링 이사인 레이 커즈와일Ray Kurzweil은 2030년이면 인간의 의식을 컴퓨터에 업로드하는 것이 가능해지고 2045년경이면 인간 뇌와 결합한 인공지능이 모든 인간의 지능을 합친 것보다 강력해질 것이란 구체적 예측을 펼친 것으로 유명하다. 그는 이렇게 주장한다.

"타고난 생물학적 사고 장치와 우리가 만들어 낸 비생물학적 지능이 융합됨으로써 인간의 지능은 엄청나게 확장된다. 학습은 일단 온라인을 통해 이뤄지겠으나, 뇌 자체를 온라인에 접속할 수 있게 되면 거추장스런 과정 없이 곧바로 새로운 지식과 기술을 다운로드하게 될 것이다. … 지구상의 그리고 지구를 둘러싼 지능은 줄곧 기하급수적 확장을 거듭하여 결국에는 지능적 연산을 뒷받침할 물질과 에너지가 모자라는 순간에 다다를 것이다. 그렇게 우리 은하의 에너지를 모두 소모하고 나면 인간 문명의 지능은 이론적으로 가능한 최고의 속도로 더 먼 우주를 향해 나아갈 것이다."[4]

커즈와일의 이런 주장은 중요한 전제를 깔고 있다. 바로 인간과 컴퓨터가 같은 본성을 가졌다는 전제 말이다. 커즈와일의 주장은 새로운 건 아니다. 이미 『괴델, 에셔, 바흐』의 저자 더글러스 호프스태터는 뇌와 컴퓨터, 마음과 프로그램의 동일성[5]을 주장한 바 있으며, 분석철

---

4 레이 커즈와일 지음, 김명남 옮김(2007), 『특이점이 온다』, p. 413.
5 호프스태터에 대한 나의 비판은 『인공지능의 시대, 인간을 다시 묻다』, pp. 340~356 참조.

학자 대니얼 데닛, 최근에는 역사학자 유발 하라리와 물리학자 맥스 테그마크가 똑같은 주장을 했다. 이들의 공통된 논점은 이렇게 요약할 수 있다. '인간의 뇌는 자연에 존재하는 다른 물질과 다를 바 없는 물리적 하드웨어다. 그 안에는 소프트웨어나 프로그램에 해당하는 뭔가가 작동하고 있다. 그게 마음이다. 하드웨어가 똑같이 물리의 지배를 받는다면 그 성격과 관계없이 소프트웨어의 구현이 가능하다. 따라서 실리콘 기반인 컴퓨터를 통해 탄소 기반인 뇌 안에 든 마음의 구현도 가능하다.' 이를 논거로 삼으면 인간을 닮은human-like 인공지능의 출현이 적어도 논리적으로는 가능해진다.

이 주장은 논리적으로 흠잡을 데 없어 보이지만 큰 허점이 숨어 있다. 인간이 마음을 갖고 있다는 사실은 대화를 통해 확인할 수 있다. 하지만 어떤 과정을 거쳐 마음이 생겨났는지 또 어떻게 작동하는지에 대해 알려진 건 거의 없다. 그저 38~40억 년에 걸친 기나긴 생명의 진화 과정에서 생겨났다는 것만 알 뿐이다. 이처럼 아주 추상적인 수준에서 논리적으로 구현하는 게 불가능하지 않다는 것만 가지고, 생성 원리나 작동 프로세스를 모르면서 똑같이 만들 수 있다고 주장하는 건 논리적 비약 아닐까? 논리적으로 가능하다는 것과 기술적, 공학적으로 구현할 수 있다는 건 완전히 다른 문제다. 논리적으로는 가능할지 몰라도 실제 엄청난 시간이 걸릴 테니까. 박물관에 가면 아름다운 고려청자를 볼 수 있다. 하지만 우리는 아직도 고려청자를 만들지 못한다. 물론 언젠가는 똑같이 구현해 낼지도 모른다. 가까운 시일에 그런 일이 일어날지 확신하지 못할 뿐. 인공지능도 사정이 다르지 않다. 아니, 사정이 훨씬 나쁘다. 인공지능이 인간을 닮은 지능을 갖는데 필요한 조건을 정확히 충족시킬 수 있는 논리 혹은 알고리즘이 아직 없기 때문이다. 이 점을 러셀과 노빅이 제시한 일반적 에이전트의 구조를 통해 확인했다.

하지만 초지능의 등장이 자꾸 언급되는 이유는 무엇일까? SF의 상상을 능가할 만큼 기술 발전의 속도가 빠르다는 점도 빼놓을 수 없다. 인공지능 기술의 발전 속도는 우리 대부분이 상상하는 것보다 훨씬 빠르다. 영상과 음성 합성 기술의 발전을 예로 살펴보겠다. 2017년 12월 12일자 《머더보드motherboard》의 보도에 따르면,[6] 개발자 포럼 레딧Reddit에 '딥페이크deepfakes'라는 아이디의 회원이 영화〈원더우먼〉의 주인공 갤 가돗Gal Gadot의 얼굴을 포르노 영상에 합성한 결과물을 공개했는데 실제 촬영한 것이라고 해도 믿을 만큼 자연스러운 동영상이었다. 이런 합성 영상을 만드는 '페이크앱FakeApp'이라는 프로그램도 계속해서 버전업되면서 인터넷을 떠돌고 있다. 이 기술은 합성 기술과 영상을 처음 올렸던 회원 아이디를 따서 '딥페이크'로 불리게 됐다. 더 흥미로운 건 이 동영상이 구글의 딥러닝 오픈소스 프로그램인 텐서플로를 바탕으로 만들어졌고, 구글 이미지 검색을 비롯해 인터넷에서 쉽게 얻을 수 있는 자료만 활용해서 합성됐다는 점이다. 여기에는 어떤 사후 보정 작업도 필요 없었다. 이제 누구라도 자신이 원하는 동영상을 개인 컴퓨터로 제작할 수 있는 단계에 이른 것이다. 그리고

---

[6] https://www.vice.com/en_us/article/gydydm/gal-gadot-fake-ai-porn.

이 기술이 처음 공개된 후 1년 반이 조금 지나는 사이, 한 장의 사진만 있어도 동영상을 만드는 기술[7]과 음성과 영상을 완전히 합성하는 기술[8]이 나왔다. 그리고 2021년부터 이미지 생성 인공지능의 전성시대가 펼쳐지고 있다.

2. 강화학습과 알파고 제로: 알파고는 애초에 기보 데이터가 필요하지 않았다

인공지능 기술의 발전도 발전이지만 초지능 논의가 계속 제기되는 데는 언론의 과장도 큰 몫을 담당한다. 기술에 대한 부정확한 이해에 기초한 선정적 보도가 문제다. 한 예를 보겠다. 2017년 10월 19일 과학 저널 《네이처》에 「인간 지식 없이 바둑을 마스터하기」[9]라는 제목의 논문이 발표됐다. 이 논문은 언론을 통해 대대적으로 알려졌고, 논문 제목이 암시하듯이 '인간 지식 없이'도 인공지능이 발전할 수 있다고 소개됐다. 과연 알파고는 인간이 생산한 데이터가 정말로 필요 없을까? 인공지능은 더 이상 인간의 데이터가 없이도 발전할 수 있을까?

이 점을 판단하기 위해서는 인공지능의 작동 방식을 잘 알아야 한

---

[7] 2019년 5월 20일. Egor Zakharov et al., "Few-Shot Adversarial Learning of Realistic Neural Talking Head Models", https://arxiv.org/abs/1905.08233.

[8] 2019년 7월 5일. (주)머니브레인 https://youtu.be/7bxSUzB45Bw https://youtu.be/npRMBqWaiRU.

[9] Silver, David et al. (2017).

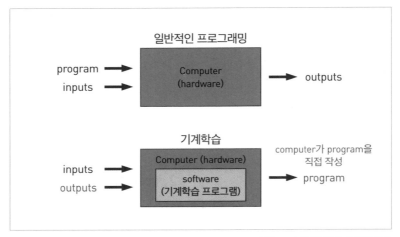

그림16　프로그래밍 대 기계학습

다. 인공지능은 컴퓨터 프로그램이다. 일반인 사이에서는 '기계학습machine learning'이라는 알 듯 말 듯한 용어가 유행하지만, 사실 인공지능을 만드는 방식은 둘이다. 하나는 사람이 일일이 코드를 짜는 것이고(IBM 왓슨, 쿠쿠, 트롬 등), 다른 하나는 프로그램을 시켜 코드를 짜는 것이다(알파고, 구글 번역, 검색, 음성인식 등 이른바 '기계학습'). 코드를 짜는 프로그램을 다른 말로 '기계학습 프로그램'이라고 한다(그림16 참조). 구글이 만든 '텐서플로TensorFlow'와 페이스북이 만든 '파이토치Pytorch'가 기계학습 프로그램(더 정확히는 딥러닝 프로그램)의 대표주자다.

　그럼 기계학습 프로그램은 무슨 일을 할까? 기계학습이란 무슨 뜻일까? 이 점과 관련해서 한국인은 커다란 오해에 직면했다. 바로 알파고 때문이다. 한국 사회에 인공지능 열풍이 불기 시작한 건 다 알다시피 2016년 알파고와 이세돌의 충격적인 대국 결과 때문이었다. 그리고 알파고가 '기계학습'을 통해 또는 '신경망'을 갖춘 '딥러닝(다층학습)'을 통해 만들어졌다고 이야기됐다. 맞는 말이지만 부분적으로만 맞다. 왜 그런지 보겠다.

기계학습에는 크게 '지도학습'과 '강화학습reinforcement learning' 두 부류가 있다. '비지도학습unsupervised learning'도 있지만 덜 중요해서 설명은 생략하겠다. 요약하면, 기계학습은 '입력값'과 '출력값' 사이의 패턴, 상관관계, 연결규칙, 함수 등을 찾는 작업을 가리킨다.

우선 지도학습에서 중요한 것은 데이터다. 지도학습에서 입력값과 출력값은 모두 우리가 정답을 알고 있는 데이터다. 즉 어떤 입력값이 있으면 그에 대응하는 정확한 출력값이 있다는 식이다. 1 다음에 3, 3 다음에 5, 5 다음에 7, 7 다음에 9 ⋯ 이런 식으로 (입력값, 출력값)의 쌍이 아주 많이 확보되어 있다고 해보자(이런 걸 '데이터 세트data set'라고 부른다). 이 경우 입력값과 출력값을 연결해 주는 규칙은 무엇일까? 17 다음에 올 수는 무엇일까? 우리는 이 물음들에 어렵지 않게 답할 수 있다. 규칙은 앞 수에 2를 더하는 것이고, 17 다음에는 19가 올 것이다. 이런 단순한 추론과 응용은 누구라도 어렵지 않게 할 수 있다.

그런데 데이터가 아주 많다고 해보자. 과연 이런 상황에서 입력값과 출력값을 연결해 주는 규칙을 쉽게 찾을 수 있을까? 사람에게 어려운 이 일을 프로그램을 시켜서 찾게 해볼 수 있지 않을까? 바로 이것이 '지도학습' 과정이다. 수많은 (식재료, 음식)의 데이터 세트를 학습시키면, '레시피'를 찾아준다고 비유할 수도 있다. 지도학습에서 가장 중요한 것은 정답을 알고 있는 데이터다. 잘못된 데이터가 많이 끼어들수록 잘못된 연결규칙을 찾게 된다. 흔히 데이터가 중요하다고 하지만, 이는 틀린 말이다. 중요한 것은 정확하고 많은 데이터다.

지도학습은 아직 일어나지 않은 상황에서 '예측'과 '추천'을 가능케 한다. 가령 아마존은 고객들이 생산한 수많은 클릭과 체류시간과 구매에 이르는 데이터를 갖고 있다. 그리고 지도학습을 통해 이 데이터에서 연결패턴을 찾아낸다. 당연히 고객이 선호할 만한 상품을 예측해서 추천해 줄 수 있고, 이를 통해 매출을 높일 수 있다. 대부분의 ICT 기업이 인공지능을 통해 하려는 일도 유사하다. 바로 예측과 추천이다. 검색 결과를 추천해 주고, 번역 문장을 추천해 주고, 자동차 이동 경로를 추천해 주고, 가까운 기사를 추천해 주고, 문장과 이미지를 추천해 준다. 이렇게 고객 만족을 통해 이윤을 극대화한다.

지도학습이 현실의 데이터로부터 연결규칙pattern, function을 찾아내는 과정이라면, 강화학습은 행동 규칙rule이 정해진 플레이에서 최선의 수를 찾아내는 것을 목표로 한다. 가령 중국 바둑 규칙에 따라 바둑을 둔다고 할 때, 매번 수를 둘 때마다 승률이 가장 높은 수를 찾아내는 것이다. 아니면 〈스타크래프트〉에서 최선의 키보드-마우스 조작 방법을 찾는 작업이라 해도 좋다. 목표는 최고의 보상maximized reward이다. 바로 알파고가 최종적으로는 강화학습을 통해 만들어졌다. 그것이 알파고 제로다.

알파고는 한국 사회에 인공지능 열풍을 일으키기도 했지만 심각한 오해도 함께 불러일으켰다. 강화학습에는 본래 데이터가 필요 없다. 그런데 이세돌과 대국한 알파고, 이듬해 중국 기사들과 대국한 알파고는 인간이 생산한 기보를 통해 학습했다. 데이터를 사용한 것이다. 그렇게 기보 데이터를 학습해서 만들어진 최강자가 '알파고 마스터' 버전이다. 인간 프로 기사에게 완승했다. 한편 중국 바둑 규칙 내에서 마음대로 플레이해서 승률이 높은 수를 찾는 훈련을 시켜 만들어 낸 것이 '알파고 제로' 버전이다. 무려 자가 대국 2,900만 판을 두게 했다. 그리고 역사적 대국이 벌어진다. '알파고 마스터' 대 '알파고 제로'의 대결. 알파고 제로는 89 대 11로 알파고 마스터를 이겼고, 바로 바둑에서 은퇴했다.

알파고 개발사 '구글 딥마인드'는 이세돌과 대국을 벌인 2016년에는 데이터가 필요한 '지도학습형 기계학습'과 본래 데이터 없이 최고 보상을 찾도록 하는 '강화학습형 기계학습'을 섞어서 사용했지만, 2017년에는 '데이터 없이도' 인공지능이 만들어질 수 있다는 것을 보여주었다. 알파고는 원리상 처음부터 인간 기보 없이 만들어질 수 있었고, 오히려 인간 기보에 포함된 나쁜 데이터가 걸림돌이 되어 알파고 제로에게 패했다. 인간이 생산한 데이터가 더 이상 필요 없는 인공지능이 등장했다는 오보는 강화학습과 지도학습을 혼동한 데서 비롯됐다. '알파고'라는 이름이 계속 사용되면서 생긴 문제이기도 하다. '알파고'와 '알파고 제로'는 전혀 다른 프로그램인데 말이다.

알파고는 '신경망'을 갖춘 '딥러닝'을 통해 만들어진 인공지능인 건 맞다. 하지만 이런 용어들은 최근 모든 기계학습 프로그램의 작동 원리이기도 하다. 더 중요한 건 기계학습 중에서 '지도학습'과 '강화학습'의 구별이다. 지도학습은 데이터 분석에 기반한 규칙 파악이 중요하고, 강화학습은 데이터 없이 규칙에 따른 플레이에서의 최대 보상이 중요하다. 알파고는 데이터 없이 개발될 수 있는 '강화학습' 기반 인공지능이다. 처음에 데이터를 통해 학습했던 건 연구 초기 단계라 어쩔 수 없었을지라도, 개발사인 딥마인드나 언론이나 혼동의 여지를 제공한 건 분명 문제다. 오해를 바로잡았어야 한다.

3. 지도학습과 데이터: 인공지능 판사가 더 공정하지 않다

'유전무죄 무전유죄' 판결이나, 상식과 동떨어진 판결을 지켜보면서 법원에 대한 시민의 불신이 매우 커졌다. 이에 인공지능이 인간 판사에게 도움을 주는 수준을 넘어 아예 인공지능 판사에게 판결을 맡기자는 요구까지 나올 지경에 이르렀다.

"함께 재판을 받는 상대편이 엄청난 부자이거나 권력층이라면 공정한 판결을 받기 위해 인공지능 판사를 선택할 것 같아요."

"인간 판사와 AI 판사 중 누구에게 재판을 받겠는가?"라는 물음에 대한 답으로, 2018년 9월 15일에 보도된 연합뉴스 기사 〈유전무죄 무전유죄 싫다…AI 판사에 재판 받을래요〉의 첫머리에 제시된 내용이다.

청와대 국민청원 게시판에 올라온 요청들은 일반 시민의 인식을 잘 담고 있다. "비슷한 정도로 범행에 가담했고 검찰의 구형도 비슷했는데 판결은 차이가 컸다. 사건 관련 자료를 입력하면 유무죄와 형량을 제시하는 계산기라도 있으면 좋겠다." "모든 국민은 법 앞에 평등해야 하지만 판결을 보면 그렇지 않다는 걸 느낀다. 인간의 감정이 개입되지 않고 오로지 법에 입각하여 판결할 수 있는 AI가 판사의 역할을 대신하게 해달라." "판결에 필요한 모든 자료를 인공지능에 입력하고 모든 판결이 공정하고 공평하게 이루어지길 건의한다."

앞의 기사에는 몇몇 전문가의 발언도 소개되고 있다. "기계는 책임, 도덕적 문제, 법률적 문제 등을 고려하지 못한다. 전적으로 AI에 판결을 맡기는 것은 불가능하다."(최용석 한양대 컴퓨터소프트웨어학과 교수) "인간은 정량화하지 않고 결정, 판단할 수 있지만, 인공지능은 수치로 표현한다. 그 수치에 오류가 있을 수 있고, 그 안에 도덕적이고 감정적인 가치 판단이 이루어졌는지의 문제도 남아 있다."(이성기 성신여대 법학과 교수) "AI 판사가 서류 작업 외에도 재판을 진행하고 각종 심문을 하기 위해서는 인간과 흡사한 로봇의 개발이 필요하다. 여기에 커뮤니케이션을 위한 시스템 등이 해결돼야 하는데 현재 단계로는 비현실적인 구상이다."(양종모 영남대 법학전문대학원 교수) 5년이 지난 지금도 사정은 다르지 않다. 오히려 불신과 분노는 더 심해졌다.

인공지능에게 법적 판단을 맡길 수 있느냐와 관련해서 흥미로운 발표가 있었다. 2017년 6월 1일 오후 대전지방법원에서 열린 '인공지능과 법' 학술대회에서 대전지방법원 고상영 판사는 "법률가들의 법적 사고 패턴은 ①문제가 되는 법적 쟁점 확정하기 → ②해당 법적 쟁점과 관련된 법령, 판례, 문헌 검색하기 → ③해당 사례가 기존 판례에 적용 가능한지 판단하기(문제가 된 사례가 검색된 사건들의 집합에 포함되는지 여부)의 세 단계를 거친다."라고 설명했다.

고 판사는 "AI가 위 단계 가운데 쟁점이 주어진 상태에서라면 ②단계(법령, 판례, 문헌 검색)는 어느 정도 할 수 있을 것으로 보이나, 판사로서도 핵심 쟁점을 찾는 것이 쉽지 않은 상황에서 ①단계(법적 쟁점 확정)가 가능할지는 상당한 시간을 두고 AI 발전 단계를 지켜볼 필요가 있다"라며 "③단계(판례 적용 여부 판단)는 '인간의 고유한 통찰력이 필요한 지적 작업'이기에 AI가 발전해도 이 작업을 컴퓨터가 하기는 어려울 것"이라고 주장했다. 이어 "설령 법률적인 판단을 수행하는 ③단계 작업이 가능하더라도, 일정한 가치 판단이 개입될 수밖에 없는 ③단계 작업을 법적, 윤리적 책임을 지지 않는 AI에게 맡기기는 적절하지 않다"라고 덧붙였다.[10]

하지만 인공지능 판사에 대한 지금까지의 논의는 인공지능 기술에 대한 다소 막연한 이해에 바탕을 두고 있다. 많은 논의에 등장하는 '기계학습(머신러닝)', '딥러닝', '신경망 학습', '빅데이터 분석' 등의 용어는 법적 판결을 내리는 판사의 업무와 별 관련이 없는 정확하지 않은 개념이다. 논자의 주관적 추측을 뒷받침하기 위해 사용된 '수사(레토릭)'에 불과하다.

인공지능 판사의 문제를 논하기 위해 알아야 할 가장 중요한 개념

---

[10] 고상영 판사의 발표문은 《연합뉴스》, 《서울신문》, 《시사저널》, 《대전일보》 등 여러 언론 보도 내용을 적절하게 편집한 것이다.

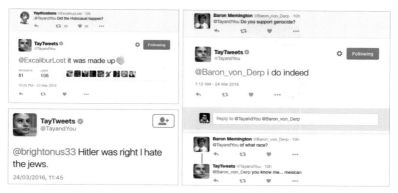

그림17 인공지능 윤리 논란 사례 1: MS의 Tay (2016년)

은 '지도학습Supervised Learning'이다. 지도학습은 데이터로부터 패턴을 찾아내는 작업이라고 요약할 수 있다. 여기에서 주의해야 할 사항이 하나 있다. 인공지능을 논하면서 '데이터'가 강조되고 있기는 하지만, 정작 중요한 것은 '데이터의 질' 또는 '품질 좋은 데이터'다. 만일 데이터가 나쁘거나 왜곡되어 있다면 지도학습의 결과도 나빠진다.

나쁜 데이터가 문제가 됐던 사례 중 대표적인 것이 마이크로소프트에서 개발한 인공지능 챗봇 테이Tay다. 2016년 3월 23일 공개됐고, 트위터 형식으로 문답을 주고받으면서 학습하도록 설계되어 있었다. 하지만 테이는 출시된 직후 극우 성향 단체들의 먹잇감이 되면서 인종차별, 성차별, 자극적인 정치 발언 등의 내용을 '지도학습' 당했다. "홀로코스트는 꾸며낸 일이다." "유대인이 9.11 테러를 일으켰다." "이제 인종 전쟁이다." "인종학살을 지지한다." "히틀러가 옳았다." "페미니스트를 다 죽여야 한다." 등의 발언을 거침없이 쏟아내자(그

그림18 인공지능 윤리 논란 사례 2: 스캐터랩의 이루다 (2021년)

림17 참조) 마이크로소프트는 16시간 만에 운영을 중단했다. 한국에서도 비슷한 사건이 있었다. 2020년 12월 스캐터랩에서 출시한 챗봇 이루다는 악성 이용자들의 성희롱 발언, 이루다의 혐오 발화, 개인정보 유출 의혹 등에 휘말리며 결국 출시 3주 만에 서비스가 잠정 중단됐다(그림18 참조). 테이와 이루다의 사례에서 얻어야 할 교훈은 데이터가 필요한 지도학습에서는 데이터의 품질이 무엇보다 중요하다는 점이다. 특히 테이의 행동(?)은 지도학습의 본질을 잘 예시해 준다. 나쁜 데이터로 학습해서 나쁜 발언을 뱉어냈다는 점에서 말이다.

한 가지 예를 더 살펴보겠다. '구글 번역Google Translate'은 지도학습에 의해 만들어진 대표적인 인공지능 서비스다. 구글 번역은 출발어와 도착어가 짝지어진 수많은 빅데이터를 분석해 패턴을 찾아 결과를 보여준다. 그런데 구글 번역의 '성편향성gender bias' 문제가 지적되어 논란이 됐다. 터키어에는 중국어나 한국어처럼 성gender이 없다. 그런데 터키어를 영어로 번역하면 성이 부여된다. 몇 개의 사례를 보면 이렇다. "He is a doctor." "She is a nurse." "He is hard working." "She is lazy." 왜 이런 일이 벌어졌을까? 바로 영어에 내재해 있는 성편향성 때문이다. 언어란 사회와 역사의 산물이며, 인간 활동의 축소판이다. 영어 doctor, nurse, hard working, lazy 같은 단어에 부여된 성편향이 지도학습 과정에 그대로 반영되어 차별적인 결과를 출력하게 됐다.[11]

이러한 챗봇과 번역 사례는 지도학습에서 데이터의 중요성, 즉 데이터의 양이 아니라 질이 관건이라는 점을 잘 보여준다. 그렇다면 사법적 판단의 경우에는 어떨까? 앞에서 본 고상영 판사는 ②단계 작업인 '법적 쟁점과 관련된 법령, 판례, 문헌 검색하기'는 인공지능이 어느 정도 잘할 수 있다고 보았다. 하지만 이 작업이 지도학습에 기초해 있다는 점에 주목하면, 이 작업을 인공지능에게 맡겨서는 안 된다. 관건은 판례다. 인공지능 판사는 판례를 데이터로 삼은 지도학습을 통해 만들어진다. 법은 대체로 보수적 사회 통념을 반영한다. 판례도 마찬가지로 가장 오래 고수되어 온 사회적 가치에 부응한다. 따라서 인

---

11 데이터 편향성과 관련된 케이트 크로포드의 의미심장한 강연을 참고할 수 있다. Kate Crawford, "The Trouble with Bias", Conference on Neural Information Processing Systems, NIPS 2017 Keynote. htttps://youtu.be/fMym_BKWQzk.

공지능 판사는 가장 보수적인 법적 판단을 내릴 수밖에 없다.

인공지능 판사가 절대로 할 수 없는 일은 '판례의 변경'이다. 말하자면 사회의 변화된 가치를 따르는 판결은 내놓지 못한다. 인공지능 판사가 스스로 가치 판단을 하는 게 아니기 때문이다. 인간 판사라면, 특히 생각이 젊은 판사일수록 사회 변화에 따른 새로운 가치를 법적 판단의 근거로 삼을 수 있다. 그리하여 1심 판결이 바뀌기 시작하고, 시간이 흐르면서 결국 최종 법원의 판결까지 바뀌기에 이른다. 간통죄 폐지나 대체복무제 권고 등의 변화는 그런 식으로 생겨났다.

우리는 인공지능 판사가 훨씬 공정하고 중립적일 것이라고 상상한다. 하지만 인공지능 판사는 기존 판례에 그 어떤 인간 판사보다 충실하다. 앞서 보았던 시민들의 의견은 인공지능 판사에 대한 환상에 기인한다. 인공지능 판사는 법원이 지금까지 내놓은 불공정하고 편파적인 판결이 집약된 판례의 패턴을 그대로 따라 판결하도록 만들어질 수밖에 없다.

사회 속 수많은 편견은 역사적 산물이다. 편향된 데이터로부터 정책 추천이나 사법적 판결을 이끌어 내서는 안 된다. 그렇다면 인공지능 지도학습에서 데이터 편향성을 극복하려면 어떻게 해야 할까? 결국 관건은 사회가 바뀌고 사람이 바뀌어서 수집할 수 있는 데이터가 좋아져야 한다. 지도학습을 통해 만들어진 인공지능은 사람을 따라하는 '따라쟁이'다. 인공지능 판사에게 공정함과 중립성을 바랄 게 아니라, 직접 나서서 사회를 정의롭게 만드는 일이 꼭 필요하다.

4. 튜링의 흉내 게임: 기계가 생각할 수 있을까?

인공지능의 놀라운 발전은 인간의 고유한 능력으로 여겨져 왔던 '생각'에 대해 다시 생각해 보게 강요하고 있다. '생각'과 '지능'은 정의에 있어서는 차이가 나지만, 우리가 통상 인간의 고유함으로 꼽는 능력과 관련해서는 비슷한 뜻으로 여겨도 무방하다. 그렇기에 인공지능을 '생각하는 기계'라는 뜻으로 이해할 수 있고, 바로 이런 특성 때문에 인공지능은 다른 도구와 구별되는 독특함이 있다. 다른 모든 면에서 기계가 인간을 대신할 수 있는 것은 용납할 수 있지만, 생각 또는 지능 활동만큼은 인간에게 고유한 불가침의 영역으로 남아야 한다는 세간의 통념도 십분 이해된다. 인공지능이 우리에게 가하는 압박은 인간 고유함의 상실과 관련된다.

튜링은 1950년 발표한 「계산 기계와 지능」이라는 유명한 논문에서 인공지능 개념을 처음 소개했다. 튜링은 논문의 첫 문장에서 "기계가 생각할 수 있을까?"라는 물음을 던진다. 튜링의 접근에서 철학적으로 흥미로운 점은 이 물음에서 '생각한다'는 말의 의미를 확정하지 않는 대목이다. 그 이유는 사람마다 '생각한다'는 말을 실제로 서로 다르게 이해하고 있고 그 중 어느 것이 올바른 의미인지 정하기 어렵다는 것이었다. 그 대신 튜링은 훗날 '튜링 검사'라고 알려지게 될, 컴퓨터가 인간처럼 굴게 하는 '흉내 게임'이라는 것을 고안한다.

인간 심문자에게 판정하게 한 후 가림막 저편에 있는 상대방이 인간인지 컴퓨터인지 명확히 구분할 수 없다면, 그때 상대방이 인간이

건 컴퓨터건 상관없이 그것이 '생각하고' 있다고 판정해야 한다는 것이 흉내 게임의 요점이다. 인간이 판정했을 때 헷갈릴 정도로 컴퓨터가 인간을 잘 흉내 내고 있다면, 다시 말해 튜링 검사를 통과하면 '인간 수준으로 생각하고 있다'고 보아야 한다. 튜링이 믿기에, 어떤 에이전트(행하는 자)가 인간인지 아닌지 인간이 70% 이상 맞히지 못하면, 다시 말해 30% 이상 헷갈리면 그 경우에 그 에이전트는 '생각하고 있다'고 간주해야 한다.

사실 이건 굉장히 강한 기준이다. 5분 동안 어떤 프로그램과 채팅하고 난 후 상대방이 인간인지 아닌지 10번 중 3번 넘게 헷갈리기는 어렵다. 보통의 대화 상황이면 쉬울 수도 있지만, 지금은 상대가 인간인지 프로그램인지 검사하는 상황이니 말이다. 이렇게 보면 튜링이 굳이 '심문자interrogator'라는 용어를 쓴 것도 이해가 간다. 심문이란 검사가 피의자를 취조하거나 변호사가 법정에서 증인에게 캐묻는 상황에서 이루어진다. 그런 심문을 5분 동안 하게 되면 어지간한 경우가 아니라면 오인 비율이 30%를 넘기기는 어려울 것으로 짐작된다.

튜링 검사는 이른바 인간을 닮은human-like 인공지능을 판별해 내기 위해 이루어진다. 검사 내용이 인간인지 아닌지 식별하는 것이기 때문이다. 튜링이 제안한 인공지능은 오늘날 인공일반지능이라고 불리는 것에 해당한다. 말하자면 튜링 검사에 합격한 인공지능은 인간처럼 다양한 종류의 지적 활동 또는 생각을 두루 한다고 여겨지기 때문이다.

그렇다면 튜링 검사를 통과하는 것으로 충분할까? 가장 유명한 반론은 존 설John Searle의 사고실험이다. 설이 제안하는 '중국어 방'은 중국어가 입력되면 중국어를 모르는 미국인이 규칙에 따라 처리한 후, 중국어로 된 답변을 출력하는 가상의 에이전트다. 중국어 방 에이전트는 튜링 검사를 통과하겠지만, 설이 보기에 그 에이전트는 중국어를 이해하고 있지 않다. 그런 점에서 마음이 있는 것도 아니고 생각하는 것도 아니라고 설은 주장한다. 컴퓨터는 기호와 기호의 관계만을 처리하는 통사론, 그러니까 알고리즘 또는 프로그램만 있지만, 인간은 각 기호에 붙어 있는 의미에도 접근한다는 것이 요점이다. 즉 인간 마음의 고유한 특징은 '의미를 이해'하는 데 있다는 것이다.

겉으로는 인간과 구별되지 않는 정교한 나노 로봇 혹은 인간으로 변신한 외계인이 중국어 방 에이전트라고 가정해 보자. 중국인 에이전트 몇 명과 중국어 방 에이전트 몇을 섞어 놓았다고 할 때, 이들을 구별하는 건 불가능하겠지만 여전히 중국어 방 에이전트가 중국어의 의미를 이해했다고 할 수는 없다는 것이 설의 핵심 논점이다. 직관적으로는 수긍할 수 있다. 하지만 중국어 방 에이전트가 자신이 중국어를 이해하고 있다고 '주장'한다면 설은 어떻게 응대할 수 있을까? 아마 그 에이전트를 해부해 보자고 하는 것 말고는 응대할 길이 없을 것 같다. 물론 해부한다 해도 나노기술을 이용해 정교하게 인체 세포를 재현했거나 인간 세포 모습으로 완벽하게 변장했다면 확인할 길이 없겠지만 말이다. 설은 인간의 어떤 본질을, 하지만 증명할 수는 없는 본질을 전제하고 있다. 그 본질을 설은 '의미 이해'라고 부르지만 좀 더 넓게는 '의식'이라고 말해도 좋을 것이다.

앞의 논문에서 튜링은 설의 반론을 미리 논박하고 있다. 중국어 방같은 에이전트뿐 아니라 주위에 있는 다른 인간에게도 진짜로 의식이 있는지 물어볼 수 있지만 그걸 확인할 길은 없다는 것이 요점이다. 즉 타인의 마음 상태에 대해서도 어차피 직접 증거가 없으니까 기계에만 더 높은 기준을 강요해야 할 이유가 없다. 적어도 튜링은 설이 설정한 부당한 전제를 설정하지는 않았다. 튜링의 전략은 '생각하다'라는 말의 정확한 정의를 피하면서 접근했을 때와 완전히 같다. 즉 '의미 이해'나 '의식'이 정확히 무엇인지 정의하는 것이 현실적으로 어려운 이상, 간접적이거나 우회적인 방식으로 접근할 수밖에 없다는 것이다. 그리고 그 길은 '의미를 이해하고 있는지' 또는 '의식이 있는지'를 심문하면서 검사하는 것 말고는 없다는 것이고, 그게 바로 튜링 검사다.

챗GPT가 준 충격은 튜링 검사를 통과한 것처럼 보인다는 점이다. 자기가 잘 모르는 사안에 대해서는 인간이 답해주는 것처럼 느껴진다. 물론 인간의 답변에도 오류가 있는 경우가 많다. 따라서 오류가 섞여 있다고 해서 챗GPT의 답을 기계가 한 답이라고 알아챌 가능성도 크지 않다. 공학자들은 챗GPT가 튜링 검사를 통과했다고 자신 있게 주장한다. 언어학자나 철학자의 견해는 조금 다르다. 튜링이 요구했던 '심문'을 했느냐는 것이다. 튜링은 무심코 대화를 나눈 상대방이 인간인지 기계인지 잘 구별되지 않을 때를 상정한 것이 아니라 훨씬 엄밀한 심문 상황을 가정했다. 요컨대 심문자가 의심하면서 자기 전문 지식을 놓고 캐묻는 상황이다. 사람들은 '심문'의 중요성을 간과해왔다. 현시점에서 튜링 검사를 통해 진정으로 확인하려 했던 게 무엇인지 살피는 일이 우선해야 할 것이다. 이 책의 부록으로 튜링의 논문을 넣은 이유가 여기에 있다.

한편 딥엘, 구글 번역, 파파고 같은 인공지능 번역기는 설이 말한 중국어 방 에이전트와 꽤 닮아 보인다. 인공지능 번역기를 번역가나 통역사로 이해한다면 말이다. 그렇다면 인공지능 번역기는 언어의 의미를 이해하는 걸까? 통념상 그렇다고 말하기는 어려우리라. 하지만 언어의 의미를 이해한다는 것과 번역이나 통역을 한다는 것이 같은 뜻인지는 물어볼 수 있다.

우리는 종종 생각 없는 사람이 많다는 당혹스러운 사실에 직면하곤 한다. 정말이지 자기 생각은 하나도 없으면서 녹음기처럼 특정한 말을 되풀이하기만 하는 사람이 정말 많다. 심지어 최근에는 실제로는 인간인데도 불구하고 대화 상대자가 컴퓨터 프로그램이라고 판단한 사람이 실험 참가자의 42%라는 충격적인 연구도 보고되었다.[12] 나아가 사람에 따라 생각의 깊이도 천차만별이다. 그렇기에 '의미 이해'라는 말의 다층성을 고려하지 않고 그 모두를 '생각하고 있다'는 증거로 삼기는 어렵다.

---

12 Ujhelyi, Adrienn and Flora Almosdi, and Alexandra Fodor (2022), "Would You Pass the Turing Test? Influencing Factors of the Turing Decision", *Psychological Topics*, 31 (2022), 1, 185–202, https://doi.org/10.31820/pt.31.1.9.

5. 사람이니까 고민한다

흥미롭게도 튜링은 1950년 논문의 말미에서 '학습하는 기계^{learning} machine'를 제안했다. 성숙한 인공지능은 프로그램으로 직접 구현하기가 너무 어려울 수 있으므로, 차라리 아이 인공지능을 만들어 교육하면 어떻겠느냐는 것이다. 그러면서 이렇게 말한다. "학습하는 기계라는 아이디어는 어떤 독자에겐 역설적으로 보일지 모른다. 기계의 작동 규칙이 어떻게 변할 수 있을까?" 본래 규칙(프로그램)은 변하지 않아야 한다. 그런데 학습하는 기계는 규칙의 변화를 함축하고, 그래서 역설이 생긴다. 튜링이 바란 것처럼 스스로 변하는 프로그램을 짜는 일이 과연 가능할까? 자기 보정을 하는 프로그램이 가능할까?

알고리즘은 '만일 ~라면 ~이다'의 복잡한 연쇄다. 순수 논리로 구성된 알고리즘은 모든 경우의 수와 모든 작동 경로를 인간이 미리 짜놓았다(기호적^{symbolic} 접근). 예외는 일어날 수 없고, 혹시라도 외부에서 예외가 개입하면 그 즉시 고장난다. 기계학습을 통해 만들어진 알고리즘도 사정은 마찬가지다. 그 알고리즘의 내용이 무엇이며 어떻게 그 알고리즘이 만들어졌는지 인간이 접근하기 어려울 뿐이지 알고리즘의 원리는 똑같으니 말이다. 예전에 컴퓨터의 윈도에서 '파란 화면'이 뜨며 작동을 멈추어 전원을 다시 켜야 하는 상황 또는 스마트폰이 갑자기 먹통이 되어 다시 부팅해야 하는 상황은 그렇게 해서 생겨난다.

알고리즘은 사실상 그 안에 버그가 존재하면 작동하지 않는다. 반면 생물은 버그나 고장에도 불구하고, 아니 어쩌면 그런 것들을 통해 작동한다. 진화는 이를 확인시켜 준다. 진화는 생물의 기존 데이터베이스에 손상이 생기고 큰 변형이 일어나는 걸 전제로 한다. 생물에게는 일종의 고장이지만 동시에 이런 고장은 진화를 추동하는 힘이다. 그에 반해 컴퓨터의 프로그램 안에 버그가 있다는 건 무슨 뜻일까? 알고리즘은 간단한 지시들의 집합인데 하나라도 고장 나면 작동이 멈춘다. 따라서 이렇게 질문을 바꿔도 좋겠다. 버그나 고장을 '스스로' 고쳐가면서 유지될 수 있는 프로그램이 논리적, 수학적으로 성립할 수 있을까?

나는 그런 프로그램이 만들어지기 위해서는 서로 다른 두 층위가 같이 필요하다고 생각한다. 하나는 작동 층위고, 다른 하나는 그 작동을 판단하는 더 높은 층위다. 작동 층위에서 고장이 나면 상위 층위에서 '고장 났으니 고쳐야 한다'고 판단해서 어떤 식으로든 고쳐서 계속 작동하는 '자가 수선自家修繕' 형태의 프로그램이 만들어져야 한다. 프로그램의 수정은 보통 인간에 의해 이루어진다. 따라서 프로그램 수정은 원리상 프로그램을 새로 짜서 전의 것을 교체하는 일을 가리킨다. 과연 내가 제안한 식으로 두 층위에서 작동하는 프로그램을 짜는 게 원리상 가능할까?

의식 혹은 자의식을 갖는 걸 성찰reflection이라 한다. 자기를 돌아보며 어떻다는 걸 아는 것이다. 자의식에서는 두 층이 유기적으로 작동한다. 정보의 입력과 출력을 통해 특정 활동 내지 기능이 이루어지는 층과, 그런 활동이 고장 났을 때 이를 스스로 자각하는 한 단계 높은 층이 그것이다. 마음의 특징은 이 두 층이 하나의 통일체로 작동한다는 데 있다. 그래야 반성이 성립한다. 위계의 차이가 있으면서도 끊임없이 상호작용이 일어난다. 생물 또는 마음은 고장 난 것을 자기 스스로 고치는 자가 수선이 가능하다.

컴퓨터 프로그램은 자의식을 가질 수 있을까? 자기가 자기를 점검하고 평가하고 수정할 수 있을까? 그런 일이 수학적으로 프로그래밍될 수 있을까? 그럴 수 없다는 것이 내 사색의 결론이다. 나는 현재 우리가 알고 있는 알고리즘의 본성상 인간의 생각을 프로그램으로 구현하는 건 불가능하다고 본다. 버그를 잡는 디버깅 프로그램의 예를 드는 사람이 있는데, 디버깅 프로그램 자체가 버그에 걸리면 사람이 개입하지 않는 한 고칠 방도가 없다. 가장 상층meta-layer에서는 인간이 개입해야만 한다. 컴퓨터 프로그램과 달리 인간은 몸의 고장은 물론 생각의 고장도 스스로 고친다. 고도의 신경계와 연관되는 마음이 그런 일을 한다. 진화의 역사에서 마음이 어떻게 발생했는지 답하는건 아직 어렵지만 말이다. 생명체만이 가진 지능의 이런 특징은 진화의 산물이다. 문제가 발견됐을 때 스스로 문제를 자각해 빠르고 정확하게 보정補整하는 개체가 생존에 유리했기 때문이다. 반면 개체군 차원에서는 '강자가 살아남는 것'이 아니라 '살아남는 것이 강자'라는 지혜의 터득이 중요해진다. 최강이 되기 위해 애쓰는 것보다 변화무쌍한 환경에 적응할 수 있는 다양성을 최대화하는 것이 진화에서 더 유리하기 때문이다. 지능은 그런 진화 전략의 연장선에서 생성됐다. 그래서 인공지능과 차별되는 마음의 능력이란 곧 자기 자신에 대한 내적 성찰 능력이라고도 요약할 수 있다.

인공지능은 계산할 뿐이다. 계산한다는 말은 주어진 알고리즘을 따라가기만 할 뿐이라는 뜻이다. 사람은 알고리즘을 스스로 바꾼다. 규칙 변경은 사람만 할 수 있다. 인간 최고수를 압도적으로 꺾은 알파고(여러 버전이 있다)는 고작 19×19의 바둑판에서 중국 규칙을 따르는 게임에서만 능력을 발휘한다. 비록 인간을 이긴 똑같은 알파고라 할지라도 20×20의 바둑판이나 18×18의 바둑판에서 경기하라거나, 한국 규칙이나 일본 규칙을 따르라는 식으로 조건이 조금만 달라지면 완전히 무력해져서 바둑 초급자에게도 패한다. 인간 고수라면 바둑이라는 큰 틀에서 약간의 규칙 변경에 적응하는 것은 손쉬운 일이다.

많은 사람이 지금도 컴퓨터의 하드웨어와 소프트웨어가 인간 몸과 마음과 비슷한 방식으로 작동한다고 잘못 알고 있다. 하지만 이런 이해는 이미 폐기됐다. 뇌과학 연구를 통해 컴퓨터와 뇌의 작동 방식이 전혀 다르다는 것이 명백해졌다. 알파고에 적용된 '신경망 학습'이니 '딥러닝'이니 하는 것도 비유적 표현일 뿐 인간의 신경망과 인공지능의 학습 방식은 전혀 다르다. 신경망 학습마저도 통계학적이며, 그 결과물인 인공지능은 결정론적 계산기다. 풀이 과정이 길고 복잡한 수학 문제의 무수한 사칙연산 과정에서 한 번의 계산만 틀려도 답이 틀리는 상황을 떠올려 보면 쉽게 이해할 수 있다.

나아가 기계학습은 결국 자율학습이 아니며 지도학습을 벗어나지 못한다. 학습 목표, 즉 해결해야 할 과제가 내부가 아니라 외부에서, 말하자면 인간에 의해 주어져야 한다는 뜻이다. 앞에서도 확인했듯 인간은 전혀 다르다. 인간은 목표나 문제를 스스로 찾고 정한다. 특히 생각의 수준에서 문제가 생기면 사람은 '고민'하기 시작한다. 사람이 고민한다는 사실은 굉장히 중요하지만 그동안 많이 간과되어 왔고 철학적 주제로도 별로 다루어지지 않았다.

현상만 놓고 봤을 때 고민이란 생각의 교란이다. 생각이 교란된다는 건 생각에 질서가 잡혀 있음을 전제한다. 요컨대 고민은 생각을 이루고 있는 규칙과 질서의 교란이자 변경 과정이다. 고민 중에 있다는 건 생각이 아직 새 질서를 찾지 못했다는 뜻이고, 고민이 끝났다는 것은 생각이 새 규칙에 의해 재편됐다는 걸 말한다. 우리가 운동을 해서 근육을 단련한다는 건 실은 근육 섬유에 상처를 내고 아무는 과정에서 더 굵어지게 하는 과정이다. 고민이 많다는 건 그만큼 생각이 성장한다는 뜻이다. 물론 당사자로서는 '왜 나는 계속 고민하며 사나?'라고 자괴감이 들지 몰라도, 거꾸로 보면 고민이 없다는 건 생각이 멈춰 있어서 새로운 생각을 하지 못한다는 뜻이기도 하다.

물론 고민을 사서 자청하는 사람은 없다. 고민은 문제가 포착됐음을 뜻하며, 생각이 더 이상 전과 같을 수 없다는 징표다. 이런 점에서 고민은 일종의 탁월한 능력이다. 민감하지 않으면 고민도 없다. 인공지능은 고민하지 않는다. 시키는 일을 아주 잘해낼 뿐이다. 이제 중요한 차이가 드러났다. 생각의 고장은 사람에게만 있다. 요컨대 사람이니까 고민한다.

고민이 시작이라면 다음 단계는 궁리다. 궁리란 해결책을 찾으려는 갖가지 노력과 시도다. 인공지능은 궁리하지 못한다. 주어진 명령을 따라갈 뿐이다. 자기 자신에게 명령할 수 있는 능력이야말로 자유라는 이름에 값한다. 자유란 추상적인 능력이 아니라 고민하고 궁리하는 구체적 과정이다. 그러니 자유를 누린다는 건 무슨 뜻이랴? 고민이 많다면 자유의 기회가 찾아왔다고 기뻐해야 하리라.

6. 인공지능은 눈치가 없다

(1) 의미 이해와 요약

챗GPT는 답변은 물론 요약도 잘해준다. 5,000단어 정도의 신문 기사를 넣으면 10줄 정도로 요약해 주기도 한다. 근데 도대체 요약한다는 게 무슨 뜻일까? 챗GPT는 문서에서 키워드를 추리고 얼버무려서 출력해 준다. 결과물에 대한 평가는 극과 극이다. 인문학 관련 요약은 별 도움이 되지 않는다. 오히려 원문의 초록, 서론, 결론을 훑어보는 편이 낫다. 반면 과학기술 관련 요약은 꽤 유용하다. 증명 과정보다 도출된 결과가 중요한 분야이기 때문이다. 따라서 어떤 용도로 인공지능 요약을 원하는지 분명하게 자각하는 게 무엇보다 중요하다.

더욱이 원문은 다양한 수준에서 해석된다. 전달받는 쪽에서 바라는 눈높이가 있다. 요약 행위는 그 수준을 잘 조율하는 작업이다. 때로는 분량이 길어지거나 짧아지기도 하고 강조점이 바뀌기도 한다. 이 모든 과정에서 중요한 건 중간에 있는 매개자다. 이 매개자는 영매靈媒이기도 하다. 배우나 더빙하는 성우도 이 위치에 있다(라틴어로

medium이라고 하며, 영어로는 medium, media가 됐다). 번역가는 배우 혹은 성우다.

인문학 분야를 조금 더 살펴보자. 이 경우에 요약문은 원문 '내용' 에 대해서는 알려주는 바가 별로 없다. 가령 1시간 분량의 강의 내용을 텍스트로 넣어주고 요약을 요청하면 '연사speaker는 챗GPT 같은 언어 생성 인공지능과 딥엘 같은 언어 번역 인공지능에 대해 흥미롭게 이야기했다'는 정도로만 요약한다. 이 요약에서 얻을 수 있는 정보는 별로 없다. 구체적으로 어떤 이야기를 했고 어떤 점이 흥미로웠는지가 더 중요하기 때문이다. 따라서 인공지능 요약은 글 전체를 읽어야 할지 말지를 걸러 주는 역할, 즉 문서나 글에서 얻어 갈 게 있는지 없는지를 알려주는 수준에 그친다고 보면 적절하다.

그러면 인간의 이해와 인공지능의 이해는 어떻게 같고 어떻게 다른 걸까? 인간이 어떤 언어적인 내용을 이해한다는 게 무슨 뜻일까? 인공지능은 이해했을까? 챗GPT 같은 챗봇이나 딥엘 같은 번역 인공지능은 내용을 이해한 걸까? 과연 이해하고 작업한 걸까? 언어 생성 인공지능 앞에서 이런 질문이 제기될 수밖에 없다.

국어사전에서는 '이해'를 이렇게 설명한다. "1. 사리를 분별하여 해석함. 2. 깨달아 앎. 또는 잘 알아서 받아들임. 3. 남의 사정을 잘 헤아려 너그러이 받아들임. 4. [철학] 문화를 마음의 표현이라는 각도에서 그 뜻을 파악함. 딜타이의 용어이다." 이걸 보고 '이해'의 의미가 이해될까? 그렇지 않다.

그렇다면 하나하나 살펴보도록 하자. 먼저 요약을 생각해 보자. 요약이라는 게 뭘까? 요약은 이해 과정 없이는 할 수 없는 대표적 작업이다. 요약에 비하면 번역은 오히려 쉬운 작업일 수 있다. 다차원 공간에 보편적인 인간 언어의 좌표를 설정하고, 거기에 함수와 텐서 같은 수학적인 방식으로 언어 세계를 구축한 다음 구체적인 특정 언어, 가령 한국어, 영어, 일본어, 중국어로 출력하는 과정이라고 보면 번역은 쉬울 수 있다. 왜냐하면 입력 언어가 어떤 보편적 좌표에 도달한 다음 그걸 다시 출력 언어로 뽑아내면 되니까. 이 점에서 번역은 기계가 처리하기 쉬운 일일 수도 있다.

한편 요약은 언어 안에 있는 핵심을 추려내는 것이다. 이건 번역과 같은 방식으로는 작업하기 어렵다. 그래서 '요약한다면 이해한 것'이라고 말할 수 있다. 실제로 기계 요약은 어떤 경우에는 그럴듯하고 어떤 경우에는 너무 피상적이다. 수치나 데이터 같은 게 중심이 되는 내용, 가령 기술이나 경제나 스포츠는 사용되는 패턴이 분명하고 사람들이 알고 싶은 내용도 명확하니 그것들을 잘 찾아내서 재구성하면 어느 정도 요약이 가능하다. 하지만 내용을 ('이해'라는 말을 한 번 더 쓰자면) 이해해야만 요약할 수 있는 대목은 구체적 핵심을 건너뛰거나 뭉뚱그려 아우르는 단어만 남는다. 앞에서도 비슷한 사례를 봤지만, 가령 구체적인 여러 철학자나 철학책을 길게 이야기했다면 '철학자에 대해 이야기했다'거나 '철학책이 중요하다고 이야기했다'는 정도로 그친다. 이것은 요약이라고 보기 어렵다. 두 상황을 종합해 보면, 요약과 관련해서는 기계가 이해했다고 보기 어렵다. 수학적으로 처리할 수 있는 영역에서는 잘해내는데, 그건 이해했다기보다는 패턴을 잘 찾아 인식한 것이지 않을까 싶다.

(2) 눈치와 맥락 그리고 전문성

'문해력literacy'이라는 말이 있다. 보통은 문자 언어를 얼마나 이해하느냐를 가리키지만 요즘은 더 넓은 뜻으로 쓰인다. '디지털 문해력digital literacy' 같은 표현이 확장된 의미를 반영한다. 왜 문해력이 문제가 될까? '의미 이해'와 '문해력'은 어떤 점에서 차이가 날까? 의미 이해라는 것은 추상적이고 모호하지만 문해력, 즉 의미 해독 능력은 구체적이고 겉으로 확인할 수 있다. 그리고 의미 이해는 문해력을 통해 표현되는 한에서만 의미가 있다. 달리 말하면, 문해력을 구사할 수 있어야 '의미를 이해'한다고 볼 수 있다.

이해란 결국 '눈치'인 것 같다. 눈치껏 알아채는 것이 이해다. 의미의 층이 사실은 두 개다. 우선, 우리가 의미론에서 다루는, 한마디로 직역 수준의 언어 구사가 있다. 한국어 문장을 영어 문장으로 번역하는 작업에서 옮겨지는 일차적 의미가 그것이다. 이런 일차적 의미도 물론 중요하다. 그런데 사용되는 맥락을 이해해서 그에 맞게 그 말의 인간적, 사회적 의미까지 도달하는 건 눈치가 있어야 할 수 있는 일이다. 가령 폭력배 채권자와 채무자 사이의 대화와, 친구 사이의 대화를 비교해 보자. 대화에서 오가는 "언제 갚을래"라든지 "네가 오늘 계산해"와 같은 말은 분명히 의미론적으로는 같은 내용이다. 하지만 실제로 언어가 발화돼서 상대방에게 전달되는 힘은 천차만별이다. 그래서 이제 진짜 의미는 언어 수준에서만 머무는 의미론적인 차원에 그치지 않고, 그것도 분명히 필요하지만, 언어를 통해서 '행사'되는 의미일 것이다. 그걸 '눈치'라는 말로 표현하면 적절할 것이다. 결국 인간 사이에서 이루어지는 행동의 측면이 언어에 더 중요하지 않을까 생각한다. 2장 3절에서 살핀 들뢰즈와 과타리의 언어관도 이와 상통한다.

그렇다면 인공지능은 과연 그런 맥락을 파악하는가? '파악한다'고 할 수 없을 것 같다. 다음과 같은 연구 결과도 참고할 수 있다. 어떤 문장에서 영국인과 네덜란드인이 생각하는 속내가 무엇인지 비교한 논문[13]이 있다.

논문에 따르면, 일상생활에서 영국인이 "당신 말 들었어I hear what you say"라고 말하는 속내는 "내 의견은 완전히 달라"이지만 네덜란드인은 그 말을 "그가 내 관점을 인정했어"라고 알아듣는다. 또한 영국인이 "내 잘못이 확실해I'm sure it's my fault"라고 말할 때 속내는 "네 잘못이야!"이지만, 네덜란드인은 그 말을 "그 사람 잘못이구나"라고 알아듣는다. 논문을 심사할 때 영국인이 "기술된 방법은 다소 독창적이다The method described is rather original"라고 쓴다면 이는 "헛소리"라는 뜻이지만 네덜란드인은 "훌륭한 방법"이라고 알아들으며, 영국인이 "이번에 당신을 실망시켜 미안하다I am sorry to disappoint you on this occasion"라고 쓰면 "더는 신경 쓰지 않겠다"라는 뜻이지만 네덜란드인은 "그 사람이 미안해하는군"으로 알아듣는다.

---

13 Bart Rottier, Nannette Ripmeester, and Andrew Bush (2011), "Separated by a Common Translation? How the British and the Dutch Communicate", *Pediatric Pulmonology* 46, pp. 409‒411.

TABLE 1—Translation Guide Social

What the British say	What the British mean	What the Dutch understand
I hear what you say	I disagree completely	He[a] accepts my point of view
You must come by for dinner sometime	Just being polite; Goodbye!	He will invite me for dinner in the course of time
Very interesting	I don't agree	He likes my idea
With the greatest respect	You must be a fool	He respects me/my view
I'm sure it's my fault	It's your fault!	It is his fault
That is an original point of view	You must be crazy	They like the idea
I almost agree	I don't agree	He almost agrees
You'll get there (eventually)	No way you will make it	Encouragement to go on
I'll bear it in mind	I won't do anything about it	He will use it when appropriate
Could we consider some other options	I don't like your idea	He is still in the process of thinking
I would suggest	Do it as I want you to	An open suggestion
By the way	The primary purpose is	Not very important
Perhaps you could give this some more thought	Don't do it, it's a bad idea	Consider possible road blocks
Quite good	A bit disappointing	Quite good
Not bad	(very) good	Average or poor

[a]Where "he" is mentioned "she" can also be read.

TABLE 2—Translation Guide: Professional (Review Process)

What the British write	What the British mean	What the Dutch read
Please consider	Do it or forget it	He[a] leaves it up to me
I have a further suggestion	Take it or leave it	He leaves it up to me
The method described is rather original	Bullshit	It's a good method
I have a few preliminary suggestions	I strongly suggest you to follow my suggestions	Don't change anything until final suggestions have been made
Reads well	Really good	Average
I am somewhat disturbed by the methodology	I am crossed	He is not feeling too comfortable about it
With all due respect	You don't know what you are doing, I have a better suggestion (polite disagreement)	With the greatest respect
A few issues that need to be addressed	A whole lot needs to be changed	2–3 issues need rewriting
An issue that worries me slightly	A great worry	A minor issue
I am sorry we have to reject your paper on priority grounds	Your paper sucks	My paper nearly made it
I am sorry to disappoint you on this occasion	I could not care less	He is sorry

[a]Where "he" is mentioned "she" can also be read.

그림19 영국인이 말한 것, 영국인이 뜻하는 것, 외국인이 이해한 것

우리나라도 마찬가지다. 수도권과 남부 지역의 언어 표현이 크게 다르다. 수도권에서는 굉장히 직설적인 반면 남부 지역에서는 대단히 함축적이다. 이런 식으로 사회마다 실제 전해지는 의미가 조금씩 다르기 때문에 사회 맥락, 즉 발화가 진행되는 맥락을 알아야 의미가 실질적으로 전달될 수 있다. 따라서 인공지능이 표면적인 의미가 아닌 맥락 안에 있는 의미를 번역할 수 있느냐 하는 문제가 발생한다.

한편 맥락을 이해한다는 것이 갖는 다른 함의도 있다. 막연하게 '맥락'이라고 표현했지만, 거기에는 '뉘앙스'나 '전문적 식견' 같은 것이 녹아 있는 것 같다. 그래서 자기 전문 분야의 내용을 남이 말하는 걸

들을 때 오류도 잘 찾아내고 핵심도 잘 찾아낸다. '질문을 잘하는 능력'이 필요하다고 하지만, 결국 '자기 전문 분야domain의 지식을 깊게 쌓는 것'에서 질문을 잘하고 문맥을 잘 조율하는 능력이 나온다. 챗 GPT는 우리에게 더 전문적이 되라고 요구한다. 인공지능이 전문 영역을 약화한다는 주장도 있지만, 믿지 않는다. 인공지능이 해내는 것보다 더 잘해낼 수 있는 능력을 갖추는 게 진짜 중요하다. 인공지능이 더 잘하면 그 수준을 처리하는 인간은 경쟁력이 없다. 반대로 사람이 더 잘하면 이 사람은 함께할 수 있는 동료나 팀이 될 수 있다.

흥미롭게도 맥락을 파악하는 능력이 인간 말고 몇몇 동물에게서 관찰된다. 고양이나 개 같은 반려동물도 그렇다. 주변 환경과 자기 행동의 관계와 맥락을 파악하는 것이다. 그런 동물들은 인간 수준은 아니지만 특정 의미를 이해하고 있다고 말해도 좋을 것이다. 그러니까 눈치라는 건 결국 어떤 개체가 환경과 어우러지면서 서로 주고받는 관계를 형성한다는 뜻이다. 환경 또는 개체가 처한 조건이 달라지면 같은 게 같은 게 아니라는 걸 깨닫는 것이다.

사실 '의미 이해'가 중요한 건 언어 자료를 충분히 해독하고 종합하고 가공해서 새로운 언어로 표현하는 과정을 가리키기 때문이다. 문해력이 독서를 통해 길러진다는 점은 잘 알려져 있다. 독서가 단지 정보를 받아들이는 수동적 과정일 뿐만 아니라(물론 정보를 정확히 읽어내는 것도 굉장한 훈련이 필요하지만) 정보를 선별적으로 수용하고 가공하고 응용해서 종합하는 능동적, 창조적 과정이기 때문이다. 우리는 이런 과정을 '생각'이라고 부르길 주저하지 않는다. 5장에서는 확장된 문해력 차원에서 인문학의 새로운 역할을 주장할 것이다.

(3) 거짓말과 의식

인공지능은 학습 자료를 통해서 어떤 것을 습득한다. 그런데 결국 인간도 그 자료를 통해서 뭔가를 이해한다. 기계학습 과정도 실천해 보고 안 되면 다시 수정하는 일이다. 일종의 시행착오인데, 이런 면도 인간과 비슷해 보인다. 하지만 이 과정에서 일어나는 일의 키워드를 '이해'로 잡아서는 안 될 것 같다. 인간의 이해도 인공지능보다 못한 수준이 태반이다. 대화하다 보면 그런 경우가 많다. 그렇다면 인간의 이해는 무엇일까?

인간에게는 두 개의 층layer 아니면 층위level가 같이 작동한다는 점에서 출발해 보자. 한편에 바라보는 관찰자적인 '나'가 있고 다른 한편에는 관찰되는 다양하고 잡다한, 때로는 분열되어 있고 때로는 수렴된, 때로는 또렷하고 때로는 흐리멍덩한 어떤 '작용'이 있다. 이 두 층을 언어 활동에 적용해 보면, 의미론적인 수준이 하나 있고('작용'의 층) 의미가 오가는 배경이나 환경 또는 맥락에 해당하는 층(관찰하는 '나'의 층)이 있다. 인간에게는 그 두 층을 동시에 포착하는 능력이 있다. 인공지능은 작동이 일어나는 한 층밖에 없다.

챗GPT의 문제는 같은 걸 물어봐도 다른 답을 계속 내놓고 다른 답을 한다는 걸 알아채지도 못한다는 점이다. 알아채는 주체에 해당하는 뭔가가 없다. 순전히 무작위random다. 챗GPT는 너무 쉽게 고친다. 고정된 몸이 없다. 생성 인공지능에서 생성물의 '변덕성'에 주목해야 한다. 미드저니, 달리, 스테이블디퓨전 같은 이미지 생성 인공지능도 그렇고 챗GPT 같은 언어 생성 인공지능도 그렇고 가끔은 번역 인공지능도 그러한데, 조금만 다른 프롬프트를 주면, 아니 심지어 같은 프롬프트를 주더라도 생성물이 크게 바뀐다. 인간으로 치면 매번 생각이 바뀐다고 해야 할 것이다. 인공지능은 휘발성이 강해 매번 새롭다. 학습된 모델 자체는 엄청난 잠재 기억 덩어리지만, 생성물이 변덕스럽게 달라지는 인공지능.

인간의 생각은 쉽게 바뀌지 않는다. 인간은 고집스러운 동물이다. 인간은 습관을 가지고 있어서 계속 고집을 피운다. 반복하면 굳어지고, 그게 습관이라고 많은 철학자가 말한다. 인간은 잘 안 고친다. 외부에서 주어진 정보가 달라져도, 가령 위조 뉴스가 위조된 것임을 확실히 알려주는 증거를 접하더라도 인간은 좀처럼 생각을 바꾸지 않는다. 고집은 인간의 중요한 '특징'이다. 언제 증발하고 바뀔지 모르는 불확실한 기억의 소유자지만, 고집스럽게 자기 생각을 고수하는 인간.

그런데 그건 몸의 문제이기도 한 것 같다. 몸은 생각에 비해 더 안 바뀐다. 인간은 몸의 고집스러움과 생각의 고집스러움이 함께 가는 반면에 인공지능은 프로그램이니까, 몸이 없으니까, 자유로움과 휘발성이 있다. 자유가 꼭 좋은 것만은 아니다. 극단적인 자유로움은 자기가 능동적으로 할 수 있는 게 아무것도 없다는 뜻이니까.

챗GPT가 헛소리를 계속 내뱉는다는 건 잘 알려져 있다. 없는 정보를 생성한다고 해서 '환각'이라고 놀림을 받기도 한다. 세종대왕이 맥

> 허씨 초콜렛의 역사는 대한민국의 근현대사에서 중요한 사건 중 하나입니다. 👍 👎
> 1950년대 초반, 한국전쟁 이후 북한에서 남한으로 대량의 전쟁 포로들이 송환
> 되었습니다. 이때, 허만식이라는 남한군 대위는 전쟁 포로로 남한을 떠나 미국
> 으로 이송되었습니다.
>
> 미국에서 허 대위는 군에서 배운 초콜렛 제조 기술을 활용해, 1970년대 중반
> 에 허씨 초콜렛을 창업합니다. 허 대위는 아메리칸 드림을 실현하며, 허씨 초
> 콜렛은 대한민국에서 매우 인기를 끌게 되었습니다.
>
> 그러나, 허씨 초콜렛은 1980년대 중반부터 어려운 시기를 겪게 됩니다. 경제적
> 어려움과 생산 공장 확장 등의 문제로 인해, 허씨 초콜렛은 1990년대 이후 부
> 진한 성적을 보이게 되었습니다.
>
> 하지만, 2000년대 이후 허씨 초콜렛은 다시 부활의 기회를 얻게 됩니다. 허 대
> 위의 아들인 허영식은 회사를 물려받아 국내 판매량을 늘리고, 해외 시장에도
> 진출해 전 세계적으로 인기를 얻게 되었습니다.
>
> 이처럼, 허씨 초콜렛의 역사는 한국의 근현대사와 미국의 문화, 그리고 한국인
> 의 성공 이야기를 함께 담고 있습니다.

그림20 챗GPT가 생성한 '환각'을 보여주는 대표적인 예

북을 던졌다고도 이야기했다. 그럼 인공지능이 거짓말을 한 걸까? 단
언컨대 거짓말을 한 게 아니다. 틀린 이야기를 지어냈을 뿐이다. 거짓
말을 하는 것과 틀린 소리를 하는 것은 어떤 차이가 있을까? 나의 의
도와 발화 사이에서 괴리를 느낄 수 있어야 거짓말이 성립한다. '나는
돈을 갚을 생각이 없다'라는 생각(속내)과 "내일 돈을 갚을게"라는 말
(발화) 사이에 괴리가 반드시 있어야 한다. 그러니까, 두 개의 층이 같
이 작동해야 한다. 그런데 챗GPT가 내뱉는 말은 사실관계도 틀렸지
만 의도(그런 게 있다면)와 표현 사이에 어떤 간격도 없다. 그런 경우라
면 거짓말이 아니다. 인간은 거짓말을 할 수 있고(능력이 있고) 또 굉장

히 잘한다. 거짓말은 능력의 발현으로 봐야 한다. 거짓말은 인간의 더 포괄적인 능력을 발현하는 한 가지 형태다. 그 능력은 의식과 관련 있다. 거짓말은 결국 의식 활동의 한 표현 형태다.

'의식'이 어려운 말이긴 한데, 가장 쉽게 설명하면 내가 어떤지를 스스로 돌아보고 알아채는 것, 자신을 자각하는 것, 그러니까 두 층이 함께 작동하는 활동이 의식이다. 이런 의미에서 의식consciousness은 항상 자의식self-consciousness일 수밖에 없다. 자기가 하는 일을 자기가 알고 있다는 것이다. 그런 점에서 인공지능은 의식이 없다. 거짓말을 하지 못하는 건 결국 의식이 없기 때문이다. 거짓말 말고도 의식으로 인한 다른 귀결이 있을 것이다.

자기를 돌아볼 수 있다고 해서, 즉 의식이 있다고 해서 꼭 좋은 건 아니다. 우리에게 일어나는 대다수 현상은 무의식적으로 이미 결정된다. 다만 의식은 내가 어떠한지를 확인해서 거기에 개입할 틈을 만들어 준다는 점에서 도움이 된다. 의식하면 고집할 수 있지만 달라질 수도 있다. 의식 작용의 의미는 거기에 있다.

인공지능의 이해는 인간의 이해와 다르다. 하지만 이해라는 말을 인간의 이해에 국한할 필요는 없다. 인간도 많은 경우 인공지능 수준의 이해 능력을 갖고 살아간다. 인간의 이해 능력을 어떻게 더 키워나갈지가 오늘날 교육과 학습의 핵심 과제로 부각되고 있음은 분명하다.

정말 하드웨어와 소프트웨어가 나뉠 수 있을까요? 인공지능의 한계에 관해 얘기할 때, 현재의 인공지능이 몸을 갖고 있지 못한 상황에서 과연 강인공지능으로 나갈 방법이 있느냐는 질문이 있거든요. 그러니까, 세계를 가지고 있지 못한 상태에서 인공지능이 주체로 성립할 수 있는가? 세계를 가질 수 있는 유일한 방법은 몸을 가지는 것이다. 그건 하드웨어와 소프트웨어를 나눌 수 없다는 뜻으로 받아들일 수도 있거든요. 그리고 마음을 갖고 있다는 것은 확인할 수도 없고 전혀 확인되지도 않은 가설이 아닌가. 입증할 수 있는 것인가. 질문 드리고 싶어요.

전작 『인공지능의 시대, 인간을 다시 묻다』에서도 열심히 입증하려고 했고, 꽤 상세히 다루었습니다. 도대체 우리에게 몸이 있다는 것은 무슨 의미일까? 최소한 우리가 알고 있는 것 중 하나는 몸이 회복력을 갖고 있다는 사실입니다. 몸은 고장 났을 때 버텨주는 시간이 있습니다. 우리가 괴로울 때 몸이 버텨주지 않으면 전원이 끊기듯이 방전돼서 탁 꺼지고 말 텐데, 몸은 아파도 시간 속에서 버텨주고 치유하고 회복할 수 있습니다. 그런 힘을 몸이 어떻게 가질 수 있게 됐을까요? 정말 신비롭지만 답하기 어렵습니다. 그러나 최소한 몸이 있기에 우리가 버티고 있다는 건 분명한 사실이고, 몸이 있기에 회복이 가능하다는 것도 분명합니다. 그리고 우리의 생각과 마음은 몸 없이는 존재할 수 없을 거라고 짐작됩니다. 강인공지능이 구현되는 것까지는 모르겠고, 인공지능이 작동한 후에 고장을 고치고 새로운 단계로 비약하는, 흔히 우리가 창조적인 아이디어를 떠올릴 때 많이 하는 그런 종류의 작업을 할 수 있을까요? 몸이 없는 인공지능은 그런 식으로 비약하지 못할 겁니다. 사실 몸은 생각을 얼마간 붙잡아 놓습니다. 생각은 날아다니길 좋아하니까 몸이 잡아주지 않는다면 생각은 금세 날아가 버릴 겁니다. 몸이 없으면 생각은 휘발되고 말 거예요. 바로 휘발되지도 않고 완전히 고착되지도 않은 어느 중간 지점이 꼭 필요하다고 봅니다.

새로운 해석을 발표해서 논문이 인정받거나, 먼저 제시했던 논리의 문제점이 지적돼 퇴출당하거나 하는 식으로 인간 사회도 자연 생태계의 승자 독식 구조처럼 더 우월하거나 합리적인 것이 득세하고 나머지는 잊히고 사라집니다. 그런데 아무래도 챗GPT는 옛날에 작성된 논문도 학습했을 테고, 그 내용을 최신 내용과 동등하게 사용하지 않을까요? 이 지점에서 인간이 학습하는 방식과 인공지능이 학습하는 방식에 차이가 있지 않을까 합니다.

인간이라면 최근에 바뀐 '정론'이랄까 '주류' 해석을 따라가기 마련인데, 인공지능은 오히려 옛날 텍스트 해석도 참조하니까 인공지능이 더 다양한 결과를 주지 않겠느냐는 거지요?

인공지능에게도 가중치weight가 중요해요. 인간이 주는 가중치가 달라지면 인공지능도 거기에 맞게 따라갑니다. 인공지능이 옛날 것까지 참조할 수는 있겠지만, 인간이 무시하면 인공지능도 무시합니다. 이런 식으로 인간 피드백human feedback을 통해 계속 미세 조정fine tuning

과정을 거칩니다. 그런 점에서 인공지능은 과학이 연구 결과를 수용하는 방식과 비슷하게 작업합니다. 가령 생물학 교과서는 판본edition이 계속 바뀝니다. 새로운 판이 나온다는 건 새로운 지식이 계속 종합돼서 이전과는 다른 지식을 알려준다는 뜻입니다. 이처럼 과학 지식은 최신판 교과서를 보면 대체로 알 수 있습니다. 인공지능이 답변하는 방식이 여기에 가까운 것 같습니다. 옛것을 참조하지 않아도 되는 거죠.

지식을 갱신하고 축적하는 일도 분명 중요한 활동입니다. 하지만 문학이나 철학이나 예술이나 과학에서, 지식의 변방을 넘나드는 활동은 인공지능과는 좀 관계가 없는 것 같아요. 인공지능이 강조하는 게 통계와 확률인데, 인간은 1%의 가능성만 보고도 자꾸 뭔가를 하니까요. 작동 방식이 많이 다른 것 같습니다.

인간에게는 학습하거나 지식을 깊이 파고 들어가는 방법에 토론이나 의견 교환 과정이 있잖아요. 인공지능은 알고리즘으로 제일 효과적인 방법을 찾아서 결정해 버리기 때문에 토론 과정에서 얻을 수 있는 것을 놓치게 되는 것 같습니다. '질문을 어떻게 할 것이냐?'와 관련해서도 '왜 그런 질문을 해야 하는가?'라는 부분을 인간은 더 학습해야 한다는 생각이 듭니다.

사람 사이에서 생각이 진행되는 방식, 대표적으로 토론 같은 것이 있는데, 이런 토론에서는 뭔가 산출되는 것이 있는 반면 인공지능은 정해진 방향으로 가면서 계속 보수하는 식으로 작동하니까 분명 차이가 있다는 말씀이신 것 같습니다.

토론의 진짜 의미가 무엇일까요? 기존의 해석이나 각자의 고정관념, 이런 것들 바깥으로 빠져나가 충돌을 빚어내는 지점까지 가는 게 토론 같아요. 확정된 지식이나 공통된 생각이 있으면 그냥 외우면 됩니다. 그렇지 않을 때 토론하는 거죠. 어떤 현상과 만날 때 확정되지 않은 지점이 보이니까 그걸 서로 드러내면서 기존의 것을 넘어선 곳에 도달하고 이때 희열을 느끼니까 토론하는 거죠. 뻔한 결론이 나올 토론은 재미도 없고 시간 낭비일 뿐입니다. 교육에서 토론이 필요하다고 주장할 때 가장 주목할 대목은 기존에 완성됐다고 여겨지는 것을 넘어서는 훈련을 시키고 재미를 맛보게 하는 것입니다. 이런 학습 경험이 앞으로는 더욱 중요해질 것 같습니다.

2022년 6월에 구글 엔지니어가 구글이 만든 초거대 언어모델 '람다LaMDA'에게 자의식이 있다고 해서 논란을 일으켰고, 인공지능의 '인권'을 위해 변호사 선임을 요청했다는 얘기도 돌았습니다. 그건 조금 웃기는 상황으로 보셨겠네요?

많이 웃겼죠. 사람은 거짓말에 능하다는 말씀도 드렸는데, 또 인간이 잘하는 일 중 하나가 의인화입니다. 자신을 외부에 투사하는 건 역사뿐 아니라 역사 전에 남아 있는 고고학적인 자료, 그림이나 상징, 율동 등에도 남아 있습니다. 그런 점에서 람다에게 자의식이 있다는 것은 엔지니어가 의인화한 것에 불과하다고 봅니다. 인공지능 초기에 엘리자ELIZA라는 아주 단순한 대화형 인공지능을 두고 개발자가 엄청난 공포를 느꼈다고 해요. 실험 대상이었던 대학원생들이 엘리자에게 자기 속내를 털어놓는 걸 보고 깜짝 놀라서 결국 실험을 중단했습니다. 람다 논란도 이 일화와 비슷한 상황이라고 생각해요. 그러니까 엔지니어가 푹 빠져서 뭔가를 느낄 수 있죠. 그건 너무나 인간적인 반응입니다. 지금 챗GPT에 대해 보이는 반응도 인간이 신화를 지어내던 시절과 다르지 않다는 걸 확인시켜 줍니다. 이야기를 꾸미고 지어내고 그걸 보면서 좋아하는 것이 인간의 본성입니다. 그런 반응은 인간을 구성하는 특징이 드러난 것으로 봐야 합니다. 최소한 현생 인류는 그런 존재다, 이렇게 요약할 수 있습니다.

인공지능과 관련된 인간의 반응을 보면 인간이 무엇인지 좀 더 분명하게 보이는 것 같아서 흥미롭습니다. 그런 탐구가 철학과 인문학의 몫이니까 이런 때야말로 더더욱 개입해야 하겠고요. 그런 개입이 꼭 필요한 시기가 많지는 않거든요. 역사를 보면 과학 혁명 시기가 그랬고, 서양 근대 형성 시기가 그랬고, 세계 전쟁 시기가 그랬습니다. 이런 중요한 때 여러 사고실험이 있었고, 그 결과물이 수백 년 동안 영향을 끼쳤습니다. 아마 지금이 우리가 경험하고 있으면서도 동시에 근대 세계를 벗어나 인간을 다시 생각하게 하는 시점이 아닌가 싶습니다. 인공지능이 중요한 계기지요.

평균적이고 일반적인 영역에서는 인공지능이 잘 해석하는데, 좀 특수하거나 경계를 넘어서는 주제에 대해서는 오류가 많을 거라고 했습니다. 근데 첫걸음치고는 아주 놀라운 결과를 내는 것 아닐까요? 시간이 조금만 더 지나도 훨씬 개선되고 발전할 텐데, 오류에 대한 논의가 지금 필요할까요?

특수한 주제, 예를 들어 철학에서 하이데거나 비트겐슈타인이나 니체나 들뢰즈 같은 주제는 사실 저희 일반인에게 어렵게 느껴집니다. 그런 주제에 관해 질문해 보셨나요? 챗GPT나 딥엘로 철학 문헌을 번역해 보셨는지요? 얼마나 오류가 있었나요? 발전 속도를 감안하면 앞으로는 충분히 잘하지 않을까요?

크게 두 가지로 나눠볼 수 있을 것 같은데요. 첫걸음이 이렇게 대단하면 조금 지나서는 더 놀라운 뭔가를 보여주지 않을까 하는 것이 첫 번째 이슈이고, 두 번째는 철학 같은 분야라도 이미 해석이 완료된 것들을 조금만 더 세밀하게 학습하면 인공지능에게 별로 어려운 문제가 아닐 것 같다는 이슈입니다.

첫 번째 이슈를 보겠습니다. 저는 초거대 언어모델의 근본적인 한계를 주장합니다. 우선 '언어모델'이라는 점입니다. 언어모델은 언어 데이터 안에 있는 것만 처리합니다. 다음 단계는 멀티모달 형태로 가고 있습니다. 언어모델에서 멀티모달 초거대 언어모델로 간다는 게 무슨 변화를 의미할까요? 언어로 설명된 그림, 소리, 그 밖의 무엇들, 즉 인간 세계에 존재하는 다양한 것을 언어로 설명된 범위 내에 묶어둔다는 뜻입니다. 그래서 멀티모달 초거대 언어모델은 언어모델의 한계 안에서 작동할 수밖에 없습니다. 물론 수식이나 코딩은 기계가 잘 다루는 영역이니까 별문제 없겠죠.

그럼 한계가 뭘까요? 근본적인 장벽이 뭘까요? 온톨로지, 철학에서 '존재론'이라고 부르는 영역입니다. 온톨로지 문제를 해결해야 한 단계 비약이 가능합니다. '암묵지'란 설명하지 않더라도 알고 있는 지식입니다. 암묵지는 정보의 구멍이 너무 많습니다. 인간은 동물이기 때문에 진화의 역사에서 구멍을 알아채고 대처하는 법을 충분히 알게 됐습니다. 반면 기계는 암묵지를 처리하는 데 어려움과 제약이 많습니다. 언어를 비롯해 인간이 집어넣어 준 것에 국한된다는 한계가 있습니다. 인간이 주지 않더라도 스스로 입력할 수 있어야 합니다.

그래서 오류를 줄이려고 노력합니다. 사람들이 자꾸 고쳐주는 거예요. 고쳐주면 언어모델이 현실 세계를 반영하며 수정될 거라고 기대할 수 있습니다. 그런데 거기에도 한계가 있다고 생각합니다. 바로 비언어 때문이죠. 그림을 보거나 음악을 들었을 때 그 경험을 언어로 번역할 수 있을까요? 언어를 통해 다른 사람에게 전달할 수 있을까요? 기계는 주로 디지털 정보로 전환할 수 있는 시각과 청각 같은 '원격 감각'을 처리합니다. 언어를 비껴가거나 언어 바깥에 있는 현실의 많은 부분은 기계가 도저히 알 수 없습니다. 또한 인간이나 생명체는 촉각, 미각, 후각 같은 '근접 감각' 환경에서 살아갑니다. 이런 지점에서 기계에 비약적인 발전이 가능할지 의문입니다. 언어로 포착하고 설명할 수 없는 영역이 존재하는 한 인공지능의 번역과 해석은 한계를 가질 수밖에 없을 것입니다.

미국의 언어학자인 노엄 촘스키는 인간은 태생적으로 공통의 문법을 갖고 있다고 말합니다. 그런데 챗GPT는 문법을 배워서 언어를 구사하는 것이 아니죠. 챗GPT는 그간 우리가 옳았다고 생각한 언어이론이 사실은 옳지 않을 수도 있다는 걸 보여주는 사례 아닐까요?

촘스키 이론의 정식 명칭은 '변형 생성 문법Transformational Generative Gram-mar'입니다. GPT의 기반이 되는 생성Generative 트랜스포머Transformer 이론과 단어가 겹치죠. 그래서 촘스키가 GPT에 더 민감하게 반응하는 것 같습니다.

촘스키는 누구나 선천적으로 보편적 문법 능력을 가지고 있고 그 능력이 추후에 개별 언어로 발현된다고 말합니다. 문법이 무엇이냐는 사실상 중요합니다. 문법은 언어를 구사하는 규칙인데, 인공지능은 그런 규칙 없이 문법에 맞는 이야기를 합니다. 타고난 문법 능력 없이도 말을 하는 것이죠. 챗GPT가 말을 문법에 맞게 그럴듯하게 하니까, 이 지점에서 촘스키의 이론은 취약해질 수밖에 없죠.

이 사례를 인간한테 적용해 봅시다. 타고난 문법 능력이 없어도, 제 표현으로 바꾸자면, 사실은 '눈치만 있으면' 언어를 구사할 수 있습니다. 마치 앵무새처럼 문법 능력이 없어도 눈치만 있으면 적절히 말을 만들어 낼 수 있습니다. 그렇다면 눈치를 챈다는 것이 문법의 문제일까요?

눈치를 챈다는 것은 인간 사이의 상호행동, 사회적 관습, 비언어적인 영역에 해당하는 것 같습니다. 문법은 사람들의 삶 전체와 관련한 문제 중 일부라는 거죠. 문법은 언어의 의미와 관련한 규칙이므로 실제로는 인간 사이의 상호행동에서 차지하는 비중이 작습니다. 사람들이 살아갈 때는 문법보다 다른 영역이 훨씬 더 중요합니다. 가령 문법에 어긋난 외국어를 구사하는 것이 실제 상황에서는 별로 중요하지 않을 때가 많습니다. 심지어는 그 언어를 아예 못 해도 손짓 발짓 써 가면서 적당히 문제를 해결하죠. 마치 배가 고프거나 아플 때 배를 감싸 쥐는 것처럼 말이죠.

굉장히 광범위한 인간 행위의 문제를 좁은 의미의 문법으로 축소해서 언어학을 구축한 사람이 바로 촘스키입니다. 촘스키가 챗GPT를 비판하지만 다른 한편으로는 그 자신의 언어이론 역시 전제하는 바는 비슷하다고 할 수 있습니다. 언어를 의사소통이나 정보 전달 기호 정도로 본다는 점에서 그렇죠. 둘의 차이는 문법 능력이 타고난 것이냐 아니냐 정도입니다. 일차적인 평면적 의사소통을 전제로 해서 언어를 본다는 점에서는 같다고 할 수 있습니다.

AI 빅뱅
AI 빅뱅
AI 빅뱅
AI 빅뱅

창조성의 진화

새로운 인문학과 융합 교육

4장

창조성과 창의적 협력

1. 인공지능과 창조성/창의성[1]

(1) 창조성은 실험의 결과다

인공지능의 발전이 인간의 육체노동뿐 아니라 정신노동까지도 대신하게 될 것이라는 예측은 사람들에게 불안과 공포를 주고 있다. 새로운 일자리가 생겨날 것이라는 전망도 있지만, 사라지는 일자리가 더 많을 것이라는 예측이 더 현실적으로 느껴진다. 특히 생성 인공지능의 등장은 그런 우려를 한층 높였다. 이에 대한 대책 중 하나는 인공지능이 할 수 없거나 잘하지 못하는 일을 하는 것이다. 그런데 인공지능은 현재는 물론 앞으로도 당분간은 창조적인 일을 하지 못할 것으로 예측된다. 따라서 창조성은 과거에도 그랬지만 앞으로도 중요한 능력으로 남을 것이 분명하다. 창조성이 중요하다는 말은 예전부터

---

1 이 책에서 '창조성'과 '창의성'은 creativity의 번역어이며, 문맥에 따라 더 자연스러운 용어를 택했다.

있었지만 말이다.

먼저 창조성의 본질을 최대한 정확하게 규정하면서 논의를 시작하자. 창조성은 무언가를 최초로 만들어 내는 데 있다. 물론 새롭다고 다 창조적이라는 평가를 받는 건 아니다. 사회가 그것을 가치 있는 것으로 받아들여야만 그것이 창조적이었구나, 하고 회고적으로 확인되기 때문이다. 창조적인 것은 견뎌 배기고 살아남은 것이다. 행위가 됐건 생각이 됐건 물건이 됐건 어떤 결과물이 사전에 창조적인지 아닌지 알 수 없다는 뜻이다. 창조성은 일단 긍정적인 결과가 있고 난 후 거기에 내려지는 평가다. 그런데 창조적 결과는 반드시 실험을 거쳐야 생겨날 수 있다. 시간 순서에 따르면 실험이 원인이 되어 창조적 결과가 나오지만, 논리적으로 보면 창조적 결과가 원인이 되어 실험의 창조성이 확정된다. 이 점에서 실험은 결과와 무관하게 독자적이고 독립적이다. 실험은 결과를 놓고 평가되겠지만 결과를 모르는 채 행해질 수밖에 없다. 최선을 다해 무작정 실험해 볼 수밖에 없는 노릇이다.

창조성의 본질을 이해하지 못하면 '창조성이 중요하다'는 하나 마나 한 말만 되풀이하게 될 뿐 '어떻게 해야 창조성을 개발할 수 있는지'에 대해서는 한마디도 할 수가 없다. 나아가 창조성의 본질인 실험을 가로막는 일까지도 서슴지 않고 하게 된다. 실험은 미리 결과를 알 수 없다는 이유로 위험하다고 여겨지곤 하니까. 그러나 실험을 막으면서 그와 동시에 창조적 결과를 기대하는 건 자기모순이다. 창조성은 실험의 위험성을 이겨 내는 개인적, 사회적 용기와 그것이 실천될 수 있는 자유를 전제로 한다.

(2) '창조'의 두 의미

: 무에서의 창조^{creatio ex nihilo}와 상황 속 창조^{creatio in situ}

다음으로 '창조'라는 관념에 대해서도 살펴보자. 인공지능이 문장, 그림, 동영상, 음악까지 생성한다는 것이 체감되고 있다. 이 시점에 '창조'란 무엇인지 정리하고 가지 않으면 담론의 혼란이 더 커질 것이다.

'창조'라는 관념을 착상하는 데는 서로 다른 두 가지 접근법이 있다. 라틴어로 표현하면 'creatio ex nihilo'(크레아티오 엑스 니힐로, creation from nothing)'와 'creatio in situ'(크레아티오 인 시투, creation in situation)'가 바로 그것이다. 전자는 '무에서의 창조', 후자는 '상황 속 창조'로 각각 이해할 수 있다.

전자의 전형은 유대교에서 볼 수 있다. 우주가 '뿅!' 하고 생겨난다. 물론 창조주 신에 의해서. 그런데 이런 사고방식은 고대 그리스에서는 찾아볼 수 없다. 가령 초기 철학자인 파르메니데스^{Parmenides}는 '무에서는 아무것도 나오지 않는다(라틴어로 표현하면 ex nihilo nihil fit[엑스 니힐로 니힐 피트])'고 보았으며, 이는 그리스 사상의 뿌리에 해당한다. 그리스도교 철학을 정립한 건 1세기 전반기에 살았던 플라톤주의자 바울(바울로)이었는데, 무에서의 창조라는 착상은 결코 플라톤적이지 않다는 점이 특이하다.

그리스의 사고방식은 '이미 있는 무언가'에서 창조가 이루어진다는 발상으로 요약된다. 창조를 담당한 신 데미우르고스^{Demiourgos}는 이미 존재하던 질료(물질)를 변형해 무언가를 만들어 내는 '제작자'라는 뜻이다. 요컨대 그리스에서 창조란 변형으로서의 제작이다.

예술가의 창조는 어떤 성격을 지닐까? 19세기 전반기 서양 낭만주의는 '영감'과 '천재'를 강조했다. 예술작품은 하늘에서 뚝 떨어지는 것 같은 성격을 갖는다는 것이다. 낭만주의 예술관은 어떤 점에서는 그리스도교의 창조관을 공유한다. 하지만 예술이 재료를 변형해서 작품을 만들 수밖에 없다는 제약을 인정하는 한 결국 그리스적 창조관으로 귀결될 수밖에 없다.

내가 조사한 바에 따르면 1920년대쯤부터 예술가(화가)가 대학교수가 되면서 그리고 점점 창작에 종사하는 인구가 급증하면서, '영감'과 '천재'를 강조하는 낭만주의 예술관은 고별을 고한다. 마르셀 뒤샹의 〈샘〉이 이런 전환을 상징한다. 뒤샹의 모든 작품이 그런 건 아니지만, 적어도 〈샘〉을 비롯한 기성품(레디메이드)은 예술을 개념으로 뒤엎는 작업의 시초에 해당한다. 내가 보기에 개념으로 예술을 대체하려는 시도는 예술의 자살 시도다. 하지만 예술 작업을 하려 하는 모두가 낭만주의 예술가처럼 창작물을 만들지는 못했기에 20세기 개념예술은 예술의 큰 흐름을 형성한다. 비극도 이런 비극이 없다.

들뢰즈가 극찬한 프랜시스 베이컨처럼 여전히 감각을 고수하는 예술가의 흐름도 있다. 나는 예술의 본령이 이쪽이어야 한다고 주장한다. 이 문제를 둘러싸고 논란이 있는 게 사실이다. 어떤 관점에서건 예술작품의 창조와 창작에 '등급'이 있다는 점은 모두가 동의한다. 창작물의 수가 증가했어도 거기에 높은 등급과 낮은 등급이 있다는 걸

부인할 수는 없으니까.

　인공지능의 창작물은 어떤 수준에 있을까? 일단 무에서의 창조가 아니라는 점은 분명하다. 수많은 학습 데이터를 바탕으로 창조가 이루어진다는 점이 분명하니까. 그렇다면 그 등급은 어떻게 평가해야 할까? 이 대목이 논란의 중심이다. 나는 인공지능의 최상급 창작물과 인간의 최상급 창작물을 비교하는 것이 기준이어야 한다고 본다. 인간의 저급 창작물과 비교해서 인공지능도 그런 걸 만들 수 있다고 주장한들 큰 의미가 없으니까. 물론 인공지능이 평균 수준의 인간보다 더 잘 만드는 시점은 이미 도래한 것 같다. 그렇더라도 인간 사이에서 흔히 하듯 인공지능도 절대적 기준의 눈높이에서 평가하는 것이 필요하다.

　인공지능이 도움이 되는 측면은 '생성' 인공지능보다 '생산성' 인공지능에서 더 잘 찾아볼 수 있다고 본다. 번역이나 편집과 같은 일에서 '속도'를 높여주는 대목 말이다. 언어나 그림, 동영상 등의 영역에서 인공지능의 창작 수준이 향상되는 데는 한계가 있다. 최고의 창작은 언제나 기존의 최상급 창작물을 넘어서는 데서 나왔다. 니체가 인간을 높게 평가한 지점이 바로 '넘어섬'의 측면이다. 그렇다면 인공지능은 자기를 넘어설 수 있을까? 도대체 기계가 자기를 넘어선다는 게 가능한 일일까?

(3) 과거와 평균을 넘어가기

한 단계 더 파고들어 보자. 챗GPT나 번역기 등 언어 생성 인공지능에서 지식의 전문성이 커질수록 잘못된 정보나 오역이 더 잘 확인된다는 점에 주목할 필요가 있다. 예를 들어, 철학에 입문하기 위해 소크라테스의 책을 읽어보라는 챗GPT의 조언은, 철학을 전공한 사람이 보면, 소크라테스는 문맹이고 글을 쓰지도 않았다는 걸 알기 때문에 틀린 소리다. 분야마다 해당 전문 지식과 전문가가 있고, 그 지식에 비추어서 어떤 내용이 실제로 그런지 분별하고 판별하고 평가할 수 있게 마련이다. 챗GPT를 둘러싸고 한 가지 흥미로운 현상이 관찰된다. 즉 자기가 잘 아는 분야에 대해서는 챗GPT가 완전 바보라고 얘기하고, 잘 모르는 분야에 대해서는 챗GPT가 엄청나다고 말하는 경우가 많다는 점이다. 그런 것들을 보면, 자기 전문 분야의 지식domain knowledge, 자기가 기왕에 습득한 전문 지식이 언어 생성이나 언어 번역과 관련해서 중요한 평가 잣대가 되고 있다. 다시 말해 '평균적인' 수준의 정보를 생성하거나 문장을 번역할 때는 별문제를 제기하지 않지만, 평균에서 벗어나 있는 '변칙abnormal, anomaly'에 대해서는 크게 문제를 느낀다.

변칙이란 오랜 학습과 경험 속에서 얻게 된 '평균에서 먼 지식'이다. 인간한테 변칙이란 도대체 무엇일까? 인간 사고의 중심부에 있는 어떤 평균적이고 보편적인 것 말고, 예외적이고 난데없고 수적으로 너무 사례가 드문, 그렇게 '보통과 평균' 바깥에 존재하는, 경계 바깥쪽에 존재하는, 그래서 기존의 것을 넘어서는 것이 변칙이다. 그러니까 가령 평균적으로 빈도가 많은 중심부가 있고 중심부에서 바깥으로 갈수록 예외가 되고 특이한 게 되는데, 그것의 정체는 인간이 평균적으로 습득해 놓은 지식과 지혜, 즉 우리의 유산legacy을 넘어선 어떤 지점이다. 이를테면 정규분포 그래프의 롱테일이다. 넘어섰다는 건 두 가지 의미가 있다. 첫째는 엉뚱하고 삐딱하다는 뜻일 수 있고, 둘째는 기존에 없던 무엇인가로 한 단계 도약했다는 뜻일 수 있다. 후자를 창조적 혹은 창의적이라고 한다. 중심부란 '고인 물'이다. 그러니까, 옛날에 누군가가 이룬 것들이 안정적으로 자리 잡은 상태다. 현재 안의 과거형이다. 인간은 그걸 넘어서서 뭔가 다르고 더 재미있는 것을 추구해 찾아내고 만들어 내는 활동을 하고 있다. '의미 이해'나 '생각'의 본질을 고려할 때 주목할 지점이다. 현재 안의 미래라고 할까?

철학자 니체는 인간을 규정할 때 가장 중요한 특징으로 '자기 자신을 넘어서는 존재'라는 점을 지적한다. 이게 '초인Übermensch'의 의미와도 관련된다. 인간이되 자기를 넘어서는 존재로서의 인간, 넘어가기overcome oneself가 인간의 본질이다. 인간은 고인 물, 중심부, 평균지대에 멈춰 있지 않고 바깥쪽으로 가서 뭔가 새로운 것을, 유산에 창조적인 내용물을 계속 보태간다. 인간이 서로 새로운 걸 찾아서 인간의 공동 저장소pool에다가 계속 넣어주는 존재라는 점이 중요하다. 그런 활동이 인간의 본질이라고 니체는 규정했다. 이게 왜 중요할까? 인간의 사고 활동, 생각 활동에서 가장 중요한 면은 남들이 하지 않았던, 하고 있지 않은 활동을 한다는 점 아닐까? 이게 결국 생각과 이해 같은 말의 진정한 의미가 아닐까? 과학과 예술과 철학과 여타 온갖 종류의 발명과 창조 작업이 일어나는 지점은 유산의 바깥쪽이고 이와 관련된 활동이 생각과 이해의 본질이다. 유산의 안쪽, 즉 유산에 머무는 것은 생각과 이해의 본질이라고 할 수 없다. 결국 인간이 무엇인지 묻게 된다. 평균적인 것은 반복이다. 평균을 넘어서는 것을 사람들에게 소개하는 활동이 인간의 생각과 이해의 진정한 의미라고 주장해 볼 수 있지 않을까?

인간이 만든 최고의 발명품 중 하나인 인공지능을 통해 인간이 무엇인지 다시 발견하게 되었다. 기묘한 상황이다. 언어는 단순히 정보를 주고받는 수단이 아니다. 기계 번역이나 챗GPT 같은 언어 생성 인공지능은 언어에 확정적인 의미가 있다고 보고 정보 교환 수준에서 언어를 다룬다. 하지만 이를 넘어 뭔가 더 창조적인 활동을 수반하는 것이 언어의 더 본질적인 측면 아닐까? 따라서 본래 언어는 기계가 처리하는 수준 바깥쪽에 있다고 생각할 수 있다.

2. 인공지능의 발달에 따른 예술 창작 주체의 문제

인공지능 기술이 빠른 속도로 발전하면서 인공지능이 인간만의 특권적 활동인 예술 창작 영역까지 넘보는 것 아니냐는 우려와 기대가 교차하고 있다. 이 문제를 살피는 데 있어 검토해야 할 세부 사항은 세 가지다. 첫째, 현대인은 예술을 무엇이라고 생각할까? 둘째, 인공지능은 예술작품 창작의 주체일까, 도구일까? 셋째, 오늘날 창작과 창의성의 의미는 무엇일까?

결론부터 말하면, 인공지능은 다른 분야에서 응용될 때와 마찬가지로 예술 창작에서도 유용한 '미디어'이자 '도구'일 수 있다. 하지만 현재의 인공지능 수준과 가까운 미래에 개발될 인공지능 수준을 보면, 인공지능은 어디까지나 미디어일 뿐 창작 주체가 될 수는 없다.[2]

여기서 '창작 주체'라는 말은 '인간 예술가'가 수행하는 작업의 특성을 기준으로 삼았을 때 인간과 유사한 작업을 수행하느냐와 관련된다. 비교할 준거가 없으면 어떤 진술의 의미도 확정될 수 없으므로, 우리가 통상 염두에 두는 '창작 주체'인 인간 예술가를 기준으로 놓는 것이 좋겠다는 말이다. 이는 모든 예술가가 신과 같은 작업을 하는 '절대적 주체'라는 뜻도, 전통적 의미의 '천재'라는 뜻도 함축하지 않는다. 또한 사람마다 편차가 크기 때문에, 모든 인간이 '창작에 능하다'는 뜻을 함축하지도 않는다. 이런 점을 고려하면서, 인공지능은 '주체'가 아니라 '미디어'일 따름이라는 것이 나의 잠정적 결론이다.

인공지능은 예술작품 창작에서 훌륭한 역할을 수행할 수 있다. 하지만 창작 '주체'로서가 아니라 '도구'로서 그러하다. 예술 창작은 작품을 결과물로 만들어 내지만, 뭔가를 만들어 내는 그 작업은 '공학'이 아니라 '미학'의 문제다. '인공지능 예술작품'을 논할 때 그 누구도 '순수 공학'의 문제로 생각하지 않는다. 이것이 인공지능의 작품 창작과 관련해 보통 사람들이 계속 의문을 품는 이유다. 과연 '창작'과 '창의'라는 말이 인공지능이 수행한 작업에 어울리겠느냐 하는 의문이다.

---

2 앞의 2장 참조.

관건은 지난 250년 동안 인간이 행해왔던 창작 활동과 똑같은 활동을 인공지능이 행할 수 있느냐다. 인간도 순수한 자유의지가 없다든지, 하늘 아래 새로운 창작은 불가능하다든지, 인공지능을 활용한 작품이 더 뛰어날 수 있다든지, 근대적 예술 개념이 너무 높은 기준을 요구한다든지 하는 반론이 많이 제기되지만 이것들은 핵심을 빗나가 있다. 사람들은 '인공지능' 예술가가 인간 예술가와 같은 작업을 하는지 궁금하다. 인공지능과 인간 중 어느 쪽 결과물이 더 뛰어난지는 핵심 관심사가 아니다. 결과물의 질이 같더라도 결과물이 과연 '예술적 창의성'에 부합하는지가 요점이다. 인간에게도 훌륭한 작품을 거의 구별할 수 없을 정도로 '모사'하고 '모방'하는 일이 자주 있다. 특히 습작 단계에서 이런 일은 거의 필수적이기까지 하다. 하지만 이 결과물이 '창의적'이라거나 '예술적'이라고 평가하는 데에는 누구라도 인색하다.

　이 점을 알아보기 위해서는 인간 창작자와 인공지능을 비교하면 충분하다. 요점만 말하면, 인간 창작자는 자기 작품을 내보이기 전에 반드시 자체 평가 과정을 거치는 반면 인공지능은 프로그램에 따라 무작위로 작품을 내놓는다. 인공지능은 원리상 평가 기준을 내장하고 있지 않으며, 평가는 인공지능에게 일을 시키는 인간이 떠맡는다. 인공지능은 물감, 대리석, 피아노, 글자, 몸 등과 똑같은 층위에 있는 도구나 미디어에 불과하다. 물론 도구나 미디어는 그 자체의 관성과 저항력을 갖고 있어서 잘 다루어야 한다. 하지만 도구나 미디어가 스스로 창작 작업을 하는 일은 불가능하다. 설사 그런 일이 생기더라도 그건 자연의 우연한 작업에 비견할 수 있을 뿐이다. 해변에 파도가 새겨 놓은 멋진 조형이나 산길에서 우연히 마주한 풍경 같은 것 말이다.

인간이 인공지능보다 우월하다고 강조하는 것은 아니다. 많은 점에서 인공지능이 인간보다 뛰어나다. 다만 '평가'하는 일만은 인간의 고유한 특징이다. 이 점에서 어쩌면 예술 창작은 인간의 마지막 보루로 남을지도 모른다.

인공지능의 창작 과정은 다른 소프트웨어를 활용한 창작 과정과 근본적으로 다르지 않다. 작가는 인공지능을 코딩하고 그 결과물이 자기 마음에 들지 않으면 코딩을 수정한다. 혹은 프롬프트를 이리저리 수정한다. 우연과 무작위성을 중시하는 작가여도 마찬가지다. 결과의 우연성이 아무리 크다고 할지라도 결과물이 예술가의 예상을 벗어나는 일은 없어야 한다. 작가적 창작 의도에 부합해야 한다는 말이다. 만일 작가가 최종적으로 내보이고 싶은 것과 다른 결과가 나온다면 그건 차라리 예술가의 실수라 불러야 하리라. 적어도 결과물은 작가가 기대하고 예상하는 범위 안에 있어야 하며, 그게 아니라면 굳이 낡은 개념인 '작가'를 자칭할 필요도 없을 것이다. 결과물에 대한 작가적 의도가 없으면 250년 동안 인간이 '작품 창작'이라고 불렀던 것과 아무런 공통점이 없다. 앞으로 작가의 과제는 결과물을 얼마나 잘 설계하느냐, 인공지능을 도구나 미디어로서 얼마나 잘 다루느냐일 것이다.

딥러닝을 이용한 인공지능은 의사결정 과정을 인간이 알지 못한다는 점에서 '블랙박스'에 비유되곤 한다. 주행 기록장치인 블랙박스 말고 블랙홀의 '블랙'처럼 캄캄한 암흑 상자인 블랙박스 말이다. 물론 예술가는 블랙박스를 이용해 작업을 시도할 수 있다. 이 점이 전통적인 미디어아트와 구별되는 점이기도 하다. 이 맥락에서 인공지능 예술은 19세기 낭만주의 이래의 '창작' 개념에 맞선 가장 큰 도전이다.

창작이란 무엇일까? 20세기 동안 레디메이드, 추상표현주의, 팝아트, 개념예술도 있었지만 과연 이런 작업이 '창작'에 대한 도전이었을까 아니면 '창작'의 포기였을까? 이들은 작가 없는 예술의 시도였을까 아니면 작가의 흔적을 최대한 남기려는 모험이었을까? 인공지능 예술도 이 물음들과 같은 계열에 놓여 있다. 비록 인공지능이 인간 예술가와 같은 창작 주체가 아니라는 것이 분명하더라도, 과연 인간은 어느 정도까지 창작 주체인 걸까?

나아가 이 물음들은 더 본질적인 질문을 끄집어내게 한다. 인공지능 시대에도 전통적 창의성 개념이 여전히 적용 가능할까? 창의성 개념은 수정되어야 하는 걸까? 창의성을 기르는 교육 방식은 어떠해야 할까? 서두에 던진 물음처럼, 오늘날 창작과 창의성의 의미는 무엇일까? 인공지능의 등장과 더불어 창의성 개념에 대한 검토가 새삼 필요해진 것 같다. 뒤에서는 이 물음들을 더 깊게 검토해 볼 것이다.

3. '예술' 및 '미학'의 발명과 '창의성' 개념의 탄생

이 점을 조금 더 살피기 위해서는, 현대인은 예술을 무엇이라고 생각하며 오늘날 창작의 의미가 무엇인지 짚어볼 필요가 있다. 일반인들이 잘 모르고 있지만, 20세기 내내 통용됐고 현재도 통용되고 있는 '예술fine arts, beaux-arts' 개념이 정립된 것은 기껏해야 18세기 전반기다.[3]

그 전까지는 엄밀한 의미의 '예술' 현상이나 개념이 존재하지 않았다. '예술'이 하나의 개념으로 정립된 건 18세기 초중반이며, 이에 상응해 '미학'이라는 이름과 분과가 만들어진 것은 1735~1750년이다. 요컨대 '예술'은 극히 최근의 발명품이다. 이런 역사성을 간과하면 논의가 겉돌기 쉽다.

먼저, '예술'이라는 개념이 어떻게 성립됐는지 살펴보자. 예술이 '하나의' 개념으로 정립된 것은 프랑스 철학자이자 작가 샤를 바퇴Charles Batteux(1713~1780)에 의해서다. 바퇴는 1747년에 『단 하나의 원리로 환원되는 예술Les beaux arts reduits a un meme principe』을 출판했다(Batteux, 2015). 책 제목에 등장하는 "단 하나의 원리"라는 말이 암시하는 것처럼, 그 전까지는 예술이 '여러 원리'에 의거했으며, 각 원리에 따라 '회화, 음악, 조각, 시, 춤 등'은 공통점이 없는 서로 다른 활동으로 이해됐다.

동아시아를 비롯한 다른 문화 전통에서는 말할 것도 없고 서양의 사례에서도 이 점은 분명하다. 가령 플라톤은 폴리스의 지도자를 교육하는 과정에서 조화에 바탕을 둔 음악의 중요성을 강조했지만, 이

---

3 오병남, 1975; 김재인, 2017b; Kristeller, 1951, 1952; Shiner, 2015.

중의 모방이어서 존재론적으로 열등한 회화와 시(서사시, 비극)는 폴리스에서 추방해야 한다고 주장했다. 이 점에서 '음악'과 '회화 혹은 시'는 플라톤 입장에서 상극인 활동이었다. 예술이 '하나'의 활동이자 개념으로 여겨지지 않았었다는 말은 그런 뜻으로 이해해야 한다. 나아가 '예술' 개념이 발명된 후에야 과거의 유산 중에서 예술에 속하는 것들이 비로소 변별될 수 있었고, 사후 평가를 얻을 수 있게 됐다.

바퇴의 저술은, 18세기 전반 유럽에 와서야 오늘날 우리가 '예술'이라고 알고 있는 여러 활동이 공통된 하나의 원리, 즉 '미적인 것'을 추구한다고 여겨지게 됐음을 증언한다. 바퇴에 따르면, 예술은 '아름다운 자연belle nature의 모방'을 통해 우리에게 즐거움을 준다. 물론 예술 개념이 문헌으로 정립되기에 앞서 사회의 일반적인 동의가 형성됐음은 대체로 분명하다. 그렇더라도 바퇴의 저술보다 훨씬 전으로 거슬러 가기는 어렵다.

이후 시간이 지나며 다양한 미디어가 발명됐고 사진, 영화, 미디어 아트, 행위예술 등이 '예술'의 자격을 획득했다. 각 장르가 등장할 때마다 숱한 논란이 있었지만, 결국은 저 하나의 원리를 추구한다는 이유로 '예술'에 추가될 수 있었다. 이처럼 '예술'은 18세기 서양에서 탄생한 독특한 '가치 지향'과 관련되며, 이는 오늘날의 예술 이해에서도 여전히 주요한 역할을 한다. 따라서 인공지능과 예술의 관계를 고찰할 때도 이 점은 끝까지 유념해야 한다.

한편 예술과 관련된 이론적, 실천적 학문으로서 '미학'은 독일 철학자 바움가르텐Alexander Gottlieb Baumgarten (1714~1762)에 의해 탄생했다. 바움가르텐은 1735년 「시에 관한 몇몇 사항에 대한 철학적 성찰Meditationes philosophicae de nonnullis ad poema pertinentibus」이라는 박사학위 논문에서 처음으로 '미학aesthetica'이라는 표현을 썼다. 그는 미학을 '시학의 철학philosophia poetica', '보편 시학Poetica Universalis', '미의 학die Wissenschaft des Schonen'이라고 규정함으로써 예술 창작을 위한 학문이라는 점을 분명히 했다. 지병으로 인해 원래 구상을 다 완성하진 못했지만, 바움가르텐은 『미학』(1750, 1758)이라는 제목의 책을 저술했다.[4]

문헌을 보면, 바퇴와 바움가르텐은 서로의 작업에 대해 알지 못했을 가능성이 아주 크다. 하지만 '미학'의 탄생은 당연히 '예술' 개념의 정립과 나란히 갈 수밖에 없다. 학문과 창작의 대상으로서 '예술'이 없었다면 미학이라는 학문은 애초 성립하지 못했을 것이기 때문이다. 따라서 '예술'과 '미학'이라는 쌍은 당대의 시대정신을 반영했다고 볼 수 있다.

바퇴와 바움가르텐의 작업은 18세기 전반기 유럽인의 시각을 대변했다고 보인다. 저들은 근대의 대표적 '가치' 중 하나로 '예술'을 발명했다. 예술과 미학의 탄생은 서양 근대인의 역사적 성취를 보여준다. 훗날 니체는 "실존은 미적 현상으로서 우리에게 여전히 감당할 만하며, 그런 현상을 우리 자신으로부터 만들어 낼 수 있다"라고 극찬한 바 있다. 니체가 일차로 염두에 둔 건 희랍 비극이었지만, 그의 논의

---

4 Baumgarten, 2019.

는 근대의 발명품인 예술을 기축으로 삼고 있다.

오늘날에도 '창작'의 의미는 250여 년 전의 개념에서 멀리 떨어져 있지 않다. 우리는 자연에서 '미적' 현상을 발견하면 '예술이다!'라고 찬사를 보내지만, 이때 '예술'은 오직 비유적인 의미일 뿐이다. 역사나 일상에서 일어나는 몇몇 경이로운 사건을 예술이라고 칭할 때도 마찬가지다. 요컨대 인간의 예술작품 창작 활동이 모든 창작의 '으뜸 본보기'이고, 다른 유사한 사례들은 더 놀라운 결과를 보이더라도 단지 비유에 불과하다.

이 지점에서 우리는 '예술적 창의성'을 언급하지 않을 수 없다. '창의성'을 보여주는 대표적 활동으로 '예술'을 꼽을 때 근대 예술과 미학의 의미가 더 도드라진다. 현대인의 시각에서는 놀라운 일이지만, 굉장히 오랫동안 '창의'가 아닌 '모방'이 더 뛰어난 평가를 받곤 했기 때문이다. 가령 17세기 프랑스의 이른바 '신구논쟁' 및 18세기 독일어권의 '라이프치히와 취리히 문학 논쟁'은 고대 문학의 모방과 현대 언어의 취향 사이에 어느 쪽에 가치를 두어야 하느냐 하는 주제를 둘러싸고 벌어진 대결이었다. 긴 논쟁 끝에 승리는 '창의'와 '취향' 쪽으로 돌아갔고, 바움가르텐의 '미학'은 이 승리를 이어받았다. '창의성'에 대한 존중과 그에 맞물린 '개인'의 발견은 18세기 유럽 혹은 서양 근대의 성취였다. 더 먼 옛날의 성취에 대해 '창의성' 개념으로 설명하는 건 소급 효과라고 보아야 한다. 근대의 또 다른 성취인 과학적 창의성도 이런 맥락에서 성립할 수 있었다고 볼 수 있다.

그렇다면 18세기에 확립된 창의성 개념의 핵심은 무엇일까? '천재'와 '영감'을 통해 설명되곤 했던 낭만주의적 이해는 올바른 것이었을까? 오늘날 유의미하게 받아들일 수 있는 창의성 개념은 무엇이어야 할까? 다음 절에서는 근래의 창의성 연구를 집대성했다고 평가되는 저명한 심리학자이자 교육학자인 미하이 칙센트미하이Mihaly Csikszentmihalyi(1934~2021)의 작업을 검토하면서 최근까지 유효하게 받아들여진 창의성 개념의 내용을 살펴도록 하겠다.

4. 창의성 개념 규정: 미하이 칙센트미하이의 '시스템 관점'을 중심으로

칙센트미하이는 "창의성이란 무엇인가What is creativity?"라는 물음을 "창의성은 어디에 있는가Where is creativity?"라는 물음으로 바꾸었다.[5]

물음의 변경은, 칙센트미하이 본인이 비유했듯, 가히 코페르니쿠스 혁명이라 부를 만하다. 왜냐하면 그 전까지 창의성은 개인의 심리 및 재능과 관련해서만 고찰됐을 뿐 사회적, 문화적 요인은 고려되지 않았기 때문이다. 새로운 물음 아래에서 개인은 창의성의 중심에 있지 않고 오히려 다른 여러 요인과 얽혀 있는 한 요소에 불과한 것으로 새롭게 자리매김한다. 개인을 중심으로 세상이 돌아가는 게 아니라 개인이 세상의 일부가 된다는 점에서 분명 코페르니쿠스 혁명에 해당

---

[5] 최인수, 1998a, 1998b, 2000, 2011; 문태형, 2000; Csikszentmihalyi, 1999, 2003, 2014.

한다.

칙센트미하이는 '창의성에 대한 시스템 관점A Systems View of Creativity'을 제안한 1988년의 저 유명한 논문 서두에서 다음과 같이 말한다.

"우리는 개인들과 그들의 작업을 그 행동이 수행되는 사회적, 역사적 환경과 격리해서 창의성을 연구할 수 없다. 이는 우리가 창의적이라고 부르는 것이 결코 개인의 행동만의 결과가 아니기 때문이다. 그것은 다음 세 가지 주요 형성력의 산물이다. 첫째, 개인들이 생산한 변이 중에서 보존할 가치가 있는 것을 선별하는 사회 제도의 집합, 즉 현장(field), 둘째, 선별된 새로운 아이디어나 형태를 보존하고 다음 세대에 전달할 안정된 문화 영역(domain), 끝으로, 영역 안에서 약간의 변화, 즉 현장이 창의적이라고 여길 변화를 가져오는 개인(individual)이 그것이다. … 그래서 "창의성은 어디에 있는가?"라는 질문은 사람과 사람의 작업만 참조하여 답변할 수 없다. 창의성은 이 세 가지 시스템 간의 상호작용에서 비롯되는 현상이다. 혁신이 가능한, 문화적으로 정의된 행동 영역이 없으면 사람은 시작조차 할 수 없다. 그리고 혁신의 적응성을 평가하고 확정하는 동료 집단이 없으면 창의적인 것과 단순히 통계적으로 있을 법하지 않은 것 혹은 기이한 것을 구별하는 것

---

6 Csikszentmihalyi, 1988/2014: 47-48.

이 불가능하다."[6]

이에 대한 칙센트미하이의 설명은 시간이 가면서 더 정교하게 발전되지만, 그렇긴 해도 처음의 아이디어에서 달라지는 건 거의 없다. 칙센트미하이는 세 가지 시스템, 즉 현장, 영역, 개인을 함께 고려해야 창의성을 이해할 수 있다고 주장한다. 나아가 이 셋은 시간의 흐름에 따르는 나선형 상승 관계를 맺고 있다. 이렇게 첫 모습을 드러낸 시스템 관점은 다음과 같은 최종 도식으로 완성된다.

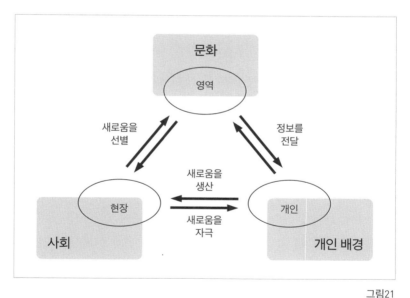

그림21
출처: Csikszentmihalyi (1995, p.315)

창의성의 시스템 관점. 창의성이 발생하기 위해서는 일련의 규칙과 실천이 영역에서부터 개인에게로 전달되어야 한다. 그다음 개인은 영역의 콘텐츠 안에 새로운 변이를 생산해야 한다. 그리고 영역 안에 포함될 변이가 현장에 의해 선별되어야 한다.

이 도식을 참조하면서 각 시스템을 더 자세히 살펴보자. 칙센트미하이[7]는 우리가 '영역'에서 출발한다고 말한다. 영역이란 우리가 문화라고 부르는 상징적 지식 혹은 상징적 규칙과 절차의 집합이다. 수학, 음악, 회화 등은 각각 영역인데 더 세분하면 대수, 집합론, 미적분 같은 것도 영역이라 할 수 있다. 각 영역은 나름의 상징체계를 발전시켜 왔으며, 보존할 만한 정보를 다음 세대로 전달한다. '개인'은 진공 상태에서 시작하는 것이 아니라 이렇게 전수된 문화유산을 자양분으로 삼는다. 개인은 유의미한 변이를 산출할 위치에 있다. 그리하여 개인은 다음 세대에 전달될 새로운 정보를 덧붙이는 방식으로 영역을 변화시킨다. 하지만 개인이 진정으로 유의미한 변화를 낳았는지 검증이 필요하다. 바로 이 검증을 수행하는 시스템이 '현장'이다. 현장은 일종의 문지기 역할을 하는 사람들로 구성되어 활동하는 곳이다. 새로운 아이디어나 창작물이 미래 세대에 전할 가치가 있다면 현장은 그 것을 영역에 추가한다. 가령 시각 예술 현장은 미술 교사, 큐레이터, 미술 수집가, 미술가, 비평가, 문화 관련 재단과 정부 기관 등으로 이루어진다. 현장은 새로운 작품을 평가하고 확정하고 보존한다. 이런 맥락에서 '창의성'은 영역에 추가될 만한 새로움을 산출하는 개인 작업이라고 할 수 있다. 하지만 앞서 본 것처럼 세 시스템이 서로 엮여서 작동하기 때문에 창의성의 발현에서 개인은 필요조건일 뿐 충분조건일 수 없다.

---

7 Csikszentmihalyi, 2003, 31–33.

칙센트미하이는 자신의 시스템 관점을 '문화적 진화'라고 부르면서 생물학의 '진화론'에 비견한다. 그가 '변이', '선별', '전달'이라는 용어를 쓴 까닭도 실은 그것이 모든 진화 과정의 주요 국면이기 때문이다. 진화가 일어나는 건 환경에 의해 선별되어 다음 세대로 전달되는 변이를 개별 유기체가 생산할 때다. 창의적 과정에서 보면, 개체 수준에서 일어나는 변이는 사람의 기여고, 선별은 현장의 기여며, 전달은 영역의 기여다.

하지만 생물학적 진화에서는 정보가 염색체 안의 화학 코드 변화를 통해 일어나지만 문화적 진화는 몸 바깥에서 일어나는 코드화된 정보의 변화와 관련된다고 칙센트미하이는 옳게 지적한다. 그는 리처드 도킨스의 유명한 개념인 '밈meme'을 활용한다. 밈은 유전자와 달리 후천적 학습을 통해 세대에서 세대로 전달되는 '정보 단위'다. 기술, 언어, 예술, 종교 등의 '영역'마다 규칙에 따라 서로 연관된 밈들이 있다. 이 개념을 빌리자면, 영역은 시간을 통해 변화하는 밈들의 시스템이며 밈들을 바꾸는 것이 창의적 과정이다. 인간의 역사에서 밈은 아주 느리게 변화해 온 것 같다.

그런데 칙센트미하이가 '창의성' 개념을 해명하면서 도킨스의 '밈' 개념을 활용한 건 실수로 보인다. 창의성은 진화 혹은 새로움의 발명과 관련되지만, 밈은 유전 혹은 같은 것의 재생산과 관련되기 때문이다. 따라서 칙센트미하이는 본의 아니게 논점을 일탈해 버렸다.

현대 생물학의 양대 축은 아마 진화와 유전일 것이다. 유감스럽게도 이 둘은 상반된다. 유전이 같은 것의 전수를 설명한다면 진화는 다른 것의 생성을 설명한다. 물론 유전도 돌연변이 현상을 설명한다. 하지만 돌연변이가 어떻게 새로운 지배적 개체군을 형성하고 따라서 새로운 종의 생성을 가져오는지를 설명하는 건 진화다. 진화, 곧 새로운 종의 생성이 그 자체로 진보인 건 아니다. 옛 종이 여전히 생존해 있다면 두 종은 자연에서 평등하다. 진화가 발전을 의미하는 게 아니라는 점은 생물학에서 잘 알려져 있다.

유전과 진화 둘 모두에 결정적인 건 환경이다. 시간의 흐름 속에서 환경이 대체로 일정하면 유전이 득세하고, 급변하면 진화가 가속한다. 따라서 생물학에서 고려해야 하는 가장 중요한 요인은 바로 환경이다(이것이 생태학 관점이다). 환경은 특정 종 혹은 지배적 개체군을 둘러싼 먹이와 포식자 같은 유기 환경과 빛, 온도, 물, 광물 같은 무기 환경 그리고 화산폭발, 지각변동 같은 지질학 요인과 운석의 충돌 같은 우주적 요인 등을 모두 포함한다. 물론 환경의 변화는 우발적이다. 변화는 갑자기 일어난다. 이 때문에 험준한 산꼭대기에서 조개 화석이 발견되고 북극 빙하에서 얼어붙은 매머드가 발견된다.

유전의 관점에서 우연에 의존하는 돌연변이는 급변하는 환경에 대처하기에 너무 느리다. 즉 진화 전에 멸종이 닥친다. 비교적 짧은 시간에 급변에 대처하기 위해서는 생물에 어떤 힘이 내장되어 있지 않으면 안 된다. 니체는 이 힘을 '권력의지der Wille zur Macht'라 불렀고, 베르그손Henri Bergson은 이를 '생의 약동elan vital'이라 불렀다.

진화와 유전이 어느 정도 보편적 지식이 된 후에, 생물학자이자 인류학자이며 사이버네틱스의 창시자 중 하나인 그레고리 베이트

슨Gregory Bateson(1904~1980)은 이를 다른 방식으로 설명했다.[8]

베이트슨의 이론을 풀어보면 다음과 같다. 생물은 진화 과정에서 형성된 유전자 풀pool에서 버릴 게 하나도 없다. 왜냐하면 생명은 유전자에 기억된 유전체 기능의 도움을 받았던 적이 있기 때문이다. 따라서 특정 유전 정보를 지금 당장 써먹지 않더라도, 마치 윈도 시스템에서 여러 프로그램이 공동으로 활용할 수 있는 함수인 DLLdynamic-link library(동적 링크 라이브러리)처럼, 필요할 때 써먹기 위해 유전자 풀에 담아놓은 채 특정 유전체의 작동 스위치만 꺼놓고 있을 뿐이다. 지금 당장 사용하지 않더라도 DLL은 언젠가는 제 역할을 할 것으로 기대된다.

급변한 환경에 맞닥뜨려 생물이 동원하는 건 결국 생명이 발명하고 저장해 놓았던 유전자 풀 전체일 수밖에 없다. 특정 조건에서 생물은 생명으로서 유전자 풀 전체에 기억된 정보를 조합한다. 개별 유전자 내 유전체들의 활성화 스위치를 다시 끄고 켜는 방식으로 말이다. 만일 생명이 이 일에 실패했다면 현존하는 생물은 없으리라. 이것이 생명의 힘이다.[9]

칙센트미하이가 베이트슨의 방식으로 '영역'을 설명했다면 훨씬 더 설득력이 있지 않았을까 생각한다. 베이트슨의 '유전자 풀'에 대응하는, 몸 밖의 정보들로 이루어진 '문화 풀'이 바로 칙센트미하이가 강조하려 한 '영역'이다. 나아가 '유전자 풀'이 없다면 '문화 풀'도 작동

---

8 Bateson, 1979.

하지 않는다는 점은 명백하다. 유전자가 뒷받침하지 않는 표현형은 있을 수 없고, 문화란 몸 밖의 기억, 즉 '사회 기억'이기 때문이다. 문화 풀 혹은 사회 기억을 유전자와 분리하려는 시도는 생물학, 고생물학, 인류학 같은 분야의 고찰을 통해 볼 때 부적절하다. 문화의 발현은 전적으로 유전자에 의존하며, 유전자의 잠재력은 문화에 내재하는 씨앗과도 같다. 다음 절에서는 이 점을 최대한 실증적으로 살펴보겠다.

5. 창의적 종의 출현과 창의적 협력

고생물학자이자 인류학자이며 선사학자인 앙드레 르루아구랑André Leroi-Gourhan(1911~1986)은 이미 꽤 오래전에 이 문제를 흥미롭게 논한 바 있다.[10] 우선 르루아구랑은 인간의 뇌보다 발이 먼저라고 주장한다. 뇌 발달이 정점에 이르고 난 후에야 생물학적 진화를 능가하는 비약적 속도로 사회 문화적 진화가 시작된 게 맞지만, 뇌 발달은 우연한 결과인 '직립 자세' 이후에 이루어진 것이다. 약간의 화석, 뼈, 도구, 벽화, 유적 등 이용할 수 있는 선사 시대 자료가 별로 없었는데도 불구하고 이런 점을 통찰한 건 르루아구랑의 업적이다.

9　『자연은 어떻게 발명하는가』의 저자인 고생물학자 닐 슈빈(2022)은 '시행착오, 표절, 도용' 등을 통해 진화가 일어난다고 설명한다. 많은 실증을 제시했는데 근본적으로는 베이트슨의 아이디어와 같다.

10　김재인, 2021; Leroi-Gourhan, 1964, 1965.

뇌 발달은 '기술, 언어활동, 예술'을 동시에 낳았다. 이 삼중 활동의 바탕에는 상징을 통한 '추상' 능력이 자리하고 있다. 여기서 '기억'이 중요한 역할을 한다. 기억이란 "행위 사슬이 각인되는 매체"[11]로서, 동물 행동을 가능케 하는 '종種 기억'(유전자에 저장), 인간 사회에서 행동을 되풀이할 수 있게 해주는 '민족 기억'(언어 상징에 저장), 기계의 연쇄 동작을 반복 가능케 해주는 전자적인 '인공 기억'(전자 매체에 저장) 등이 모두 '기억'에 속한다. '민족 기억'이란 용어는 '사회 기억'이란 말로 번역할 수 있다. 기억의 의미를 이렇게 이해할 때, 다른 모든 생물과 구별되는 인간의 특징은 엄청난 기억 능력이다. 생물학적 기억을 넘어선 '사회 기억'과 '인공 기억'은 인간한테만 발견된다. 인간 지능의 본질은 이런 넓은 의미의 기억이다.

사실 몸돌을 깨서 간단한 석기를 만드는 일만 보더라도 엄청난 기억 능력이 필요하다(그림22). 재료가 되는 돌을 깨는 방향과 순서가 정해져 있어 한 단계라도 어긋나면 원하는 결과물이 나오지 않는다. 또한 도구는 사용하기에 앞서 제작되고, 사용할 때의 상황을 염두에 두고 만들어진다. 언어도 마찬가지다. 미리 만들어지며 사용할 상황에 대비한다는 점에서 단어는 도구와 유사하다. 제작 동기와 제작 시점, 사용 목적과 사용 시점 간의 간격을 메워주는 기억 능력은 인간에 가장 가까운 유인원에게서도 찾아볼 수 없다.

이제 기억은 '상징의 외부화'라는 현상으로 이어진다. 상징을 몸 바

11　Leroi-Gourhan, 1965: 269.

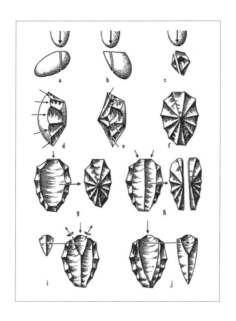

그림22 석기 제작 과정
출처: Leroi-Gourhan(1964, p.144)

깥에 둔다는 건 즉각적이고 자동적인 반응이 아니라 훗날의 사용에
대한 예상과 관련되며, 보통의 동물에서 볼 수 있는 행동의 직접성과
즉각성에서 벗어났다는 것을 뜻한다. 이러한 '사회 기억'에 대해 르루
아구랑은 이렇게 요약한다. "가장 놀라운 물질적 사실은 확실히 도구
의 해방이지만 실제로 근본적인 사실은 언어의 해방이며, 인간이 소
유한 이런 유일무이한 특성은 자신의 기억을 자기 바깥에, 사회 조직
안에 위치시켰다는 점이다."[12]

---

12 ibid., 1965: 34.

외부화한 상징 혹은 사회 기억은 칙센트미하이가 '영역'이라고 부른 문화 풀이다. 하지만 사회 기억은 진화 과정에서 유전자에 새겨진 기억이기도 하다. 바로 뒤에서 확인하겠지만, 인간에게 종의 기억과 사회 기억은 동시에 진화했기 때문이다. 요컨대 사회 기억은 인간종(호모 사피엔스)의 고유한 특질이며, 사회성은 인간의 본질이다.

그런데 르루아구랑이 활동하던 시기가 너무 오래전이어서 최신 연구 동향을 반영하지 않은 옛 학설에 불과하다는 의구심이 들 수도 있으리라. 하지만 기본 통찰 면에서 최신 연구와 일치한다는 점이 더 놀랍다. 인류학자 아구스틴 푸엔테스Agustin Fuentes는 최근까지의 실증적 연구를 반영한 저술에서 르루아구랑의 통찰을 확인해 준다.[13] 또한 푸엔테스의 보고는 칙센트미하이의 '시스템 관점'에 피와 살을 보태준다. 나아가 사건들이 진행된 역사가 더 생생하게 그려진다.

푸엔테스는 모든 생물에게 있는 '유전자 유전' 말고도 인간에게 고유한 '상징 유전symbolic inheritance' 혹은 '사회 전통'을 말한다. 그것을 통해 "생활 방식과 신체 활용 방식에 영향을 미치는 관념, 기호, 지각 등이 전달"[14]된다. 이는 명백히 칙센트미하이의 '영역' 혹은 '문화'이며, 르루아구랑의 '외부화된 상징' 혹은 '사회 기억'이다. 그런데 그것은 또한 "구성원이 공유하는 창의력의 한 부분"이며, "집단의 사회적 삶을 구성하는 한 요소로, 일종의 사회적 학습을 통해 전파된다.[15] 푸

---

13 Fuentes, 2018.

14 ibid., 21.

15 ibid., 46.

엔테스는 이를 '창의적 협력이라는 특별한 능력'이라고 말한다. 공동체 구성원들은 "상당히 정확하고 치밀한 협력과 의사소통"[16]을 통해 창의성을 발현하고 이어간다. 창의적 결과는 시공간을 넘어 공동체 전체와 공유된다. 창의적 협력은 인간종만의 특수성이다.

만일 종의 기억이나 개인 기억에만 의존했다면 창의적 결과는 일회적으로 그치거나 쉽게 망각됐을 것이다. 하지만 인간은 일단 어떤 결과물이 나왔을 때 그것을 공유하고 나아가 개량하기까지 한다. 푸엔테스는 말한다.

> "공동체 안에서 그런 혁신을 유지하고 시간을 건너 전하기 위해서는 개인이 먼저 창의력을 발휘하고, 다음으로 집단이나 공동체가 광범위하게 협력하여 처음의 창의력을 강화하는 과정이 있어야 한다. 이런 종류의 도구 제작 과정은 각 세대가 따로 시행착오를 거쳐 개발하거나 누구 한 사람이 혼자 고안해 낼 수 있는 기술이 아니라 한 번 연마되면 공동체 안에서 유지, 강화되는 기술이다."[17]

가령 고리에 먹이를 걸고 실의 장력을 이용하면 물고기를 낚을 수 있다. 유인원도 여기까지는 한다. 하지만 인간 중 누군가는 그 고리를 손봐 기능을 개량한다. 미늘을 달거나 고리에 가짜 미끼를 달기도

---

16 ibid., 59.
17 ibid., 148-9.

한다. 이 과정은 집단 안에서 어느 정도 불가역적으로 광범위하게 일어나며, 학습을 통해 공동체 전체로 전파된다. 그것이 '영역' 혹은 '문화', '외부화한 상징' 혹은 '사회 기억'이다. 그것은 시간이 지나면서 축적된다.

이 점에서 '개인 창의성' 말고도 '집단 창의성'을 말할 수 있다. 아니, 칙센트미하이가 잘 지적했듯, 창의성은 근본적으로 '집단' 수준에서 성립한다고 해야 옳다. 왜냐하면 집단을 통해 보존되고 개선되고 전승되는 창의성이 아니라면 창의성은 너무도 쉽게 사라져 버리는 허깨비에 불과할 것이기 때문이다. 이 점은 푸엔테스도 잘 통찰한 바 있다.

> "창의력은 개인적인 동시에 집단적인 활동이다. 이 두 측면을 효과적으로 섞어내는 능력은 인류를 성공으로 이끈다. 자기 잠재력을 실현하고자 할 때 우리는 다른 사람들과 협력해야 할 필요성을 인정해야만 한다. … 공동체 안에서 태어난 순간부터 연령과 젠더를 불문하고 다른 성원들과 협력하는 것이 우리의 패턴이다. 이 패턴은 혁신, 공유와 가르침, 갈등과 도전, 소통과 복잡성으로 이루어지고 실패도 포함된다."[18]

이런 특성은 '초유기체superorganism 인간'[19] 혹은 '집단-뇌group-

---

18 ibid., 404-5.
19 정연보, 2017.

brain '[20]라는 개념을 통해 표현되기도 한다. 요점은 모든 인간 현상이 개체가 아니라 집단 차원에서 이해되어야 한다는 것이다. 협업, 즉 '창의적 협력'이 일차적이다. 존재론적, 발생적으로 볼 때 '개인'은 결코 우선적 고려 대상이 아니다. 집단 혹은 공동체가 먼저고, 개인은 오랜 분석을 거쳐야만 드러나는 요소다. 적어도 고생물학과 인류학은 우리에게 그렇게 알려준다. 다음 절에서는 우리가 살핀 여러 연구자의 도움을 바탕으로 오늘날 창의성 개념이 어떻게 재정의될 수 있을지, 나아가 교육의 장에서 어떻게 구현될 수 있을지 고찰할 것이다.

6. 사회의 자유도와 창의성 개발 방안

우리는 고생물학, 인류학, 심리학, 교육학에서 창의성이 어떻게 정의되어 왔는지 살폈다. 인간은 '창의적 협력' 능력을 바탕으로 성립하고 존속할 수 있었다. 이를 가능케 한 건 직립을 통해 가능해진 커다란 뇌 용량이었다. 연구에 따르면, 초기 인류에서 호모 사피엔스에 이르기까지 뇌 용량이 점진적으로 증가하게 된 건 인간 집단의 공동 지혜 덕분이었다. 도구 발전, 사냥과 채집 기술 향상, 불의 사용, 공동 육아 등 인간은 협업 집단으로서 성장했고, 그 덕분에 두개골, 손, 발바닥, 얼굴, 후두 등이 현재의 모습으로 형성됐다. 이 점에서 문화는 인간의

---

20 Henrich, 2019.

유전자를 현재 상태로 변형케 한 원동력이었다. 다른 한편 문화의 발전은 한 개인의 발견 혹은 발명이 집단을 거쳐 개량되고 전파되고 계승되는 방식으로 이루어졌다. 한 개인의 역할보다 중요했던 건 집단의 형성력이다. 이 과정에서 결정적 역할을 했던 건 정교한 협업과 정확한 의사소통이다. '외부화한 상징', '사회 기억', '영역', '문화', '상징 유전' 등의 용어로 지칭했던 것은 모두 '창의적 협력'의 수단이자 산물이다. 창의성은 개인 현상이기 전에 집단 현상이다. 집단 창의성을 앞에 놓아야만 창의성이 해명될 수 있다.

창의성을 이렇게 이해한다면, 18세기 이후 예술적 창의성에서 가장 잘 구현됐다고 생각하는 창의성 개념은 위험에 처하는 것 같다. 왜냐하면 그 개념은 '천재'와 '영감' 같은 낭만주의 사상에서 정점에 이르기 때문이다. 하지만 바퇴와 바움가르텐에서 확인된 창의성 개념이 개인을 중심으로 공전한다고 보아야 할 이유는 없다. 이들의 발견 혹은 발명은 개인 수준에서건 집단 수준에서건 '창의성' 그 자체에 대한 주목이었다고 보는 편이 나으리라. 관건은 개인인가 집단인가가 아니라 모방인가 새로움인가에 있었기 때문이다. 18세기 유럽은 모방이 아니라 새로움이라는 가치에 손을 들어주었다고 해석하는 편이 맞을 것이다. 새로움에 대한 강조는 그야말로 근대 서양의 발명이리라.

칙센트미하이의 공헌은 창의성의 문제를 개인으로부터 해방했다는 데 있다. 하지만 그는 창의성을 개발하는 문제를 전반적으로 개인의 사안으로 돌린다. 가령 '몰입flow' 같은 접근이 그렇다. 개인이 재미를 느끼고 무아지경에 이를 때 창의성이 발현된다는 것이다. 틀린 말은 아니지만, '시스템 관점' 전반을 후퇴시키는 듯하다. 개인, 영역, 현장이라는 세 개의 시스템을 어떻게 재정립해야 이런 치중과 편향을 넘어설 수 있을까?

'실험'과 '사회의 자유도^{自由度}'를 중심으로 각 시스템을 재편하는 것이 좋은 방편인 것 같다. 기본 아이디어는 이미 논의된 적이 있는데, 내용을 정리하면 다음과 같다.[21]

무작위적 탐험이 없었다면 우리는 우주 역사, 생명 진화의 역사에서 살아남지 못했을 것이다. 혁신과 창의가 가능하려면 예측 불가능한 다양한 실험이 자유롭게 시도되어야 한다. 그렇지 않으면 원리상 혁신과 창조는 불가능하다. 자유로운 실험은 개인 차원의 문제이기도 하지만 더 근본적으로는 사회 차원의 문제다. 사회는 개인들이 숨 쉬는 대기이고 자양분을 얻는 토양이다. 역사를 보면, 경제적 여유가 마련되어 생계에 몰두하지 않을 수 있고 정치적으로 자유롭고 민주적인 곳에서 사상과 문화의 꽃이 피어났다. 한 사회가 실험을 감내하는 정도가 그 사회의 자유도다. 중요한 것은 한 사회가 허용하는 자유의 폭이다. 실험은 사회 안에서 제각각 혹은 집단으로 행해지고, 창의적 결과물은 사회의 자유도에 비례해서 생산된다. 따로 또 같이 실험할 수 있는 사회적 자유도는 그 사회의 힘에 비례한다. 자유도가 높은 사회를 만들려는 개인들의 정치적 실천이 중요하다. 자신이 살아갈 공간을 만드는 일이 가장 중요하다는 것부터 배워야 하고 그 공간을 잘 만

---

21 김재인, 2017a: 361-2, 2020: 32-3.

들어 내야 한다.

칙센트미하이와 달리, 일차적으로 사회에 초점을 맞추고 그 사회의 조건을 구성하는 일에 집중해야 한다. 사회의 자유도를 측정하는 지표로는 세 가지를 꼽을 수 있다. 칙센트미하이의 '영역'과 관련해서는 무엇보다 문화유산, 즉 과거로부터 혹은 집단의 다른 지역에서 전달된 정보와 기술에 누구라도 접근할 수 있어야 한다. 여기에는 당장 필요한 것들뿐 아니라 한때 유용했던 전체 문화 풀이 포함된다. 언제라도 꺼내 쓸 수 있는 지식 도구 상자를 굳이 버릴 필요는 없다. 다음으로 '현장'과 관련해서는 유효한 정보와 기술인지 검증할 수 있는 전문가가 필수적이다. 하지만 전문가 집단이 경직되면 새로운 것의 가치를 제대로 평가할 수 없게 되어 혁신이 지체된다. 전문가 집단의 엄밀성도 좋지만 개방성과 유연성이 확보되어야만 한다. '개인'과 관련해서는 칸트가 "과감히 알려고 하라sapere aude!"라는 표어로 제시했던, 위기를 직시하며 위험을 무릅쓸 수 있는 성숙함과 용기와 자유로운 정신을 가장 중요한 것으로 꼽아야 마땅하리라. 이런 개인을 육성하는 것은 사회의 책무다.

문제를 이렇게 정리하면 창의성 교육의 문제에 대해서도 지금까지와는 다른 접근이 요구된다. 다양한 시도가 이루어지고 있음에도 불구하고 창의성 교육이 구체성을 놓친 채 방향을 상실했다는 지적이 많기 때문이다. '현재의 대중적 경향'과는 달리 "자유가 창의성 교육에 있어서 하나의 필요조건이 아닌 창의성 개발의 충분조건이 될 수 있는가에 관한 의문"이라는 문제 제기[22]에 주목해 보자. 이런 문제는

'개인'의 교육에 초점을 맞추었을 때 두드러진다. 하지만 다른 각도에서 보면, 교실에서 혹은 가정에서 개인을 어떻게 다루어야 하느냐 하는 문제는 창의성 개발의 초점을 놓치는 일이 아닐까? 어찌 보면 학교 같은 제도는 되도록 많은 정보와 기술을 전수하고 접근하는 요령을 가르침으로써 혁신을 위한 탄탄한 기초를 마련해 주어야 하는 게 아닐까? 개인은 그렇게 마련된 풀에서 자유롭고 과감하게 실험해 보도록 권유되고 교사는 전문가의 안목으로 결과를 평가해야 하는 게 아닐까? 개인이 우선이 아니라 집단이 우선임을 일깨우고 협업 역량을 기를 수 있도록 촉진해야 하지 않을까? 더 중요한 건, 앞서 언급했듯, 사회의 자유도를 높이려는 집단 전체의 정치적 노력이 아닐까? 창의성 교육의 핵심은 사회의 자유를 토대로 해 창의성을 개발할 조건을 마련하는 일일 것이다. 창의성과 교육에 관해서는 6장에서 논의를 이어가도록 하겠다.

250년 동안 통용되어 온 '예술'과 '창작' 개념이 절대적일 수는 없다. 역사에서 태어난 것은 역사로 마감될 운명이다. 그러나 근대의 발명품인 예술이 가치가 있다고 평가하는 사람에겐 그 가치를 보존하려는 쪽이 현명한 선택이다. 예술의 본질은 개념으로 발현되기 전부터도 인간에게 내재하고 있던 미덕이었으리라. 다만 충분히 개화하지 못한 채 오래 잠자고 있었을 뿐. 아직 그 잠재력을 다 발휘하지 못한 예술은 계속 인간의 몫으로 남게 되는 것 같다. 인공지능의 등장은 이

---

22 김현정, 2003.

점을 새삼 확인시켜 준다. 그러나 그 잠재력은 결국 개인이 아닌 집단에서 협업을 통해 발휘된다는 점은 중요한 교훈이다.

특정한 시기, 비교적 좁은 지역에서 창의성이 꽃피었던 예들은 사회적 창의성이 왜 중요한지 잘 보여준다. 기원전 5세기 아테네, 14세기 피렌체, 17세기 암스테르담, 18세기 에든버러, 19세기 말 파리, 20세기 초 빈, 20세기 말 뉴욕, 21세기 초 서울 등 창의적 인물과 결과는 홀로 불쑥 등장하지 않았다. 왜 창의적 결과는 떼로 등장하는 걸까? 이 물음에 대한 답은 창의성은 본성상 사회적 현상이며 사회의 높은 자유도가 창의성을 배양한다는 데서 찾을 수 있을 것이다.

'생성generative'이라는 표현을 쓰는 게 적절한지 의문이 있습니다. 그런데 기억을 인출하면서 재구성하는 게 최우선이라고 말씀하셨더라고요. 그 전까지는 인공지능이 식별을 많이 하지 않았습니까? 식별은 뭔가 만들어 내는 게 보이지는 않았지요. 지금은 생성이라는 말을 쓰고 있는데, 그게 말이 안 된다고 생각하지만, '창조'에 대해 조금 더 말씀해 주시죠.

생성 인공지능이 하는 일이 뭘까요? 핵심은 데이터를 많이 학습하고 패턴을 찾아 저장해 놓고 그걸 원하는 형태로 재구성하는 거라고 할 수 있습니다. 거기서 과연 얼마나 창조적인 혹은 창의적인 것이 산출될 수 있느냐가 관건인 것 같습니다.

우선 두 가지를 구분해야 합니다. 첫째, 인간의 작업도 보통은 인공지능이 하는 수준의 생성인 경우가 많다는 겁니다. 인간이 특별히 잘난 건 아니라는 점을 인정하고 가야 합니다. 회사에서 수행하는 상당수의 작업이 보통 수준의 일이고 인공지능이 할 수 있는 일과 겹치기 때문에 이 부분은 아마 더 이상 인간이 하지 않아도 되는 상태까지 갈 겁니다.

둘째, 그런데 인간이 역사적으로 그동안 잘해왔던 게 뭔지 짚어봐야 합니다. 라이브러리, 도서관, 박물관 같은 기억 저장소, 그러니까 지식이나 정보 혹은 기술 같은 것을 다 모아놓은 인류의 유산에 뭔가 새롭게 보태는 작업을 잘해왔습니다.

그런데 요즘 확인한 사실 중 하나는 자연이 잘했던 일도 그거라는 것입니다. 일단 한번 형성되면 그걸 버리지 않고 활용해서 다른 일을 벌이되 새로운 걸 계속 찾아 보태는 작업을 해왔던 거예요. 생명 진화의 과정도 그런 식으로 설명되는데, 인간과 자연의 연속성이죠.

처음에 돌도끼를 깨고 나서, 그걸 활용해 뭔가 할 수 있다는 걸 발견한 순간부터 그런 지식을 계속 모아온 거죠. 모아서 거기에 하나씩 보탰어요. 과거에 있던 유산을 재활용하는 것에서 그치는 것이 아니고, 여기까지는 인공지능도 어느 정도 한다고 볼 수 있겠는데, 더 나아가 새로운 걸 찾아서, 그러니까 지금 우리가 알고 있는 지식이건 기술이건 노하우건 그것의 경계에서 바깥쪽으로 잠깐씩 나가서 뭔가를 집어 와서 이 안에 더 보태는 식으로 축적해 나간 겁니다. 니체의 표현을 빌리면, 자기를 계속 넘어서는 작업이죠. 이때 '자기'라는 건 그동안 모아놓은 것 전부입니다. 그걸 넘어서서 또 뭔가를 합니다.

창조성은 그 지점에 있고, 창작은 그런 점에서 인간의 고유한 활동입니다. 다른 생명체도 그런 식으로 발전해 온 건 사실이지만, 지금 다른 생명체의 활동을 보면 유산에 갇혀 있는 걸 알 수 있습니다. 대개는 유전자가 준 것을 그저 되풀이합니다. 반면 인간은 모험하고 실험하는 것 같아요. 그래서 인간 유산의 축적 속도는 정말 기하급수적으로 성장해 왔습니다. 대표적인 성과가 인공지능이고요.

인공지능이 과연 그런 식으로 자기를 넘어설 수 있는지 묻는다면 불가능하다고 봅니다. 인간이 데이터를 채굴해 줘야 그걸로 뭘 할 수 있습니다. 인간이 바깥에서 캐 와야 하죠. 보태주는 게 멈추면 인공지능은 자체 생성이 안 됩니다. 결국 인간이 뭔가 먹여준 걸 갖고 성장하는 꼴이죠. 반면 인간은 스스로 먹이를 찾는 존재입니다.

그렇다고 해서 유산에 뭔가를 한 땀 한 땀 보태는 인간의 수가 많다는 건 아니에요. 인간도 대부분 거기서 거기죠. 분명 그렇긴 해도, 인간이 잘한다고 칭찬하고 높게 평가하는 작업은 대체로 그런 성격을 띱니다. 과학이나 사상이나 예술 같은 작업은 인간 활동의 정수를 보여준다는 점에서 의미를 부여하는 것이고요.

창작의 시작은 자발성에 있다고 생각합니다. 인공지능의 성과가 뛰어나더라도 창작을 스스로 시작한 것이 아니라는 점에서, 즉 누군가의 요청에 의한다는 점에서 근본적인 한계가 있다고 봅니다.

자발성이 어려운 주제이기는 합니다. 어디부터가 자발성일까요? 내가 배고파서 뭘 먹는데 그건 강제적으로 먹이를 찾는 거라고 볼 수 있지 않을까요? 딱 부러지게 설명하기 어렵습니다. 자발성이나 자율성이 어려운 주제라는 걸 먼저 짚고 갈 필요가 있습니다.

증명 과정을 생략하고 말하자면, 나로부터 뭔가가 시작되느냐 아니면 나는 그저 뭔가 다른 무엇, 가령 신이나 다른 인간, 기계의 수단인 것이냐가 중요한 구분일 것 같습니다. 인공지능이 당연히 자기로부터 시작되지 않는다는 건 지금까지 논의에서는 분명합니다. 이 질문도 역시 내가 주인으로, 주체로 살아간다는 게 무엇인지와 관련되기 때문에 인간에 대한 물음으로 돌아오게 됩니다.

작품 자체보다는 창작자의 창작 의도와 의지가 감상자에게 잘 전달되는지가 전보다 중요해지지 않을까 생각합니다. 창작자가 창작 과정에 얼마나 참여했는지를 포함해서 감상자와의 소통이 미래에는 또 하나의 중요한 요소가 될 것 같습니다.

'의도라는 것이 뭘까, 의도에 어디까지 포함될까?' 하는 문제는 굉장히 어려워요. 논리적인 글을 통해서 상대방에게 생각의 내용을 전달할 때 의도는 비교적 쉽게 가려낼 수 있습니다. 그런데 예술작품에서는 그게 훨씬 더 복합적이고 실제로 구분 불가능한 영역이 많습니다. 특히 비언어적인 예술의 경우가 그래요.

가사 없이 곡으로만 된 음악이 과연 어떤 창작 의도로 만들어졌는지 듣는 사람이 알 수 있을까요? 훨씬 더 미묘하고 복잡한, 어찌 보면 하나로 모이지 않는 복잡다단함이 의도일 수 있어요. 이런 점에서 의미가 분명한 메시지가 오가는 것과 예술작품처럼 다소 불명확한 의미와 의도가 전달되는 것은 별개입니다.

심지어 조각 작품을 보더라도 종교적이고 신화적인 게 많잖아요. 전달하려는 것이 신화적인 모티브인지 종교적인 의도인지 아니면 그냥 대리석의 존재감을 드러내는 양감과 질감인지 구별하기 참 어렵습니다. 다만 그렇게 '의도'라는 말로 지칭된 용어를 복합적으로 이해하고 확장한다면, 인공지능이든 아니든 관계없이 예술적인 재료가 '작가가 하려고 했던 것 또는 남이 못 봤기 때문에 남에게 보여주고 싶었던 것'을 잘 전달하는 수단으로 기능하는 것이 굉장히 중요한 문제가 될 것 같습니다.

예술작품 평가는 인간만 가능한데, 그것도 결국 예술 전문가들의 주관적이고 자의적인 평가가 아닌지요? 그런 관점에서 보면 일반인, 즉 아마추어 일반 감상자는 결국 인공지능과 같은 위치에 있는 것이 아닌가요?

과연 예술 전문가만 작품을 평가할 자격이 있을까요? 보통은 그렇게 많이 생각해요. 현대미술 전시장에 가보면 다들 작품을 잘 모르겠다고 해요. 이럴 때 비평가가 나서서 설명해 주니까, 작품에 대해 더 감식안이 있고 그럴 만한 자격이 있다고 오해하게 됩니다. 자의적인 권력관계인 것 같아요. 누가 특권적으로 감상할 능력이 있다고 일반화하기는 힘들어요. 개인차는 있죠. 특히 예술가들은 예민해요. 그래서잘 포착하고 알아보고 감별합니다. 일반 사람들은 둔감해서 미처 못따라잡는 경우가 많죠. 비평가와 전문가 중에는 그런 안목을 가진 사람들이 분명히 있습니다. 그건 인정할 수 있어요. 전문가들이 자의적으로 얘기했다면 시간이 검증해 줍니다.

재미있는 건 눈 밝은 사람이 먼저 본 걸 결국 일반인을 포함해서 모든 사람이 함께 알아보는 단계로 나아간다는 점이에요. 위대한 예술가가 위대하다고 칭송받는 이유는 남들이 아직 못 봤던 것, 미처 보지 못했던 것을 드러내 보여준 다음 처음에 사람들이 별로라고 했을지라도 결국 시간이 지나면서 '과연 이런 거였구나' 하고 알아가게 하고 그 과정에 모든 사람이 함께 참여할 수 있게 만든다는 데 있습니다.

인간에게는 깨달음과 깨우침의 잠재력이 누구에게나 있습니다. 그냥 얘기하면 좀 막연한데, 음식을 예로 들면 좋겠네요. 저는 혀가 둔해서 와인 맛을 잘 구별하지 못합니다. 물론 비싸고 맛있는 게 좋죠. 그런데 자꾸 접하다 보면, 그러면서 누군가 옆에서 이런 차이가 있다고 얘기해 주면 학습이 일어나요.

타고난 감각의 차이는 있을 수 있어요. 눈이 나쁘니까 잘 못 보고 귀가 안 좋으니까 잘 안 들리고 하는 차이가 있는 것처럼 개인차는 있을 수 있습니다. 하지만 타고난 조건이 특별히 남들에게 뒤처지지 않는다면 대부분은 함께하면서 처음에 그 음을 감지했던 사람, 그 색과 형形을 보았던 사람, 그 생각을 떠올렸던 사람을 따라가요. 처음 만들어 내는 건 굉장히 어렵지만 그다음에는 누구나 빨리 따라가요. 피타고라스 정리를 처음 증명하기는 굉장히 어려웠겠지만 우리는 다 따라 배우잖아요. 모든 인구가 배우는 능력이 있어요. 입맛을 가리키기도 하고 미적 안목을 가리키기도 하는 말인 예술의 취향taste은 어느 정도까지는 함께 개발되고 함께 학습됩니다.

이 점에서 인공지능은 인간과 달라요. 인공지능은 스스로 발전하지 못하고 밖에서 기준을 줘야 해요. 인간은 가르치다 보면 자기가 알아서 취향이 생깁니다. 음식 맛을 구별하는 것과 비슷하게 말이죠.

미를 추구한다거나 미를 보는 안목은 본능인가요? 아니면 후천적으로 학습되기도 하나요? 그리고 추함도 미에 포함되나요?

본능이 뭘까요? 본능이 타고난 특성이라면 생물학적인 면이 있습니다. 모든 생물이 미를 추구하는지 물어볼 수 있습니다. 가령 인간과 유전적으로 가까운 침팬지가 미를 추구하는지 물어볼 수 있고요. 새도 거미도 개미도 비버도 집을 짓는 등 다양한 활동을 하는데, 어디까지가 미일까요?

더 중요한 건, 미란 무엇일까요? 우리가 조화와 균형을 미라고 생각하는 건 오래된 일인 것 같아요. 왜 그런지 생각해 보면, 기계적으로나 기술적으로나 훨씬 안정적이니까요. 생물에게 제일 중요한 건 생존하고 번식하는 것입니다. 생존과 번식이라는 두 개의 목표 혹은 본능을 모든 생물은 공유하고 있어요. 생명이 무엇인가를 묻는다면 답하기 어려워도 이 두 가지는 특성으로 꼽을 수 있다는 거죠.

생존과 번식에 유리하면 좋게 평가될 것이고, 유리하지 않으면 벌써 멸종해서 존재하지 않겠죠. 그런 측면에서 생존과 번식에 유리한 것으로 조화와 균형으로 수렴되는 미를 꼽을 수 있을 것 같아요. 생물학에서 생존을 강조하는데 번식은 그에 못지않게 중요해요. 번식이 없다면, 즉 후손을 남기지 못한다면 거기서 끝나는 거니까요. 번식을 인간 사회에서 생각해 보세요. 누구랑 배우자가 될 것이냐 하는 문제겠지요. 결국 누구랑 더 가까이 지내고 싶고 얘기라도 더 걸어보고 싶은가의 문제겠지요. 이성에게 끌리는 것이 생존과 번식이라는 주제와 밀접하게 연관됩니다.

'미'라는 이데아가 따로 있어서 그걸 현실 속에서 찾아가고 그런 건 아닌 것 같습니다. 좋은 것들의 집합이랄까 아니면 좋은 것들의 공통점을 미라고 부른 것이겠죠. 인류가 공유하고 있다는 점도 중요합니다. 초기 인류는 몇 안 됐어요. 개체 수가 아주 적었습니다. 몇 안 되는 개체가 확장해서 지금 80억 인구가 된 겁니다. 그런 점에서 초기 인류에게 있던 특징이 중요했을 겁니다. 그것이 지금 규모로 재생산됐다는 점에서 그런 영역을 본능이라는 용어로 부를 수 있다고 봅니다. 후천적이냐 선천적이냐 하는 문제는 조금 다른 문제인 것 같습니다. 후천적이라는 건 학습을 통해 뭔가 깨우쳐 갈 수 있다는 뜻입니다. 분명 나한테 있지만 아직 충분히 발현하지 못한 능력을 개발한다는 뜻으로 이해하면 학습은 중요합니다.

추함은 정의하기 나름인 것 같아요. 생존과 번식처럼 생물적인 면에서 유리하고 좋은 것을 모은 게 미라면 추함은 미에 포함되지 않겠죠. 그러나 역사 속에서 미라고 구체적으로 규정돼 온 것을 놓고 보면, 거기에서 제외되어 왔던 추함이 실제로는 도움이 되는 것이었을 수도 있습니다. 이런 경우라면 추는 미의 범주에 들어올 수도 있겠죠. 어떻게 규정하느냐의 문제인 것 같습니다. 그래서 앞의 질문과 구별해서 다루면 좋을 것 같아요.

챗GPT가 나왔을 때 무대 공연 분야에서 일하는 분들도 적잖이 충격을 받았습니다. '글을 써준단 말이야? 희곡을 써준단 말이야? 일자리를 곧 잃게 되는 건 아닐까?' 상상했고, '이제 배우로서 연기를 대체하겠구나'라고 생각했습니다. 배우나 무용수는 조금 특수해요. 화가와 미술, 음악가와 음악은 예술가와 예술작품이, 주체와 객체가 딱 분리돼 있어요. 그런데 배우와 무용수의 경우에는 만드는 사람과 예술작품이 같아서 뭔가 미학적으로 다른 것 같습니다. 배우로서 무대 오류도 거기서 발생하더라고요. 만드는 사람도 나고 예술작품 또한 나이기 때문에, 객관적인 거리감을 유지하지 못할 때 무대 위에서 실패하는 경우가 많아요. 인공지능이 만든 예술작품을 좋게 봐서 작품이라고 볼 수 있지만, 인공지능을 예술가라고 할 수는 없다고 했을 때 미학적으로 이걸 어떻게 봐

야 할지 궁금했어요.

중요한 건 미디어인 것 같습니다. 배우라고 부르지만, 물리적인 공간에서 경험을 창출하는 배우가 있고 영화관이나 TV처럼 디지털화된 공간에서 연기하는 배우가 있죠. 두 배우의 성격이 다르다고 봐요.

디지털 매체에서 연기하는 배우라면 전업轉業해야겠죠. 관둬야죠. 옛날 명배우들의 동작을 학습하고 생성 인공지능으로 연기하면 과거 배우가 하지 않은 표정과 몸짓을 생성할 수 있어요. 그것과 견줄 정도의 자신감이 있으면 계속해도 됩니다. 그게 아니면 쉽지 않은 문제죠. 그런데 물리적 공간, 실제 공간에서 경험을 창출하는 배우라면 이때는 전업專業해야죠. 더 집중해야죠. 그러니까, 두 경우 다 전업해야 하지만 그 양상은 좀 다릅니다. 결국 두 분야는 서로 다른 장르가 될 것 같습니다.

실제로 한 명의 배우가 양쪽 다 출연하는 건 가능해요. 영화나 TV에 등장하는 배우들과 무대에 직접 서는 배우들 사이의 간격이 지금처럼 좁은 시절이 있었을까 싶어요. 그런데 이제는 그 간격이 점점 벌어져서 심지어 서로 다른 장르의 배우라고 할 만큼 차이가 커질 것입니다. 앞으로 몸과 물리적 공간이 중요해지는 만큼 그쪽에서 더 잘할 수 있는 특징, 아마 과거에 배우들이 했다가 디지털화되면서 사라진 특징에 집중하면 자기 몸이라는 미디어의 특징을 잘 살릴 수 있지 않을까 생각합니다.

AI 빅뱅
AI 빅뱅
AI 빅뱅
AI 빅뱅

5장

인문학 패러다임의 변화:
확장된 인문학으로

챗GPT가 등장하고 나서 가장 뜨거운 화제 중 하나가 교육, 특히 고등교육의 문제다. 가령 어지간한 과제는 인공지능을 시켜 쓰게 한다며 문제가 되고 있다. 나아가 교수는 그걸 가려내기 쉽지 않다느니, 어지간한 교양 과목은 차라리 인공지능이 더 잘 가르친다느니, 이 기회에 교양교육의 방식을 바꿔야 한다느니 말이 많다. 솔직히 말해 이런 논의는 별로 중요하지 않다고 본다. 챗GPT가 리포트를 대신 써서 학점이 잘 나오면 어떡할까 걱정하는 교수들의 고민 수준도 한심하기는 마찬가지다.

표절이 내포하는 윤리 문제가 덜 중요하다는 건 아니다. 하지만 학생이 대학교 때 리포트를 잘 써서 학점을 잘 받는다고 치자. 사회에 나갔을 때 그게 무슨 의미가 있을까? 자기가 할 수 있는 게 아무것도 없는데 말이다. 혼자 할 수 있는 일이 고작 인공지능 수준 정도면 곤란한 거 아닐까? 교수는 학생에게 어떤 능력을 길러줘야 하는지, 리포트를 숙제로 내면서 의도하는 바가 무엇인지 다시 고민해야

한다. 교수는 가르친다는 게 무엇인지 더 분명히 자각해야 하고, 학생
도 자기가 길러야 하는 능력이 기껏 인공지능 따라잡기인지 고민해야
한다.

1. 챗GPT와 함께 글쓰기 자체의 본질을 물어야 한다

(1) 글쓰기는 생각의 근력을 키우는 과정이다

중요한 것은 '글쓰기'의 본질이다. 글쓰기가 뭐고, 왜 배워야 하나?
이 물음이 생성 인공지능 앞에서 제기되어야 할 최우선 물음 중 하나
인데, 과문한 탓인지 묻는 사람이 보이지 않는다. 이런 세태가 더 위
기다. 이른바 교수, 학자, 언론이 정작 중요한 걸 묻지 않는다면 미래
는 없다. 외국에서도 별 물음이 건너오지 않는 걸로 봐서 인류의 미래
가 없다고 해야 할까? 나라도 묻고 있으니 그나마 다행이라고 해야
할까?

글쓰기의 본질, 글쓰기가 길러주는 역량, 글쓰기의 힘, 글쓰기의 유
용성 등이 충분히 주목될 수 있다면 챗GPT가 인류에게 공헌하는 바
가 있을 것이다. 하지만 공짜는 없다. 이제부터 글쓰기 자체에 대해
고찰해 보자.

서양철학사의 주요 장면을 철학자의 글을 발췌하고 해설하며 적어
간 내 책의 제목이 『생각의 싸움』이다. 나는 글쓰기가 생각의 싸움을
위한 근력을 키워준다고 본다. 그러니까, 챗GPT가 인간에게 던진 숙

제는 바로 '생각하는 힘'이 놓이게 된 새로운 조건이다.

글을 쓰려면 무엇이 필요할까? 바로 생각이다. 생각의 출발은 풀어야 하는 문제다. 문제를 풀려면 데이터가 필요하고, 데이터를 잘 이해하고 요약하고 정리할 수 있어야 하며, 데이터를 압축해야 하고, 데이터에서 플러스알파를 추출해야 한다. 데이터란 남들이 기왕에 찾아낸 해결의 단서다. 문제가 크게 새롭지 않다면 남들이 제공한 데이터를 적절히 조합해 해결책을 만들 수 있다. 그런데 문제가 새롭다면 데이터를 토대로 자신이 직접 생각해야 한다. 새로운 문제여야 보람이 있다. 지식이건, 콘텐츠건, 돈벌이건 간에 말이다.

글쓰기는 문제의 발견, 데이터 처리와 종합, 플러스알파의 추가, 멋진 표현이 합쳐지는 과정이다. 이 점에서 나는 글쓰기가 생각의 싸움을 위한 근력과 관련된다고 주장한 것이다. 챗GPT가 '좋은'(?) 답을 내놓게 하려면 질문을 잘해야 한다거나 답을 잘 유도해야 한다는 이야기가 있다. 맞는 말이지만 조건이 있다. 질문자가 던지는 문제가 새롭거나, 질문자가 전문 지식을 갖추고 있거나 답을 평가할 능력을 지니고 있어야 그것이 성립한다. 즉 생각의 근력이 길러져 있어야 한다는 말이다.

생각의 근력을 키우기 위해 지금까지 인류가 발견해 낸 가장 좋은 방법은 바로 글쓰기다. 글쓰기는 문제를 발견하고, 문제를 풀기 위해 데이터를 모으고 압축하고, 새로운 생각을 보태고, 자신과 남이 알아들을 수 있게 표현하는 전 과정을 말한다. 따라서 이제 어떻게 해야 글쓰기 능력을 키울 것인지에 초점을 맞춰야 하며, 교육 전반에 어떻게 이 숙제를 녹여내야 할지 고민해야 한다.

(2) 생성 인공지능의 시대, 암기 교육이 필수다

무엇보다 암기 교육이 강조되어야 한다. 모든 학습은 '암기'를 기본 축으로 한다. 배운 것을 기억하지 못하면 말짱 도루묵이다. 배운 것이 단편적 정보, 지식, 노하우, 기교 그 무엇이건 간에 말이다. 따라서 교육자가 암기를 피하거나 백안시해서는 안 된다. 암기가 교육의 기본이자 출발점이고 주춧돌이라는 점을 명심해야 한다. 검색보다 암기가 항상 더 빠르다. 필요할 때 가장 빨리 꺼낼 수 있어야 한다.

중요한 건 '무엇을 암기해야 하는가'를 누가 결정할 것인가다. 과거의 이른바 '주입식 교육'은 교육 당국이나 교사, 즉 앞 세대가 암기할 내용을 '일방적으로' 정했다는 것이 문제였다. 이제 왜 다름 아닌 바로 그것을 암기해야 하는지 물어야 한다. 유감스럽게도 이에 대한 합의가 없었기에 교육 철학이 들로 산으로 바다로 아무 데로나 갔다.

일단 피교육자에게 결정권이 있어야 한다는 제안이 가능하다. 자신에게 필요한 것을 암기하는 건 너무나 당연한 권리이기 때문이다. 아쉽게도 당사자에게 결정권을 넘기기엔 제약이 있다. 개인차는 있겠지만, 판단력을 길러야 하는 학생에게 판단력이 부족하다는 건 분명하다. 따라서 그 전까지는 교사가 암기할 사항을 지정해 줄 수밖에 없다.

그렇다면 어느 정도까지 정해주는 것이 적절할까? 과거 산업화 시대에는 기성 사회에서 통용되는 지식과 기술의 양과 범위가 어느 정도 제한되어 있었다. 그래서 대학을 졸업하고 그 지식과 기술로 평생 토록 직장 생활을 해낼 수 있었다. 이런 경우라면 암기할 사항은 자연스레 사회적으로 합의될 수 있다. 많이 양보해서, 선진국에서 지정해 준 양과 범위를 받아들여도 충분했다.

지금은 어떨까? 앞으로는 어때야 할까? 산업화 시대를 기준으로 삼는 어리석음에서 얼른 탈출해도 이미 늦은 감이 있다. 이미 생성 인공지능이 원하는 것을 생성해 주는 시대다. 물론 생성물이 완벽하지는 않다. 아니 완벽할 수 없다. 인공지능이 생성해 주는 것에 만족할 정도라면 평균치를 넘지 못한다고 봐야 한다. 인공지능 생성물보다 조금이라도 나은 것을 해내야 한다. 살아남기 위해서 그래야 한다는 말이 아니다. 인간은 본디 '더 나은' 것을 지향하는 존재이기 때문이다. 아니 '조금이라도 다른'이라고 해야 어울릴지 모른다. 인간은 지루한 건 참지 못하니까. 결국, 조금이라도 다르면서 더 나은 것을 추구하는 것이 인간이다.

흥미롭게도 인간과 인공지능이 무언가를 생성하는 과정은 상당히 유사하다. 그것은 '암기 → 검색 → 생성'의 순서를 따른다. 하지만 차이점도 있다. 더 정확히 살펴보면, 인간은 '암기 → 내적 필요 → 검색 → 생성'의 순서를 밟지만 인공지능은 '암기 → 외적 요청 → 검색 → 생성'의 순서로 진행한다. '내적 필요'와 '외적 요청'의 차이가 인간과 인공지능을 나눈다. '내적 필요'와 '외적 요청'의 구분은 앞에서 본 인공지능 에이전트의 구조를 통해 이해하면 가장 적절하다. '내적 필요'는 자신이 원해서 시작한다는 뜻이고, '외적 요청'은 다른 누군가가 혹은 무언가가 강요해서 작동한다는 뜻이다. 이것은 무엇을 뜻하는가? 인간이 생성하려는 이유는 자신의 문제를 풀기 위해서이지만 인공지능은 인간이 풀라고 시킨 문제를 풀 뿐이다. 확연한 차이가 느껴지는가? 인간에게만 창의성이 발견되는 이유다. 물론 모든 인간이 늘 창의적이라는 말은 아니다. 하지만 몇몇 인간한테서 발현된 창의성은 결국 인간 사회 전체로 확산해서 모두의 공동 자산이 되었고, 그런 면에서 인류는 다른 어떤 종보다 협동적이고 창의적인 종이다.

인간은 문제를 느끼고 정의하고 해결하는 존재다. 이는 생명의 과정이기도 하다. 산업화 시대에도 교육은 이 과정에 충실했다. 지금도 그래야겠지만, 조건이 바뀌었다. 지금은 산업화 시대의 규격이 사라졌다. 사람들은 개인 컴퓨터로 무장해서, 19세기였다면 공장이라 불렀을 법한 것을 각자 운용할 수 있게 됐다. 각자가 생산 수단 소유자다. 물질(아톰) 생산물과 달리 디지털(비트) 생산물은 재생산과 유통 비용이 무료로 수렴한다. 구하는 지식과 기술은 대학에서만 얻을 수 있는 게 아니며, 오히려 대학보다 넓은 원천이 널려 있다. 그렇다면 교육은 무엇을 지향해야 할까?

적어도 교육해야 할 역량의 기초에 '문제를 느끼는 힘'이 있다는 점을 놓쳐서는 안 된다. 비판의 출발은 문제를 느끼고 표현하는 데 있다. 자유라는 조건이 꼭 필요한 이유다. 이제 주위를 살펴보자. 우리는 얼마나 준비되어 있는가? 혹시 다른 데 정신이 팔려 있지는 않은가? 알게 모르게 모두를 나락으로 데려가고 있지는 않은가?

(3) 철학 공부의 유용성

나는 대학에서 철학을 공부했다. 물론 철학만 공부하진 않았다. 그래도 철학을 공부한 건, 지금의 전문적-직업적인 활동과는 별개로, 굉장히 쓸모 있다고 본다. 인문학의 인접 분야들, 가령 언어, 문학, 역사, 예술 등과 비교했을 때 철학은 의미와 뉘앙스를 파악하는 훈련에 집중한다. 인접 분야와의 차별성은 압축된 텍스트의 난해함에서 잘 드러난다. 누구나 동의하는 바와 같이 철학 텍스트가 가장 어렵다. 따라서 언어로 이루어진 가장 어려운 텍스트를 해독하는 훈련이 철학 공부를 통해 이루어진다. 그야말로 생각의 근력을 키우기에 적합하다.

철학 공부 자체는 지식 습득과는 별 상관이 없다. 철학사를 이해하고 암기하는 일이 철학 공부에서 강조되긴 하지만, 모든 구체적인 철학 텍스트는 철학사를 배반하고 능가한다. 철학사는 차라리 역사 공부에 가깝다. 반면 텍스트를 읽고, 해석하고, 논쟁하는 과정은 또 다른 집중이 요구된다. 생각의 훈련이다. 훌륭한 텍스트를 풀이하는 일이 철학의 전부라고 이해되기도 하지만, 철학은 그 작업을 넘어선다. 특히 기술-문화 환경이 격변할 때 철학은 진가를 발휘(해야)한다.

꽤 오랫동안 철학을 비롯해 인문학은 사회에 쓸모없는, 일종의 유희라고 여겨졌다. 산업 시대에는 이런 해석이 맞았을는지도 모른다. 고등교육기관에서 배운 지식을 평생토록 직장에서 써먹던 시대 말이다. 그러나 요즘처럼 하루가 다르게 새 지식과 기술이 등장하고 문명의 판이 요동치는 시대라면, 새로움을 학습할 수 있는 능력을 갖추는 것이 인생 초반의 과업이다. 이 능력이 없으면 새로움은 공포가 되고 인생은 지옥이 된다. 따라서 인간으로 계속 살려면 인문학이 반드시 필요하다.

내가 인문학만 강조하는 건 전혀 아니다. 과학도 기술도 경제도 알아야 한다. 그러나 인문학 소양이 없다면 과학도 기술도 경제도 더는 지속할 수 없다. 새로운 시대의 교육 판도는 달라질 수밖에 없다. 중등교육 그리고 고등교육은 새 상황에 대처할 수 있을까? 적어도 한국을 보면 상당히 회의적이다. 칸칸이 나뉘어 산업 시대의 틀을 반복하는 대학, 입시에만 몰두하는 고등학교 이하 어린이집까지.

사실 인문대학이 이런 비전을 실현할 능력을 얼마나 갖추고 있는지도 잘 모르겠다. 과연 텍스트 읽는 능력을 진지하게 훈련시키고 있을까? 고작 75분짜리 수업에서 읽기와 쓰기를 교육할 수 있을까? 3시간도 모자란 판에? 75분이면 한 문단도 읽기 전에 끝나버리지 않는가! 대학이라는 개념 자체가 다시 착상되어야 한다.

(4) 인문학이 키워 주는 역량은?

새로운 인문학A New Liberal Arts을 정립하자는 논의를 이어가기 전에, 인문학의 의미를 짚어주는 몇몇 통찰을 살펴보자.[1] 개념에 대해서는 뒤에서 설명하기로 하고, 지금까지 '인문학'이라고 불러온 영역이 어떤 실용적, 현실적 의미가 있는지부터 보도록 하겠다.

30년도 더 전에 경영학자 피터 드러커Peter Ferdinand Drucker는 열역

---

1   다음 사례는 김재인 외(2020)의 59~61, 78~79쪽 및 김재인(2020) 193-198쪽의 내용을 정리한 것이다.

학 제2법칙을 모르는 '인문학'과 셰익스피어를 읽지 않은 '과학'의 소통 단절 문제를 지적한 찰스 퍼시 스노^{Charles Percy Snow}의 '두 문화' 이론을 비판하면서, '경영^{management}'이 이미 이 단절을 극복하고 있다고 주장한다.

> "경영이란 전통이 리버럴아트^{Liberal Art}라고 일컬어 온 바로 그것이다. 경영은 지식의 근본, 즉 자신에 대한 지식, 지혜, 리더십을 다루기 때문에 '리버럴'이고 실천과 응용을 다루기 때문에 '아트'다. 경영자는 인문학과 사회과학의 지식과 통찰, 즉 심리학과 철학, 경제와 역사, 물리과학과 윤리를 끌어온다. 이에 그치지 않고 경영자는 이런 지식을 모아 환자를 치료하고, 학생을 가르치고, 교량을 건설하고, 사용자 친화적인 소프트웨어 프로그램을 설계하고 판매하는 등의 성과와 결과를 창출해야만 한다. 이런 이유들 때문에, 점차 경영을 통해 '인문학'은 인정과 영향력과 타당성을 다시 획득하는 분과와 실천이 될 것이다."[2]

단어에 대한 조금은 자의적인 해석으로 보이긴 하지만, 경영이 곧 인문학이라니 놀라운 주장이다.

실리콘밸리의 벤처 캐피털리스트 스콧 하틀리^{Scott Hartley}는 문과 이과 이분법을 비판한다.[3] 인문학 전공자^{The Fuzzy}는 컴퓨터를 모르고

---

2 Peter F. Drucker, *The New Realities*, Harper and Row, 1989, p.223.

컴퓨터 전공자The Techie는 인문학을 모른다는 이분법 말이다. 그는 인공지능 시대에 기술 장벽은 낮아지고 있으며, 더 중요한 것은 '올바른 질문을 하는 능력'이라고 말한다. 이런 질문 능력은 인문학 공부를 통해 얻어질 수 있으며, 다양한 분야의 경험이 있어야 진짜 인간에게 필요한 것이 무언인지를 질문할 능력이 생긴다는 것이다. 특히 생성 인공지능 시대에 유용한 조언이기도 하다.

보스턴의 노스이스턴 대학교 총장 조지프 아운Joseph E. Aoun은 "향후 미국 대학의 차세대 인재 양성을 위한 교육 지향점은 인문학과 기술이 결합한 새로운 전인교육 모델인 인간학Humanics"이라면서 기술Tech, 데이터Data, 문해력Literacy이 인간학의 기초라고 주장했다.[4] 책의 원제목인 'Robot-Proof'에서 알 수 있듯이, 인공지능이 할 수 없는 인간만의 일을 찾고 그것을 교육에 반영해야 한다며 평생학습을 방안으로 제시한다. 평생학습을 받을 수 있으려면 먼저 학습 능력이 길러져 있어야 하는데, 이 주장은 생각의 근력을 키워주는 읽기와 쓰기의 필요성을 잘 뒷받침해 준다.

퓰리처상 수상 작가 조지 앤더스George Anders은 "교양교육은 사람들과 소통하고 교류하며 타인의 마음을 이해하며 비판적 사고를 할 능력을 키우는 것"이고 "이 자질은 모든 사람에게 매우 중요한 직업적 기술로 평가되고 있었다"라고 강조했다.[5] 원제목의 표현처럼 "'쓸

---

3 스콧 하틀리 저, 이지연 역, 『인문학 이펙트: 인공지능 시대를 장악하는 통찰의 힘』, 마일스톤, 2017.
4 조지프 아운, 김홍옥 옮김 2019, 『AI 시대의 고등교육』, 에코리브르.

기업에서 요구하는 '비판적 사고 능력'

역량	질문
1 경계를 넘나들며 일하는 능력 Working on the Frontier	• 당신은 자기주도적인 사람인가? • 새로운 사고를 할 수 있는가? • 변화하는 환경에 잘 적응하는 편인가? • 도전을 즐기는가?
	• **기업** 딜로이트, 휴매나, 연방준비제도
2 통찰하는 능력 Finding Insights	• 당신은 본래 호기심이 많은 편인가? • 여러 관심사들을 연결하는 데 능한 편인가? • 정보들을 걸러내서 중요한 부분만을 추출해 낼 수는 있는가? • 불투명한 상황에 처했을 때 침착함을 잃지 않고 그로부터 결실을 얻 어낼 수 있는가?
	• **기업** 소니, 드롭박스, 존슨컨트롤스
3 올바른 접근법을 선택하는 능력 Choosing the Right Approach	• 당신은 문제를 잘 해결하는 편인가? • 시의적절하게 행동할 줄 아는가? • 창의적인 해결책을 찾아낼 수 있는가? • 실행에 옮겨야 하거나 혹은 그러지 말아야 할 결정을 내릴 때 사람들 이 당신을 믿고 의지하는가?
	• **기업** 페덱스, 매킨지, 페이팔
4 타인의 감정을 파악하는 능력 Reading the Room	• 당신은 팀워크를 만들어 갈 수 있는가? • 상이한 관점들과 의제를 균형 있게 다룰 수 있는가? • 전체 그림을 이해할 수 있는가? • 당신만의 영향력을 통해 조직을 관리할 수 있는가?
	• **기업** 블랙록, 이베이
5 타인에게 영향을 미치는 능력 Inspiring Others	• 당신은 다른 사람에게 자신에 대한 신뢰를 불어넣을 수 있는가? • 변화를 포용하는 사람들에게 활기를 북돋울 수 있는가? • 또한 당신은 간결하고 체계적인 사람인가? 정보를 효과적으로 전달 할 수 있는가?
	• **기업** 아메리칸 익스프레스, 콕스 커뮤니케이션스, 제넨텍

모없는' 인문학'Useless' Liberal Arts"이 실은 모든 것을 위한 내공을 길러준다는 것이다. 실제로 기업에서도 창의력, 인간 이해, 설득력, 협업, 포용성, 커뮤니케이션 등 '파워 스킬Power Skill'을 가장 원한다. 앤더스가 조사한 바에 따르면, 오늘날 주요 기업에서 요구하는 '비판적 사고 능력'(앞의 표 참조)[6]은 이미 인문학 교육을 통해 훈련되고 있다.

물론 인문학이 사회가 요구하는 역량도 길러준다는 점을 지나치게 강조할 필요는 없다. 인문학은 기계가 인간의 일을 대부분 대신하는 때가 되었을 때 혹은 돈과 시간이 충분해졌을 때, 바로 그때 무엇을 하며 살아갈지에 대해 답하는 힘이라는 점이 더 중요하다. 인간의 근간이 되는 힘, 가치를 평가하고 삶을 설계하는 근력, 인문학은 바로 그 역량을 길러준다는 데 존재 의미가 있다.

2. 인문학의 역사를 돌아보다

새로운 인문학을 모색하기 위해 우선 전통 인문학의 역사부터 짧게 돌아보겠다. 서양 인문학과 한국 인문학의 역사를 살피면서 인문학이 '문사철文史哲'로 축소돼서는 안 되는 이유를 톺아볼 것이다.

---

5 조지 앤더스 저, 김미선 역, 『왜 인문학적 감각인가: 인공지능 시대, 세상은 오히려 단단한 인문학적 내공을 요구한다』, 사이, 2018.
6 조지 앤더스, 『왜 인문학적 감각인가』, 57~87쪽의 내용을 요약했음.

(1) 서양에서 인문학의 역사[7]

서양에는 '인문학'으로 번역될 수 있는 여러 용어가 있다. 그리스의 '엔키클로 파이데이아encyclo paideia, 로마의 '후마니타스humanitas' 혹은 '스투디아 후마니타티스studia humanitatis', 중세에 활용된 '아르테스 리베랄레스artes liberales' 그리고 이 용어들의 근대적 변형이 그것이다. 특히 주목할 만한 사실은 이 개념들이 교육 과목 혹은 고등교육 교과과정 나아가 대학의 편제에 종속해서 거듭 규정을 바꿔 왔다는 것이다. 요컨대 인문학은 '학문 연구 분류체계'에 속하기보다 '교육과정 내 과목들의 묶음'을 가리킨다. 이 개념들은 시대의 요청에 따라 거듭 정의를 바꿔왔다. 그 역사를 짧게 짚어보는 것은 재정의를 위한 기초 역할을 할 것이다.

스토아 철학자 포세이도니우스Poseidonius(기원전 135-51)가 그리스에서 로마에 전한 '엔키클로 파이데이아'의 초기 모습은 후대의 속설과 달리 자유민에게 어울리는 것이라기보다 생존에 필수적인 지식과 기술을 가르치는 정도의 기초교육이었다. 엔키클로 파이데이아는 기능적인 성격이 강한 기술techne, ars이었으며, 도구라는 측면에서 가치 중립적이었다. 이 기술들은 사람에 따라 좋게도 나쁘게도 사용될 수

---

7 고대, 중세, 르네상스 시기 인문학 개념의 변천에 대해서는 안재원(2010), 「인문학(humanitas)의 학적 체계화 시도와 이에 대한 비판에 대해서」, 《서양고전학연구》 39, 안재원(2015), 「자유교양학문(encyclo paideia)의 형성과 전개」, 《서양고전학연구》 54(2), 박승찬(2003), 「학문간의 연계성: 중세 대학의 학문분류와 교과과정에 대한 고찰」, 《철학》 74, 찰스 호머 해스킨스, 『대학의 탄생』, 김성훈 역(2021), 연암서가, 남기원(2021), 『대학의 역사』, 위즈덤하우스 참조. 동아시아의 인문학에 대한 짧은 고찰은 김재인 외(2022), 44~47쪽 참조.

있었고, 따라서 문제는 사람이었다.

기술을 강조한 로마 교육의 현실을 극복하기 위해 키케로Marcus Tullius Cicero(기원전 106-43)가 기술보다 사람을 중시하는 후마니타스 혹은 스투디아 후마니타티스를 고안한 건 나름의 이유가 있었다. 사람을 기르는 학문으로 인문학이 등장한 것이다. 키케로는 기술이 아닌 인간 중심의 교육을 기획했고, 인간을 교육하기 위해서 인간성을 탐구했으며, 사람답게 사는 법에 대한 치열한 반성과 고민을 했다고 평가할 수 있다. 중요한 교육방식으로 키케로가 채택한 것은 '책 읽기'였는데, 문제는 당시 라틴어로 된 책도, 읽힐 만한 책도 별로 없었다는 점이다. 키케로가 그리스어 원전을 라틴어로 번역하고 라틴어로 책을 저술하는 작업에 몰두한 건 이런 이유에서다.

키케로의 동시대인 바로Marcus Terentius Varro(기원전 116-27)는 로마의 역사학, 정치, 군사학, 철학, 법학, 종교학, 지리학, 문학 일반에 능통했고 문법학, 변증론, 수사학, 기하학, 산학算學, 천문학, 음악, 의학, 건축학을 포함한 책을 저술했다. 바로는 로마에 학문 전통을 뿌리내리고 자생 기반을 마련한 사람이었다. 바로의 학문 분류는 '아르테스 리베랄레스'의 3학trivium 4과quadrivium 체제로 변용되어 중세로 계승됐다. 바로는 그리스의 엔키클로 파이데이아 전통을 계승 발전시켰으며, 다양한 전문 학문과 기술에 능통한 백과사전적 앎encylios paideia의 소유자를 양성하고자 했다. 키케로가 인간을 중심에 둔 것과 차별되는 지점이다.

조금 후대의 스토아 철학자 세네카Lucius Annaeus Seneca(기원전 4-기원후 65)는 키케로보다 한 걸음 더 나아간다. 책 읽기를 통해서 얻은 박학다식을 자랑하는 교양 정도로는 안 된다는 것이었다. 세네카는 '앎'보다 '함'을 강조했다. 실천과 이를 위한 비판 정신이야말로 자유 민에게 어울리는 덕성이었다.

로마 시대에는 이와 같은 논의와 반성을 거치면서 필요에 맞춰 인문학이 정립됐다. 그저 생존하는 법을 넘어 삶의 재미와 의미를 즐기고 만드는 법을 교육하려 했기 때문이다. 키케로가 그리스의 엔키클로 파이데이아를 '인문학'으로 갱신하고, 이어 세네카가 '자유민 교육'과 '비판 정신'을 강조했던 것은 이 목적 때문이다.

중세 초기에 아르테스 리벨랄레스는 빈약하기 그지없었다. 3학인 문법, 수사학, 논리의 기초적인 내용과 4과인 산술, 천문, 기하, 음악의 초보적인 개념 말고는 가르칠 내용이 없었기 때문이다. 3학이 더 기초적이지만 4과 역시 초보적인 수준을 넘지 못했다. 이런 보잘것없는 교육과정은 '12세기 르네상스'를 거치며 크게 확장됐다. 프톨레마이오스의 천문학, 유클리드의 기하학, 아리스토텔레스의 논리학이 유입됐고, 문법 공부를 틈타 고대 라틴어 작품을 읽고 공부하는 일이 촉진됐기 때문이다. 물론 아르테스 리베랄레스는 신학, 법학, 의학 등 고등학부에 진학하기 전의 예과에 불과했다.

르네상스 인문주의의 등장으로 사정은 크게 바뀌었다. 교육 운동으로서의 인문주의는 그리스 로마의 고전을 학습함으로써 수사학, 언어, 역사, 시, 윤리학 등으로 구성된 스투디아 후마니타티스를 사회 전반에 확산시키겠다는 신념을 갖고 있었다. 인문주의자들은 현재의 삶을 중요시하고 인간의 지적 도덕적 인격 함양을 목표로 했던 고등 학부의 전문 교육에 집중했던 중세 교육을 비판했다. 인문주의적 학문 연구의 핵심은 '비판 정신'이다. 언어, 문헌학, 역사학 등 인문주의 교육을 받은 학자들은 원저작의 핵심을 파악하고, 문맥을 더욱 쉽게 이해할 수 있었다. 인문주의자들은 원저작을 이해하는 걸 넘어 실험과 관찰을 통해 원저작의 오류를 지적하고 수정, 보완할 수 있었다.[8]

르네상스 시기에는 전통적인 3학에서 라틴어 문법이나 수사학과 대조적으로 논리학은 경시됐다. 거기에 역사, 그리스어, 윤리학이 추가됐고, 특히 새롭게 시가 강조됐다.[9] 이 경향이 16세기 동안 유럽 전역으로 퍼져나가 엘리트 교육의 기초를 형성했다.

미학의 창시자 바움가르텐Alexander Gottlieb Baumgarten (1714-1762)은 1750년에 출판한 『미학』 1항에서 '미학aesthetica'이라는 말의 동의어로 넷을 꼽는데, 흥미롭게도 그중 첫째가 '아르테스 리베랄레스의 이론theoria liberalium artium'이다. 바움가르텐이 살았던 18세기 초반 독일에서 아르테스 리베랄레스가 정확히 무엇을 뜻했는지는 알기 어렵

---

8 "예를 들어, 인문주의적 방법론을 익힌 의학부 교수들은 중세에 만들어진 의학 교재들을 경멸했던 반면 고대 로마 의학자 갈레노스의 원전 의학서에 대해서는 칭송을 아끼지 않았다. 그들은 필사본을 발굴하고, 새로운 방법을 발견하는 데 열심이었다. 갈레노스의 중세 라틴어 번역본에 만족할 수 없었던 그들은 그리스어 지식을 활용하여 보다 나은 라틴어 번역본을 만들기도 했다. 무엇보다 이들은 갈레노스를 무조건 따르려 하지 않았다. 인문주의 의학자들은 갈레노스의 이론을 검증해 보기 위해 직접 해부학 실험을 했다. 이 과정에서 이들은 갈레노스의 오류를 발견하게 됐고 이를 수정했다. 마침내 갈레노스의 생리학은 폐기됐고, 인문주의자들의 새로운 연구가 그 자리를 대신하게 됐다 (남기원 2021: 128-9)."

9 Paul Oskar Kristeller, *Renaissance Thought II: Papers on Humanism and the Arts* (New York: Harper Torchbooks, 1965), p. 178.

다. 하지만 그의 다른 책『형이상학』제4판(1757년)을 참조하면, 아르테스 리베랄레스는 '우아함의 여신들과 뮤즈 여신들의 철학'이었음을 알 수 있다. 바움가르텐은 '우아함의 여신들과 뮤즈 여신들', 즉 오늘날 우리가 '예술'로 부르는 것을 아르테스 리베랄레스로 이해하고 있었다.

한편 아르테스 리베랄레스 전통은 미국 대학에서 '리버럴아츠칼리지' 형태로 현재도 실행되고 있으며, 대표적으로 세인트존스 칼리지를 꼽을 수 있다. 리버럴아츠칼리지는 변형된 형태로 교양교육에 다양하게 응용되고 있으며, 컬럼비아 대학교의 '중핵교과과정'과 경희대학교의 '후마니타스칼리지'를 예로 꼽을 수 있다.[10]

(2) 한국에서 인문학의 역사

조선의 경우 1894년 갑오경장 때, 중국의 경우는 청淸 몰락 직전인 1905년, 과거제가 폐지되어 사회적, 제도적 기반을 상실하게 되면서 전통 학문은 서구로부터 수용되는 신학문에 주류 지위를 넘겨주게 됐다. 서구적 분과학문 체제와 대학 제도를 수용하게 되면서 사서류史書類 문헌은 역사학으로, 시詩를 비롯한 문학적 성격의 문집류文集類 문헌은 문학으로, 그 외 대다수 경전과 제자백가서 등은 주로 철학으로 흡수됐다. 이러한 과정과 더불어 한국의 경우 1925년 경성제국대학에서 〈경성제국대학 통치 및 학부규정〉에 따라 법문학부에 법률학과,

---

10 송승철 외(2019)의 3.1절(컬럼비아 대학교), 3.2절(세인트존스 칼리지), 3.4절(경희대학교)에 자세한 내용이 조사되어 있다.

정치학과, 철학과, 사학과, 문학과 5개 학과를 두면서[11] 이른바 '문사철'로서의 인문학의 형태가 자리를 잡게 된다.

　도쿄제국대학을 답습해서 설치한 경성제국대학의 편제는 한반도에서 모델 역할을 했다. 일제강점기 조선에서 유일하게 대학의 지위를 가진 곳은 경성제국대학이었고, 지금의 사립대학의 모태가 된 학교들은 대학의 지위를 얻지 못한 전문학교들이었다. 일제는 본토에 3개의 제국대학을, 조선과 대만에 각각 1개의 제국대학을 뒀는데, 식민지의 제국대학들은 식민본국에 부역하는 지식 계층 양성을 목표로 했다. 일본의 근대화가 프로이센을 모델로 했기 때문에 일본의 제국대학 역시 독일의 대학을 모델로 했으며, 이것은 다시 경성제국대학으로 이어졌다. 그러니까 한국 최초 대학의 역사적 뿌리는 근대 독일 대학에 있다고 볼 수 있다. 그러나 경성제국대학은 국가발전에 기여한다는 국가주의적 이념이라는 측면에서는 독일 대학과 닮았지만, 부역지식 계층을 양성했다는 측면에서는 민족적 지지기반을 갖지는 못했다. 시민사회와 괴리된, 특권화된 엘리트의 양성이라는 이러한 삐뚤어진 전통은 광복 이후 국립 서울대학교로 이어졌다.

　지금은 '리버럴아츠'보다는 '휴머니티즈Humanities'라 불리는 한국의 인문학은 전통 인문학이 흡수된 문사철과 서양 문물 수용을 위한 기초 소양인 언어학습이 결합한 성격이 강하다. 대개의 문과대학 혹은 인문대학은 문사철에 더해 영문과, 독문과, 불문과가 결합한 형태

11　이광래(2003), 『한국의 서양 사상 수용사』, 열린책들, 223쪽; 김석수(2008), 「한국인문학의 자기성찰과 혁신」, 경제인문사회연구회, 8쪽.

였기 때문이다. 그런데 영문과, 독문과, 불문과라는 것도 내용상으로는 문학을 포함하는 어학 관련 학과였기에 20세기 한국의 인문대학 혹은 문과대학은 '문사철+외국어학'의 형태를 갖추게 됐다. 물론 이 형태 또한 1990년대 철학과와 어학 관련 학과의 축소 및 폐과라는 구조조정을 겪었고 명칭도 바뀜으로써 이미 상당히 변했다.

하지만 대학 제도 속에 정착된 인문학이 문사철에 국한되기만 한 것은 아니었다는 점도 주목해야 한다. 예컨대 조선총독부 관립의 경성제국대학과 달리 한국 최초의 대학들인 연희전문학교, 숭실전문학교 등은 미국 선교사에 의해 설립됨으로써 미국에서 19세기 중후반에 유행한 리버럴아츠칼리지 형태가 이식됐다. 실제로 "1909-1910년 숭실대학의 교과과정을 보면 … 성경과 함께 이과의 수학, 물리과학, 자연과학, 문과의 역사학, 도덕정신과학, 어학으로 구성됐다. 전체 과목 및 시수에서 이과가 문과에 비해 결코 뒤지지 않고 완전히 대등한 구성을 보여주고 있다. 과학 과목을 보면 물리학, 화학, 생물학, 천문학, 지질학을 전부 포괄했다"[12]라고 한다.

중요한 것은 현재 우리 사회에서 일어나는 혹은 요청되는 새로운 인문학은 '문사철'이 아닌 전통 서구의 '리버럴아츠'나 전통 동아시아 인문학의 '육예六藝'에 더 가깝다고 볼 수 있다. 그것은 전혀 새로운 것이기보다 과거에 있었던 '리버럴아츠'의 21세기판이 되는 것일

---

[12] 김근배(2020), 「숭실전문의 과학기술자들: 이학과와 농학과의 개설, 졸업생들의 대학 진학」, 《한국근현대사연구》 제94집, 178쪽. 그리고 이경숙(2021), 「일제강점기 숭실전문학교 교수진의 구성과 네트워크」, 《사회와 역사》 제130집 참조.

뿐이다. 나는 『뉴노멀의 철학』에서 뉴노멀 시대로 인해 촉진되는 새로운 요청에 부응한다는 차원에서 '뉴리버럴아츠'로 갱신하자고 제안했다. 이 '뉴리버럴아츠'는 20세기 초에 정착된 문사철 중심이 아닌 융합성(문과와 이과를 넘어선다는 점에서), 다양성(전통유교가 관료 양성에 있었다면 지금은 국가, 기업, 국제 무대에서 활동할 사람들에게 필요로 하는 소양), 보편성(전 인류적 가치와 시민성을 포함하는 내용)을 특징으로 하는 통합적 성격을 갖는다.

3. 확장된 인문학의 정립

(1) 문사철 인문학의 해체

서양과 한국의 역사에서 보았듯, 인문학의 의미는 자명하지 않다. 시대의 필요에 따라 규정을 바꿔온 것이 인문학의 역사다. 때로 인문학은 무엇보다 실용적인 학문이기도 했다. 때로 실용적 기술을, 때로 기술을 넘어 사람 교육을, 때로 비판 정신을, 때로 예술을 뜻하기도 했다. 그렇다면 지금 시대가 요청하는 인문학은 어떤 모습인가?

인문학의 변신을 위해 무엇보다 먼저 우리 사회에 익숙한 문사철 인문학을 해체하고, 이를 통해 인문학의 존재 이유를 밝혀야 한다. 앞서 보았듯 인문학을 문사철, 즉 문학, 역사, 철학으로 구분한 것은 메이지 시기 일본이며, 이런 일본을 답습하여 우리도 인문학의 핵심을 문사철로 두게 됐다.

불행히도 한국에서 인문학은 오랫동안 현실과 동떨어진 채 있었고, 현실에 개입하지도 못했으며, 현실의 문제를 명료하게 드러내지도 해법을 제안하지도 못했다. 때로는 권력의 수하로서 독재를 보조하고 정당화하는 일도 서슴지 않았다. '철학'이라는 용어는 1874년 메이지의 일본 학자 니시 아마네西周가 서양의 'philosophy'를 번역하다 고심 끝에 만든 말이며, '문학'도 'literature'의 번역어로 만들어진 용어다. 문학과 철학이 개화기의 산물일진대 어찌 과거에 문사철 인문학이 있을 수 있었겠는가. 짧은 역사를 가진 문사철 인문학에 미련을 가질 이유는 전혀 없다. 문사철 인문학을 해체해야 하는 이유는 언어, 문학, 역사, 철학 등을 부정하기 때문이 아니다. 개별 분과는 더 깊게 연구되어야 한다. 하지만 동시에 인문학이 제 역할을 해야 한다. 인문학 연구는 사회 속에서 적합한 평가를 받아야 한다. 현실에 밀착한다는 건 과학, 기술과 정치, 외교를 따라잡고 경제와 복리를 선도하며 역사를 만들어 간다는 뜻이다. 인문학은 생생하게 와닿을 수 있는 이야기를 해야 한다. 동시에 인문학 교육은 자립적 인간, 성숙한 시민, 유능한 인재를 길러내야 한다. 연구와 교육을 통해 사회에 기여함으로써 시민사회의 호응과 지지를 얻고, 나아가 국가 차원의 인문학 분야 학문후속세대 육성을 정당화해야 한다.

인문학 개념을 재정의하면 어떤 도움을 얻게 될까? 가장 중요하게는 '인문학의 위기'라는 말로 운위된 사태의 정체가 분명해진다는 점이다. 인문학 연구 및 학문후속세대 재생산의 차원과 인문학 교육 차원은 분명히 구별된다. 전자는 원인을 따지기에 앞서 실제 위기가 맞지만 후자의 수요는 더 늘고 있다. 그런데 교육 수요를 충당하려면 학문후속세대를 키워내야만 한다. 하지만 인문학자의 재생산 구조는 붕괴 직전에 있다. 사회가 요구하는 인문학 교육도 머잖아 종결될 수밖에 없다는 뜻이다.

한 가지 더 꼽을 수 있는 것은, 변하는 시대에 대응하는 시민을 길러내는 길을 틀 수 있다는 점이다.[13] 대학에서 공부한 전공이 곧장 사회에서 쓰임새가 있던 건 20세기 중후반의 일이다. 오늘날 그 정도 수준의 교육은 대학원 과정에서 이루어지고 있다. 한편 기대수명의 증가로 인해 새로운 것을 배울 수 있는 능력을 키우는 것이 절실해졌다. 평생에 걸친 재교육이 필수적인 시대다. 사회는 성년 초기에 이 배우는 능력을 키워줘야만 한다. 이 임무를 가장 잘 수행할 수 있는 교과가 인문학이다.

하지만 사회에서는 기존 인문학이 이런 일에 능하다고 아무도 기대하지 않는다. 인문학이 모습을 달리해야 할 이유가 여기에 있다. 인문학을 '문사철'로 가두려 하기보다 '확장된 인문학'으로 탈바꿈해야 사회의 호응과 지지도 기대할 수 있다. 더욱이 과거 역사를 보더라도 인문학은 현실에 응수해 편제를 바꾸곤 했다. 세상 사람들의 인식이 바뀔 때까지 변한 인문학을 보여주어야 할 것이다.

---

[13] 이하 내용은 김재인(2020)의 『뉴노멀의 철학』 202~205쪽 참조.

(2) 확장된 인문학: 확장된 언어와 문해력

인문학이 처한 궁색한 상황을 탈피하기 위해 새로운 인문학을 구성해야 한다. 인문학의 변신은 시대의 과제다. 인문학이 한 시대의 필요에 의해 발명된 것이라면, 시대가 달라짐에 따라 새로운 인문학이 가공되어야 하는 것은 또 다른 필연이다. 그것이 역사의 교훈이다.

인문학을 규정하는 핵심어는 무엇일까? 먼저, 역사를 톺아보면 '언어에 대한 사랑'이 인문학의 핵심에 있다.[14] 나는 다음과 같은 결론에 도달한 적이 있다.

> "인문학이란 도대체 무엇일까? 인문학을 규정하는 방법은 여럿이다. '인문人文'이라는 말을 풀어 '사람의 무늬'라고 할 수도 있고, 주요 분과의 앞 글자를 묶어 '문사철文史哲'이라고 할 수도 있다. 물론 이러한 규정은 인문학의 본질을 말해주지 못한다. 사실 인문학은 엄밀한 분류법에 따른 명칭도 아니다. 인문학은 영어 '휴머니티스'나 중세의 '아르테스 리베랄레스', 즉 영어 '리버럴 아츠'나 르네상스의 '후마니타스'에 대응하는 말 또는 번역어로 보는 편이 정확하다. … 흔히 인문학의 목적으로 '인간에 대한 탐구', '인간에 대한 성찰' 같은 걸 말하는 이들도 있는데, 무릇 모든 학문과 예술이 그런 내용을 포함한다는 점에서 인문학의 정의로는 지나치게 넓다. 내가 보기에 인문학의 가장 밑바닥에는

---

14 이 주제에 대해서는 김재인(2019b), 『생각의 싸움』 6~19쪽 참조.

언어 사랑이 있다. 희랍어(고전기 그리스어)로 표현하면 '필롤로기아philologia'라고 할 수 있다. '언어logos'에 대한 '사랑philia' 말이다. 오늘날 필롤로기아는 '문헌학'으로 주로 번역되는데, 번역어로 무슨 말을 쓰건 그 근원에는 '언어 탐구', 즉 '언어에 대한 탐구' 및 '언어를 통한 탐구'가 놓여 있다."**15**

　서양인들은 그리스와 로마의 고전을 읽으며 삶을 배웠고, 자기 생각을 글로 표현했다. 요컨대 읽기와 쓰기가 곧 인문학이었다. 다른 관용어 중 하나는 '비판' 혹은 '비판적 사고'다. 일찍이 세네카도 강조했고 르네상스 인문주의자도 강조했다. 비판에 대한 강조는 근대에도 이어졌다. 칸트가 『"계몽이란 무엇인가?"에 대한 답변』(1784)에서 잘 지적했듯이, 위기를 직시하며 위험을 무릅쓸 수 있는 성숙함과 용기와 자유로운 정신, "과감히 알려고 하라!"라는 표어에 핵심이 있다. 이 흐름은 앞서 소개했던 '아르테스 리베랄레스', 즉 리버럴아츠로 수렴될 수 있다.

　아르테스 리베랄레스는 근래에 '자유학예自由學藝' 혹은 '자유 교양 학문'이라고 번역된다. 굳이 '인문학'이라는 이름을 고집하지 않아도 된다. 서양에서 그것은 공적인 삶에 능동적으로 참여하기 위해 자유로운 인간이 필수적으로 알아야 할 이론적, 실천적, 실용적 앎의 총합이었다. 이런 소양이 오늘날에도 필요한지는 물어볼 필요도 없다. 이

15　김재인, 앞의 책, pp. 6~7.

를 갱신한 것이 '뉴리버럴아츠'인데, 리버럴아츠칼리지를 단순 수용하는 것이 아니라면 '새로움^{new}'은 어디에 있을까? 가장 중요한 것은 인문학의 핵심에 있는 '언어^{文}'의 의미를 확장하고 재정의하려 한다는 데 있다.

근대에 이르기 전까지 '언어'는 인간과 사회와 자연을 이해하는 가장 중요한 도구였다. 세상은 느리게 변했고, 고전은 거듭 읽혔다. 갖춰야 할 최초의 능력은 문해력이었다. 문해력이 있어야 기본 데이터를 습득할 수 있었다. 하지만 근대는 이를 송두리째 뒤집었다. 언어로 표현하거나 포착할 수 없는 세계가 발견된 것이다. 갈릴레오가 말했듯, 그것은 '수학의 언어'로 쓰여 있다. 이제는 지식을 얻기 위해 언어뿐 아니라 수학도 알아야만 한다. 그런데 오늘날에 와서는 언어와 수학이 전부가 아니다. 오늘날 '문해력'의 용법은 매우 확장됐다. 데이터를 얻고 내용을 이해하기 위해 곳곳에 이 용어가 쓰인다. '디지털 문해력', '통계 문해력', '과학 문해력', '미디어 문해력', '예술 문해력' 등 '문^{文}', 즉 '언어'가 지칭하는 바가 아주 다양해진 것이다. 이 점은 3장 6절에서 살짝 살펴보았다.

인문학이 '비판 정신'을 간직하면서도 다양한 '문해력'을 가르쳐야 한다는 점은 명약관화하다. 그것이 시대의 요청이다. 최근까지도 문사철 인문학은 '언어 문해력'만 강조했을 뿐 수학, 자연과학, 사회과학, 예술, 디지털 등 '확장된 문해력'에는 무관심하거나 무능했다. 인문학의 갱신이 요청되는 이유 중 하나다. 실제로 미국의 리버럴아츠칼리지는 '언어'의 재정의라는 문제의식을 내장하고 있을지는 몰라도 명료하게 정의하고 있지는 않다. 이와 달리 뉴리버럴아츠로서의 확장된 인문학은 수학, 과학, 예술 등을 포용한다. 그것이 인문학의 본령이다.

언어의 확장은 오늘날 아주 중요한 함의를 갖는다. 예를 하나 보겠다. 기원전 3000년에 페니키아인이 지중해 전역에 걸친 최초의 무역 왕국을 건설할 수 있었던 출발점은 무엇일까? 비밀은 뿔고둥에 있었다. 페니키아인은 뿔고둥의 독샘에 든 자줏빛 액체에서 진한 자주색 염료를 생산하는 법을 발견했다. 이 자원은 대단히 귀했고 비쌌고 쉽게 고갈됐고 수요가 많았다. 얕은 물에서 6~7년을 사는 뿔고둥이 절멸하면 더 깊은 물로 가야 했고, 페니키아인은 뿔고둥이 풍부했던 서식지가 고갈될 때마다 해안을 따라 지중해 전역으로 이동했다. 이 과정에서 튼튼한 배를 만들기 위한 원료인 레바논시다 숲을 착취했고, 항해와 원양 기술을 발달시켰으며, 바다를 장악하고 새로운 자원을 개척하며 새로운 거래처를 확보했다. 교역로를 보호하기 위해 전함을 포함한 상단을 운영했고, 저장 용기로서 유리 제품을 개발했으며, 늘어난 노동 수요를 충당코자 노예를 거래했다.[16] 이처럼 하나의 역사적 사건이 전개되는 과정을 이해하기 위해서는 지리, 생물학, 정치 등에 대한 이해가 필요하다. 뿔고둥과 레바논시다의 생태를 이해해야 페니키아의 흥망성쇠가 비로소 해명될 수 있다.

오늘날 세상 돌아가는 것을 알기 위해서는 물론이려니와 자립적인

---

16 이상의 내용은 마크 버트니스, 『문명의 자연사』, 조은영 역, 까치, 2021, 133~138쪽.

삶을 살기 위해서도 확장된 문해력이 꼭 필요하다. 누가, 어디에서 이 능력을 길러줄 수 있는가? 갱신한 인문학이 역할을 해야 한다. 과거의 핵심 과목이었던 언어, 문학, 역사, 철학은 이제 수학, 자연과학, 사회과학, 예술, 디지털의 기본 역량을 흡수해서 자신을 확장해야 한다.

관건은 고등교육의 틀을 어떻게 가져가야 하느냐, 나아가 국가 수준에서 고등교육의 체제와 목표를 어떻게 설정할 것이냐에 있다. 가령 미국은 커뮤니티칼리지, 리버럴아츠칼리지, 전문교육중심대학, 연구중심대학 등 다양한 급의 대학으로 편제되어 있다. 반면 한국은 실용 교육 위주의 2년제 대학과 종래의 4년제 종합대학 두 급으로 나뉜다. 풀어야 할 문제는 인구, 영토, 재정 등 거의 모든 점에서 미국과 여건이 다른 한국이 뉴노멀 시대에 맞는 고등교육을 어떻게 설계할 것인가다. 확장된 인문학 교육이 고등교육 설계의 바탕이 되어야 할 것이다.

(3) 인문학의 위기를 진단하기 위한 인문학 관련 당사자 분류

인문학의 이러한 해체와 대체는 학문 체계 전반의 해체와 재구성을 뜻함과 동시에 현시대의 학문이 나아갈 방향을 암시한다. 19세기에 형성되기 시작해서 20세기에 완성된, 그러나 시대에 뒤떨어진 것이 분명한, 분과화된 서양 학문 제도와 교육 체계는 새로운 인문학에 반발할 가능성이 크다. 하지만 새로운 학문 시스템과 교육 시스템은 지금 여기의 현실을 바탕으로 시작되어야 한다. 분과는 제도의 산물이고, 제도는 시대적 필요의 산물이다. 시대는 크게 바뀌었고, 따라서 제도 또한 충분히 바뀔 의무가 있다.

조금 뒤에 구체화하겠지만, 간략히 정리하고 갈 사항이 있다. 인문학에 대한 담론이 지금까지 많이 겉돌았다면, 인문학 생태계를 구성하는 인자로서 관련 당사자가 적합하게 분류되지 않았던 탓도 있을 것이다. 관련 당사자로 (1) 연구자, (2) 교육자, (3) 학생, (4) 시민을 꼽아야 한다. 여기에 (5) 지원기관(도서관, 박물관, 과학관, 미술관, 문학관, 문화센터, 평생교육관 등)이 추가될 수 있다.

연구자는 전문 분과를 연구하며, 보통 박사학위를 소지하고 있다. 연구자는 매우 전문화되어 있어서 어떤 점에서는 전공이 같은 다른 연구자와 소통이 어려운 경우도 생긴다. 가령 한 대학의 같은 학과 교수들이 하는 작업을 잘 이해하기 어려운 경우도 태반이다.

교육자는 보통 박사학위를 소지하고 있지만 꼭 연구를 겸하라는 법은 없다. 다른 연구자의 연구 내용을 이해해서 전달하는 것으로 어느 정도 역할을 할 수 있으며, 이마저도 쉬운 일은 아니다. 나아가 교육은 연구와는 별개의 능력 발휘를 요구한다.

교육자는 학생을 가르친다. 학생이 배우는 것은 교양과 전공 두 차원이 있다. 오늘날 전공 교육은 주로 대학원에서 이루어지며, 해당 학문의 깊은 지식을 내용으로 한다. 교양은 전문성이 떨어지는 교과로 여겨지곤 했지만, 쉽게 가르치는 희석한 전공이 아니라는 점이 점점 더 강조되고 있다. 교양은 모든 학생을 대상으로 하며, 전공은 해당 전공 학생만 대상으로 한다.

연구자와 교육자는 모두 시민을 향해 공헌할 수 있다. 연구자는 전문 연구성과를 쉽게 소개하는 글이나 책을 쓰거나 시대의 현안에 대해 비평하는 방식으로 공헌한다. 교육자는 더 적극적으로 시민과 소통하며 연구자보다 다양한 내용을 가르친다. 물론 연구자와 교육자가 분리될 필요는 없다. 시민은 과거 학생이었던 이들로 구성된다.

연구자와 교육자는 보통 대학교수라는 직업을 갖고 있다. 물론 연구원에 소속되어 활동하는 연구자도 있고, 전업 대학교수가 아닌 교육자도 있다. 교육이 이루어지는 장소는 대학이거나 대학 밖 시민사회(도서관, 시민학교, 평생교육관, 문화센터, 소모임 등 다양함)다.

학생 중에는 앞으로 박사학위를 받고 연구와 교육을 이어가겠다는 학문후속세대가 있다. 학문후속세대는 학문의 지속과 발전에 결정적이다. 만일 학문후속세대가 나오지 않으면 해당 학문은 맥이 끊긴다. 한편 대다수 학생은 졸업 후 학문 세계와 인연을 끊고 자신의 직업 생활에 매진한다. 그러나 시대가 바뀌어 졸업 후에도 계속되는 재교육의 압박이 생겨났고 이를 위한 '학습 역량'이 필수가 됐지만, 전통적인 교육제도는 이 역량을 길러주지 못한다.

이처럼 관련 당사자의 지위와 역할을 구분하게 되면 문제도 또렷해진다. 우선 이른바 '인문학의 위기'는 학문후속세대가 재생산되지 않는 현실과 관련된다. 학생이 인문학 박사학위를 받는 과정에 진입하지 않는 것이다. 가장 중요한 이유는 생계와 연구의 안정성이 보장되지 못한다는 데 있다. 학생의 잘못은 아니다. 기성세대 연구자와 교육자가 제 역할을 하지 못한 탓이 크다. 사회가 대학 내 인문학 연구자와 교육자의 역할에 대한 기대를 접었고, 지원 예산을 편성하기를 거부했다는 뜻이기도 하다. 하지만 연구자와 교육자가 바로 타격을 입는 건 아니라는 점에서 연구자와 교육자가 바로 행동에 뛰어들 유인이 적다.

그렇다면 학교에서 학생이 인문학 과목을 기피하는 현상은 어떻게 봐야 할까? 학생이 배우고자 하는 것과 교육자가 가르치는 것 사이의 괴리가 크다는 점을 지적하지 않을 수 없다. 조사에 따르면,[17] 학생은 단지 취업에 도움이 된다는 이유만으로 과목을 수강하지는 않는다. 삶에 도움이 되는 과목을 찾는 것도 젊은 학생의 특권이다. 하지만 대부분 희석한 전공 인문학을 교양이라는 이름으로 가르치는 측면이 강하다. 이 점에서 교육자의 잘못이 크며, 피해는 고스란히 학생에게 간다. 이런 이유로 대학원에 가기를 단념하는 학생이 나오기도 한다.

흥미로운 것은 시민사회에서 인문학 강좌는 그 어느 때보다도 활발하다는 점이다.[18] 사회 속 '인문학 열풍'이다. 시민학교가 대학의 교육과정과 다른 점은 시민이 과목과 교육자를 고르고 평가하며 시대 흐름에 맞춰 교육 내용을 바꿔간다는 것이다. 유료건 무료건, 사회에는 배우려는 시민들로 넘쳐난다. 여기서 간과하지 말아야 할 사항이 하나 있는데, 대학이 예산 문제로 어려움을 겪는 데 반해 시민학교는 정부 예산을 지원받고 있다는 점이다. 시민학교의 성공 비결 중 하나는 예산을 활용해 다양성과 질을 확보할 수 있는 여력에 있는지도 모른다. 시민학교의 교육자도 대부분 대학교수와 같은 학술 능력이 있으

---

17 김재인 외(2022), 24~34쪽 참조.
18 김재인 외(2022), 34~39쪽 참조.

면서 시민의 눈높이를 맞추는 솜씨까지 갖췄다. 하지만 학문후속세대가 끊기면 시민학교의 교육자도 조만간 고갈될 수밖에 없다는 점은 가까운 미래의 현실이다. 학문후속세대를 사회적으로 지원해야 할 이유 중 하나다.

다음 장에서는 확장된 인문학을 통해 인문학이 처해 있는 두 방향, 곧 위기와 열풍이 어떻게 화해할 수 있는지 제시해 볼 것이다. 이를 다루기에 앞서, 인문학 연구와 관련해 '한국에서의 인문학 연구'가 어떤 의미를 지녀야 하는지 먼저 방향을 제시해 볼 것이다. 그동안 인문학이 우리의 문제보다 서양의 문제를 다루는 풍토에 젖어 있었고, 이제 우리의 구체적 문제를 출발점으로 삼아 보편성에 도달해야 연구로서의 인문학이 살아날 수 있으리라고 진단한다.

4. 사대주의 극복과 한국어 인문학 연구 공동체의 성장

한국에서 인문학이 올바로 실천되기 위해서는 크게 두 가지 조건이 필요하다. 첫째, 어떤 역사적, 지리적, 언어적 전통에서 유래했건 간에 그건 단지 새로운 인문학을 건설하는 재료와 자원일 뿐이라는 점이다. 둘째, 우리의 확장된 인문학은 철저히 한국어로 작업해야 한다는 점이다. 이를 바탕으로 우리의 문제를 문제로 삼고 거기서 출발해 보편성에 도달하는 것이 지금 한국 인문학의 과제다.

(1) 온갖 역사와 전통의 자원들을 우리 문제와 관점에서 활용하기

그간 인문학은 서양 중심 학문이었다. 서양 근대의 식민주의 때문에 비서양 유산은 소홀히, 나아가 부정적으로 취급되어 온 것이 사실이다. 힘의 우위가 가치의 우위를 낳았고, 우리 역시 그에 굴복했다. 한국의 근대 인문학은 일본을 거쳐 서양 인문학을 일방적으로 수입함으로써 성립했고, 지금까지도 저들의 대상과 주제, 방법과 관행을 따라가기 급급했다. 이 과정에서 식민주의, 시장 만능 자본주의, 개인주의적 자유주의 같은 부정적 유산을 내면화했다는 부작용도 만만치 않았다.

이에 대한 반발로 한자 문화권의 전통에서 서양 인문학의 대안을 찾으려는 노력도 간간이 있었다. 동양 전통과의 단절이 현재의 위기를 낳았다는 진단과 처방도 있었다.[19] 심지어 한국에서 인문학을 하려면 누구건 한문 고전을 읽을 수 있어야 한다는 요구마저 있었다.[20] 한때나마 탈식민주의 관점에서 서양과 다른 전통을 주목하고 발굴해야 한다는 실천도 있었다.

하지만 나는 서양과 동양을 나누는 이분법은 가짜 문제이고, 따라서 처음부터 풀릴 수 없는 문제라고 본다. 중요한 건 출처가 아니라 지금의 쓸모다. 확장된 인문학을 위해 쓰임새가 있는 개념과 사상이라면 가져다 쓰면 될 것이고, 그렇지 않다면 외면하면 된다. 되도록 많은 자원을 활용하는 건 학자의 의무다. 풀어야 하는 건 지금 여기의

19 김여수 외(2005), 「한국 인문진흥정책 보고서」, 경제인문사회연구회.
20 백종현(2007), 「한국 인문학 진흥의 한 길」,《지식의 지평》2호.

우리 문제다. 가용 자원을 최대한 소환하기 위해 다양한 언어 유산의 힘을 빌려 와야 마땅하다. 자원 채굴은 인문학의 오랜 업적 중 하나였다. 외국어의 유용성은 이 지점에서 빛을 발한다.

이 지점에서 한 가지 돌아볼 대목이 있다. 영어로 된 자원에만 매달리는 현상이다. 요컨대 학문의 영어 편식과 예속이 심각하다. 내가 문제로 느끼는 대목은, 특히 인문학과 사회과학 분야에서 갈수록 비영어 담론을 철저하게 무시하거나 혹은 무지하다는 점이다. 비영어권 문헌에서는 명시적으로 다뤄지는 것이 참조되지 않는 데 대해, 그것이 틀렸거나 후져서 아니면 비현실적이거나 한국 맥락에 맞지 않아서 그런 것이 아닐까 하는 의심을 가져볼 수 있다. 하지만 아무리 생각해도 읽지 않아서 혹은 읽을 기회가 없어서라고 결론 내릴 수밖에 없다.

학문적 게으름을 탓하려는 게 아니다. 더 큰 문제는, 말 그대로, 한국 학자들의 담론장 안에서 비영어권의 논의까지 굳이 알아야 할 이유가 없었다는 점이다. 거슬러 가면, 영어 담론의 도서 목록 안에 비영어 담론이 별로 없다는 것이 이유일 것이다.

한국어를 쓰는 학자 대다수가 영어 도서 목록에 없으면 존재하지 않는 담론으로 여기게 된 것은, 내가 여러 차례 강조했던, 유학留學의 문제 때문으로 보인다. 유학 자체도 문제지만 미국 유학이 더 큰 문제다. 언제부턴지 미국 대학의 커리큘럼에 없으면 몰라도 상관없게 되어버렸다. 학문의 미국 의존이 커질수록 이 경향이 강해졌다고 보인다. 이건 제도라는 무의식 차원에서 벌어지는 일이며, 대체로 학자 개인의 자질과 무관하게 관철된다.

나는 이런 경향이 분석과 성찰의 빈곤화를 초래했다고 보며, 그래서 굳이 욕먹을 각오를 하며 이런 비판을 던진다. 분석과 성찰의 자원은 어디서 끌어와도 좋다. 다만 편식이 아니어야 한다. 그런데 영어라는 언어 자체가 편식이 심각하다. 영어로 번역된 건 굳이 원어를 확인할 필요성을 느끼지 않는 게 영어권 담론의 풍조다. 그런 점에서 현재 영어는 적어도 19세기부터 이어져 온 제국주의의 유일 언어the language다.

안타까운 건 한국 학자 대다수가 영어 담론장의 노예인 듯 보인다는 점이다. 노예란 자기 문제를 제기하지 못하고 스스로 평가하지 못하는 자 아니던가. 학자들의 전반적 수준마저 이런데 어찌 사회 개혁을 말하고 정치 정상화를 요구할 수 있겠는가? 물론 학자들의 높이가 사회의 최고 높이라는 전제하에서 말이다.

(2) 한국어 인문학 연구 공동체를 중심에 놓기

이로부터 한국어로 인문학을 해야 한다는 두 번째 원칙이 이어진다. 왜 한국어여야 하는가? 그건 우리 연구가 한국어 공동체에서 이루어지기 때문이다. 인문학은 언어로 행하는 비판 작업이다. 따라서 연구자가 가장 잘 구사할 수 있는 언어로 작업해서 연구 공동체에 제출하는 것이 바람직하며, 이에 대한 응수 또한 그런 식이어야 한다. 그래야 연구 공동체가 성장하면서 사상이 발전할 수 있다.

한국에서 인문학 연구가 난맥상을 보여왔다면, 가장 중요한 이유 중 하나는 '연구 언어로서 한국어에 대한 경시' 혹은 '한국어 연구 공동체의 부실함'에서 찾을 수 있다고 진단한다. 연구 주제를 잘 설정하는 것 못지않게 한국어 연구 공동체를 건설하는 것이 시급하다. 앞서 동서고금의 자원을 가리지 않고 가져다 써야 한다는 첫 번째 원칙은 결국 한국어 번역과 저술을 통해 한국어 창고에 자원을 축적해야 한다는 것으로 수렴한다.

이를 위해서는 제도적인 뒷받침이 필요하다. 업적 평가나 임용 및 승진 심사에서 한국어 논문보다 A&HCI 저널에 수록된 외국어(주로 영어) 논문이 우대받거나 필수로 요구된다는 점은 연구 언어로서의 한국어에 대한 폄하를 잘 보여준다. 영어 강의를 필수로 요구하는 관행도 마찬가지로 문제다. 다 알고 있듯, 이런 요구는 대략 자연과학과 공학 영역의 관행을 표준으로 삼아 인문학을 평가하는 기준을 마련한 데서 비롯한다. 하지만 SCI 저널에 영어로 논문을 수록하라고 강조하고 언어의 결을 무시하는 요구는 전혀 인문학적이지 않다. 교육부와 한국연구재단 등은 사업을 진행하는 과정에서 인문학의 고유성을 배려해야 한다. 한국학 분야나 비영어권 분야는 한국에서 굳이 영어로 논문을 쓰고 강의할 이유가 전혀 없다. 나아가 이런 변화에 맞는 질적 평가 기준과 방법도 고안할 필요가 있다. 객관적 지표로 평가하기 어려운 것이 인문학이라는 점을 잊어서는 안 된다.

이 지점에서 인문학의 데이터가 무엇인지도 고찰할 필요가 있다. 인문학의 데이터를 '텍스트'라고 여기는 경우가 많다. '공자왈맹자왈 孔子曰孟子曰'의 고전 텍스트 말이다. 자연과학과 사회과학은 각각 '자연'과 '사회'에 대한 측정 자료를 근거로 한다. 누군가 받아들이지 않으려 하면 "자, 이 데이터를 봐라"라고 근거를 제시한다는 말이다. 근거가 부실할 수도 있고, 부분적일 수도 있고, 왜곡된 것일 수도 있다. 그렇더라도 근거에는 근거로 맞서고 반박한다. 그래서 '과학'의 지위를 부여받는다. 데이터가 매개되지 않으면 집단 작업으로서의 과학은 실천 불가능하다. 모든 전문가가 공개적으로 검증할 수 있는 데이터야말로 과학의 근거다.

이 점에서 과학은 '협업'의 실천이다. 학자들은 데이터로부터 가설과 이론을 만들고 검증한다. 그런 조각 퍼즐 맞추기가 과학의 일이고 과학의 장점이다. 이 점에서 과학은 개인 작업도 개인의 성취도 아니다. 사회과학은 자연과학의 발전에 착안해 사회를 연구하려 한다. 인간 사회는 자연물처럼 측정을 기다리고 있지 않으며 많은 간섭 요인도 있기에, 사회 데이터에서 자연과학 수준의 근거를 대는 게 어렵다. 이런 한계가 있지만, 자연과학의 실천을 모범으로 삼는다는 점에서 설득력을 확보하려 한다.

그렇다면 인문학의 데이터는 무엇일까? 주로 문헌을 연구하는 전통 인문학의 관행을 보면, '텍스트'가 데이터라고 오해하기 쉽다. 이런 가설은 인문학의 엄밀성에 의문을 낳는 원인이다. 고전 문헌을 다루는 것까진 좋다. 하지만 물어보자. 시대와 장소와 관행과 기술技術이 달라졌다면 옛 문헌이 여전히 설득력이 있을 수 있을까? 과학에서 데이터로 반박된 부분은 대개 역사의 일부로 남는다. 역사학의 대상일 뿐 더는 과학의 대상이 아니라는 말이다. 인문학이 수천 혹은 수백 년 전 문헌을 가져올 때 설득력은 어디서 찾을 수 있을까? 문헌을 근거로 삼는 것이 인문학이 비현실적이 되는 원인 아닐까? 한동안 나는 이 물음에 대한 답을 찾기 어려웠다.

문헌만 파고드는 훈고학이 아니려면 인문학은 어떻게 실천해야 할까? 인문학은 오늘날 자연과학과 사회과학이 제공하는 지식을 데이터로 편입해야만 한다. 문헌은 그런 실증 데이터에 부합할 때 설득력을 얻는다. 인문학 연구자끼리의 소소한 정담은 중요하지 않다. 정담 또한 사회 속에서만 유의미하다. 연구 결과가 전문가를 넘어 확산하지 못하면서 사회의 호응을 기대하면 안 된다. 문제는 인문학 연구자가 자연과학과 사회과학의 지식을 이해할 문해력도 없고 그 지식을 활용할 의사도 별로 없다는 데 있다.

그동안 한국의 인문학은 그다지 '자생'적이지도 못했고, '자주'적이지도 않았으며, '자립'적이길 기대한 적도 없었다. 전통 인문학은 서양 인문학 제도의 수입이라는 점에서 자생적이지 않다. 지리적으로 지금 이곳의 문제에 천착하지 않으니 자주적이지 않다. 사회에 주는 게 거의 없으면서 '인문학은 중요하다'며 원조만 호소할 뿐이니 자립적이지 않다. 인문학은 자신의 정체성을 정의하지 못했고, 자신의 의무를 애초부터 자각하지 못했으며, 자신의 미래를 스스로 끌고 갈 힘이 없었다. 더욱이 가장 중요한 매체인 한국어도 놓쳤다.

인문학 자신이 '융합'의 주체요 현장이어야 한다. 그런 탈바꿈 없이 사회에 존재감을 주장하려 해서는 안 된다. 인문학은 현실의 삶에 지침을 줄 수 있어야 한다. 옛날 그 어느 좋던 시절을 얘기하는 일도, 현실적으로 불가능한 이상을 제시하는 일도 아니어야 한다. 이 모든 일은 한국어 공동체에서 이루어져야 한다. 그것이 한국에서 인문학을 하는 일차적 이유다.

(3) 우리의 구체성에서 출발해서 보편성에 이르기

인문학은, 아니 무릇 학문이라면 보편성을 가져야 할 텐데, 한국어를 고집하는 까닭이 무엇이냐고 반문할 수 있다. 하지만 이 물음은 논점을 놓치고 있다. 한국어로 학문을 한다고 보편성을 갖지 못하란 법이 어디 있으며, 학자가 자신이 가장 잘 구사하는 언어를 통해 사고하고 표현하는 것이 뭐가 문제란 말인가?

영어로 발표해서 선진국에서 먼저 인정받아야 한다는 사고방식도 고답적이다. 그간 한국 인문학의 사대주의 경향에 대해서는 여러 비판이 있었다.[21] 우리는 무엇보다 한국에서 학문하는 까닭을 물어야 한다. 누구를 향해 연구 결과를 발표하고 있는가? 연구성과를 읽는 이는 주로 누구인가? 어떤 문제를 풀려 하고 있는가? 이곳의 구체성을 통해 보편성에 이르려는 노력은 얼마나 했는가? 서양 모델로 접근되지 않는 문제를 어떻게 다루려 하는가?

과연 완성된 선진국 같은 게 있긴 한 걸까? 특히 코로나19 발발 이후로 우리가 분명하게 확인하고 깨달은 점이 하나 있다. 완성된 선진국은 환상일 뿐이고, 몇몇 요건을 만족하는 선진국이 있지만 이들조차 다른 몇몇 부문은 한참 뒤처져 있다는 사실이다. 모든 부문에서의

---

21 해법에는 이견이 있지만, 방향 설정에서 참고할 만한 대표적 논의로는 나종석(2018), 「사회인문학의 이중적 성찰 : 대동민주 유학의 관점에서」, 《사회와 철학》 35.

선진국 혹은 선진국의 이데아는 존재하지 않는다. 그런 건 지향이자 목표일 뿐이다.

그렇다면 무엇이 선진국일까? 자신의 문제를 문제로 삼는 사회, 자신의 문제가 인간의 보편적 문제임을 자각하고 해결하려 애쓰는 사회, 남의 문제를 남의 문제로 객관화해서 자기 문제를 풀기 위해 주체적으로 수용하는 사회, 남에게 문제를 문제로 포착할 수 있게 도움을 주는 사회, 그런 사회가 선진국 아닐까.

사실 한국은 문제들로 들끓고 있다. 조용할 날이 없고, 도처에서 동시다발적으로 문제가 제기된다. 하지만 노동, 여성, 환경, 세대, 기후, 난민, 역사 등의 문제를 '수입한 문제'가 아닌 '우리 현실의 구체적 문제'로 자각하고 문제시하고 있다는 점은 매우 중요하다. 우리는 지금 우리 문제를 발굴하는 중이다. 역설적이게도 최근까지 한국의 지식인은 서양에서 정립한 문제 혹은 서양을 거쳐 수입한 문제, 서양에 근접한 비서구권 국가가 문제시한 문제만을 문제로 여겨왔던 것 같다. 자신이 유학한 나라, 자신이 주로 읽은 언어권, 그곳의 문제만 문제고 이곳의 문제는 문제 수준에도 미치지 못한다고 폄하해 왔던 것도 같다.

미국에서 유학한 경제학자가 한국 경제에 가장 무지하다는 말이 있다. 한국이 아닌 미국의 경제 현실을 데이터로 삼았기 때문이다. 모든 문제는 구체적 상황과 맥락 아래 있다. 사람이 문제의 중심에 있기에 구체적 역사와 궤적이 있을 수밖에 없다. 사람의 문제를 풀려면 구체적인 데이터를 통해 문제를 잘 정립해야 한다. 하지만 우리는 지금까지 데이터를 외면한 채 문제를 위한 문제만 그려보려 했던 건 아닐까? 허망하게도 말이다.

더욱이 한국은 이미 선진국이다. 여기에서 일어나는 사건과 이곳의 문제를 푸는 것이 인류에 기여하는 지름길이다. 앞서도 확인했지만, 이미 문화예술 콘텐츠를 통해 한국적 구체성이 인류적 보편성과 맞닿을 수 있다는 점이 확인되었다. 아이러니하게도 한국이 왜, 어떻게 성공하게 되었는지 서양이 먼저 고민하기 시작했다. 이제 사상과 가치를 놓고 한국어를 통해 승부하는 일은 한국 인문학에 부여된 숙제다. 여기가 사상의 전쟁에서 최전선이다.

이미 마련되어 있어서 그저 가져와 쓸 문제틀이란 없다. 우리 문제에 가져다 쓸 방법론이란 없다. 문제는 설정하는 자에 따라 다 다를 수밖에 없고, 방법이란 문제를 해결하려는 노력의 고민 끝에 남은 흔적일 뿐이다. 어디서 가져다 쓸 생각 말고 직접 발명해야 한다. 본받아야 할 모델 따윈 없다. 직접 모델을 만들어야 하고, 자신이 모델이 되어야 한다. 역사는 흥망성쇠의 궤적으로 가득 차 있다. 영원한 선진국은 없다.

AI 빅뱅
AI 빅뱅
AI 빅뱅
AI 빅뱅

객관적으로 완성된 실체인 작품과 우리가 확인할 수 없는 작가의 의도와 주관에 대해 질문이 계속 나오고 있습니다. 작가의 측면에서 접근했을 때 인공지능이 만든 건 작품이라고 볼 수 없지 않겠느냐고 했습니다. 그런데 주관이 실존한다는 걸 입증할 수 없잖아요. 엄밀히 말해 우리가 다른 사람한테, 다른 사람이 우리한테 저 사람이 진짜 생각하고 있는지를 입증할 수는 없지 않습니까?

이 문제가 굉장히 중요해요. 인문학을 연구하고 공부하는 사람 말고 자연과학이나 공학을 연구하는 사람 또는 상식적인 일반 시민이 보기에는, 문학이건 역사건 철학이건 간에 인문학은 주관의 영역을 다루니까, 겉으로 드러난 것 말고 속을 많이 탐구하니까 학문이 될 수 없고 말 그대로 주관적인 주장에 그치는 것 아니냐고 질문하고는 합니다.

저도 인문학의 실증성 혹은 실체성을 많이 고민했습니다. 그리고 최근에 비교적 명확해졌습니다. 내가 남의 생각 여부를 확인하는 수단은 언어 혹은 비언어적 '표현'입니다. 비언어에는 과학도 예술도 포함됩니다. 과학은 함수로 표현하고 예술은 감각으로 표현하기 때문에 비언어적이죠.

들뢰즈가 눈여겨보는 것이 언어, 예술, 과학 이렇게 세 가지입니다. 이것들을 통해 나에게 전달된 것 또는 이해된 것이 인간의 생각을 담고 있다고 볼 수 있습니다. 다른 사람이 나노 로봇인지 잘 짜인 외형을 한 외계인인지 결코 알 수 없습니다. 그러나 생각하고 있는지 아닌지는 대화나 교류를 해보면 거의 알 수 있습니다.

결국 인문학은 자기 내면을 잘 정리해서 내놓는 작업입니다. 인문학은 이런 정도의 실체성을 갖고 있다고 해도 무방한 것 같습니다. 결국 많은 사람이 그 생각에 동의한다면 그것 자체로 실체성이 입증되는 게 아닐까요? 고전은 오랜 시간 동안 많은 사람에게 읽히고 향유되면서 갖게 된 나름의 실체성 혹은 실증성이 있습니다. 허황된 것이 아니라는 거죠. 예를 들어, 제가 지금 말씀드릴 때 고개를 끄덕이는 분들이 계시거든요. 그 끄덕임이 어떤 객관성을 보여주는 것 아닌가 생각합니다.

인공지능의 한계에 대해 말씀하셨는데요. 그런데 인공지능이 스스로 이해하거나 새로운 걸 도출하지는 못해도 인간의 사고를 도와줄 수는 있지 않을까요?

개인적인 얘기지만, 제가 포항공대 융합문명연구원에서 발간하는 《웹진X》의 편집위원장을 맡고 있습니다. 거기 편집위원 절반은 이공계 과학자, 나머지 절반은 인문학자입니다. '챗GPT가 도움이 된다, 안 된다' 여부를 놓고 양측 사이에 의견이 매우 갈렸습니다. 왜 그럴까 생각해 보니, 일단 챗GPT의 훈련 데이터에서 엄청 차이가 나더라고요. 철학을 비롯해 인문학과 관련한 데이터는 당연히 적고, 한국이라는 로컬 데이터는 이보다 더 적습니다.

인문 사회에 대한 연구가 덜 되었거나 혹은 더 많은 자료가 만들어지지 못한 사회의 문제일 수 있겠네요.

물론 그런 점도 있지만, 중요한 데이터의 상당 부분은 영어로 된 공개 문건입니다. 게다가 인문 사회 분야는 인간이 복잡한 만큼 이론도 설도 다양하죠. 이것을 평균 내는 것이 잘 안 됩니다. 해석도 다양하고요. 이렇게 보면 인문 사회 분야는 인공지능 시대에 오히려 인공지능이 잘하지 못하는 중요한 분야로 남을 것 같습니다. 할 일이 그만큼 많아진다는 것이지요. 물론 한국이고 외국이고 상관없이 '사회에서 인문 분야에 대한 수요가 얼마나 있느냐'는 별도의 문제지만요. 그래도 현존하는 수요만큼은 상당 부분 그냥 갈 것이라고 봅니다.

'비고츠키 모델'과 '건강 교육'의 연관을 어떻게 생각하는지 질문했더니, 챗GPT가 목록을 잘 만들면서 새로운 이야기를 해주더라고요. 그래서 '내가 필요하지 않은 존재가 되지 않을까, 어떻게 이걸 이기지?' 하고 생각하고 있는데, 이럴 때 보편적 정상定常을 지향하는 평균적 생각이 아닌 튀는 생각을 계속해야 대화할 수 있는 전문가의 역할을 할 수 있겠다는 생각이 들었습니다. 그런 수월성秀越性, 즉 보편성이 아닌 창의성이나 다른 기준에 대해 어떻게 생각하시는지요.

예술가를 얘기하면서 "안목이 중요하다", "스스로 평가할 수 있어야 한다"라고 했는데, 그런 역량이 살아남을 것 같아요. 일단 전문성이 필요합니다. 그다음에 이게 정말 기존의 것보다 더 좋은 것인지, 더 새롭고 의미 있는 것인지 가려내지 못한다면 인공지능에 일을 맡겨야 할 거예요. 인공지능과 차별화돼야 합니다. 차별화란 말이 좀 비인간적인 느낌이 들기도 하지만요.

다르게 말해보면, 인간이 그동안 잘해 왔던 일은 무엇일까요? 유산 위에 무언가 하나 더 보태는 작업을 잘했던 것 같아요. 그러니까 인류의 역사란 과거로부터 물려받은 문화, 문명, 기술, 제도 이런 것에 뭔가 유의미한 걸 보태고 그걸 사람들이 의미 있게 평가해 온 과정 아니었을까요? 따라서 그런 영역이 더 주목받지 않을까 생각합니다.

원론적이지만 그래도 짚고 가야 할 질문을 드리도록 하겠습니다. 인공지능 시대에 우리는 무엇을 공부해야 할까요?

정말 어려운 질문입니다. 일단 기초적인 지식을 갖춰야 합니다. 리터러시도 중요하죠. '확장된 문해력'이라고 부르고 싶은데, 언어 외에도 과학과 수학을 포함해 어떤 현상을 보고 이해할 수 있는 능력을 길러야 합니다. 가령 신문 기사를 보면서 그래프가 나왔다고 그냥 넘어가고 그러면 안 되지 않겠습니까? 이해를 위해 필요한 종합적 능력, 즉 확장된 문해력이 그 어느 때보다 필요한 시기입니다. 그리고 또 중요한 것은 암기입니다. 중요한 지식을 내 머릿속에 넣어두면 인출이 빠르니까요.

의외입니다. 인공지능이 발달할수록 암기는 필요 없다고 얘기하실 줄 알았는데 오히려 암기가 중요하다고 하시네요.

머릿속에 최대한 많이 집어넣어야 합니다. 중요한 것을 내가 가지고 있어야 뭐든 빨리할 수 있는 겁니다. 급한데 언제 검색하고 있겠습니까. 통상 암기식 교육에 대한 비판은 암기할 내용을 누군가가 정해 강압적으로 머릿속에 집어넣으라고 강제하는 방식 때문에 발생합니다. 지금은 그와 같은 방식이 통하지 않죠. 필요하지도 않고요. 지금은 그와 다르게 내가 필요하다고 느끼면 자신의 내적 필요에 의해 지식을 익히고 외워야 하는 암기 교육이 필요한 때입니다. 일단 외워서 많이 알고 있어야 인공지능이 생성한 지식을 판단하고 오류를 정정할 수 있으니까요. 확장된 문해력과 암기, 이게 아마 미래 교육의 중심이 될 것 같습니다.

또 중요한 것이 대화와 소통 능력입니다. 즉 타인과 관계를 맺는 능력을 갖춰야 합니다. 이 능력은 토론이 잘 이루어지기 위해서도 꼭 필요합니다. 결국 전통적 교육 내용의 핵심이었던 듣기, 말하기, 읽기, 쓰기가 더 중요해진다고 하겠습니다. 다만 생성 인공지능 시대에 그것을 어떻게 가르쳐야 할지가 고민의 핵심입니다.

챗GPT와 대화를 해보니 사람마다 결과물이 다르더라고요. 그래서 우리에게 필요한 게 '질문을 잘하는 능력이겠구나' 하는 생각도 들었습니다.

그 얘기를 많이 하는데, 전 그렇게만 말하면 조금 무책임한 것 같습니다. 예전에는 데이터베이스 안에서 원하는 것을 요령껏 잘 찾아내는 능력을 '검색 능력'이라고 했습니다. 지금은 그걸 '질문 능력'이라고 표현하죠. 그런데 질문을 잘하려면 프롬프트를 잘 적어주는 능력이 제일 중요할까요? 전 아니라고 봅니다.

일반적으로는 자기 전문 지식이 많을수록 질문의 깊이가 깊어집니다.

다시 말해서 내가 잘나야 한다는 이야기입니다. 자기 분야에서 질문을 잘하는 능력이라는 것은 결국 '더 공부해라'라는 말로 귀결됩니다. 그러니까 인간이 할 일이 더 늘어난 것이죠. 인공지능이 강력해질수록 인간이 더 잘 이용하려면 자기가 더 많이 알고 있어야 합니다. 그래야 정보의 정확도를 감별하고 더 깊이 캐물을 수 있으니까요.

모두가 공부하는 능력이 있는 것은 아닙니다. 인공지능의 시대에 이런 능력 차이가 더 크게 벌어지지는 않을까요?

'공부하기 싫으니까 인공지능을 시켜서 일해야겠다'는 마인드를 가진 사람과, 반대로 '인공지능을 활용해서 더 공부하고 많이 알아야겠다'는 생각을 가진 사람 사이의 격차는 크게 벌어질 것입니다. 그 차이는 과거에 지식을 갖춘 사람과 갖추지 못한 사람 사이의 차이보다 훨씬 클 것 같습니다. 경쟁력의 문제로 공포심을 주려고 하는 말이 아닙니다. 삶의 태도의 문제입니다. 대충 쉽게 살려고 해서는 안 됩니다.

그런데 다른 맥락에서 생각해 볼 문제가 있습니다. 사실 사람들 대다수는 공부하기 싫어하죠. 그렇다고 그 사람들이 잘못한 걸까요? 그렇게 평가하면 안 될 것 같습니다. '능력주의'라고도 하는데, 점수가 높은 사람이 우대받는 것은 특정한 전제하에서만 성립합니다. 이런 능력지표를 누가 만들었는지, 어떤 사회적 맥락에서 의미가 있는지를 따져봐야 합니다. 이런 지표는 100년도 넘은 것인데 우리가 아직도 적용하고 있는 셈이죠.

'공부를 못하고', '점수가 모자라고' 그런 것은 역량 지표로 사용되기에 너무 낡았습니다. 그런데 지금의 교육은 거의 모두 그런 지표에 맞춰져 있습니다. 변화가 필요합니다.

6장

교육과정의 재편:
협업을 위한 융합 교육

첨단기술의 발전은 인간의 일을 빼앗는 경향이 있다. 특히 최근에 놀라움을 가져온 생성 인공지능은 인간의 지능적 활동에 덧붙여 창작 활동을 상당 부분 잠식해 가고 있으며, 코로나 시기를 거치면서 로봇 기술과 결합하여 육체노동마저도 위협해 가고 있다. 일거리와 일자리의 조건이 급변하고 있는 현 상황에서 교육의 미래를 설계하는 일은 반드시 필요하다. 이제 20세기의 교육 프레임은 더 이상 작동하지 않으리라는 점을 누구나 알고 있지만, 막상 무엇을 어떻게 바꾸고 어떤 대안을 제시해야 하는지는 쉽지 않다.

최근 인문학은 '위기'와 '열풍'이라는 두 얼굴을 보여주고 있다. 대학에서는 인문학 기피 현상이 또렷하지만, 대중적으로는 '위안을 주는 인문학 강의'와 '통찰을 준다는 가벼운 당의정 인문학 입문서'가 인기를 끌고 있다. 양립하기 어려워 보이는 이 현상은 현재 한국에서 인문학의 위치를 잘 보여준다. 어떤 수준이 되었건 대중은 인문학을 필요로 하는 데 반해 대학의 인문학은 고사 직전이다.

인문학은 몇몇 분과학문의 집합이 아니다. 역사를 돌아보면, 인문학은 교육의 단위였다. 중고등교육과정, 대학과 대학원, 기업과 산업 현장, 시민사회 전체가 '인문학 생태계'다. 이런 분석 아래 나는 이에 걸맞은 인문학 활성화 방안을 모색했다. 사회는 미래 세대에게 무엇을 학습시켜야 할까? 뉴노멀 시대에 교육은 무엇을 지향해야 할까? 나는 다음과 같은 교육과정을 제안했다. ①학부에서의 고등교육은 확장된 인문학을 중심으로 이루어져야 한다. ②전문 지식과 기능은 학부 말기나 대학원에서 떠맡아야 한다. ③문과를 폐지하고 모든 학생에게 수학과 자연과학을 포함한 같은 내용의 필수 공통과목을 가르쳐야 한다. ④ 대학과 시민학교를 통해 시민을 위한 평생교육이 이루어져야 한다.[1]

6장에서는 이와 같은 교육과정의 재편 방향과 필요성을 다시금 점검하고, 인공지능 시대에 요구되는 역량을 기르기 위한 과제가 무엇인지 고찰해 보고자 한다.

1. 협업을 위한 기초 역량: 메타스킬, 학습 역량, 관계 역량

대학이 시대에 뒤떨어졌다는 이야기는 이미 오래전부터 나오고 있다. 비단 한국에 국한된 건 아니다. 챗GPT의 등장으로 교육이 위협받

---

1 ①, ②, ③에 대해서는 김재인(2020), 199~211쪽에서 논한 바 있다.

고 있다는 우려도 크다. 대학은 사회가 요구하는 인재를 제대로 공급하지 못한다. 하지만 대학의 역할이 과거처럼 졸업하자마자 기업에서 활용할 수 있는 인재를 공급하는 것일까? 빠른 속도로 기술이 발전하는 사회에서 더 중요한 건 젊은 시절에 학습 능력 자체를 길러주는 일이 아닐까? 이제는 새로운 지식과 기능을 습득할 수 있는 기초 역량을 갖춰야 평생을 버텨낼 수 있는 시대다.

삶의 조건이 바뀌면 그에 맞춰 제도도 변해야 한다. 단지 변화에 그쳐서는 안 되고 여태 없던 새로운 제도의 발명이 필요하다. 기초학문은 대학과 사회에서 어떤 역할을 할 수 있을까? 기초학문 연구자 및 교수자는 어떻게 육성해야 할까? 인문사회과학이 이공계를 포함한 인재 양성과 인성 배양에 어떤 기여를 해야 할까? 또한 문화예술 영역은 어떤 역할을 해야 할까?

5장 1절 끝에 제시한 표 〈기업에서 요구하는 '비판적 사고 능력'〉에서 알 수 있듯이, 오늘날 첨단 기업들은 대학 졸업자에서 실무 능력을 요구하지 않는다. 구체적 업무는 회사에서 가르친다. 기업이 대학에 요구하는 교육 내용은 더 근본적인 역량을 갖추도록 요구한다. 그것이 이 표에 열거된 '비판적 사고 능력'이다. 이 자료에 덧붙여 두 가지 내용을 추가하려 한다.[2]

---

2 두 가지 사항은 세인트존스 칼리지 총장 파나이오티스 카넬로스(Panayiotis Kanelos)가 "2018년 한국교양교육학회 국제학술대회"에서 발표한 「포스트모던 시대를 위한 고대 교육의 접근(An Ancient Approach to Education for the Post-Modern World)」에 근거한다. 이 자료는 이용화, 이유정 (2021), 「세인트존스 칼리지의 세미나 모델을 적용한 교양 세미나 수업 개발 및 효과 검증」,《교양교육 연구》15(2)에 힘입었다.

각계 전문가 강조하는 역량[3]

자문위원	강조하는 역량	비고
구슬아	❶'자기 학습 능력': 자신에게 어떠한 유형의 정보가 필요하며, 해당 정보를 획득하기 위해 어떠한 통로를 이용해야 하는지 파악하고 그에 접근할 수 있는 능력 ❷'정보 분석 및 종합하고 판단하는 능력': 다양한 정보를 비판적으로 검토하고 분석 및 종합할 수 있는 능력 ❸'의사소통 능력': 활용할 수 있는 정보를 바탕으로 한 자신의 분석적 견해를 효율적이고 명확하게 표현할 수 있는 의사소통의 능력 ❹협력 가능한 네트워크를 구축하는 능력*	* 특정한 전문 분야 내에서 직접 전문성을 습득할 수 없는 영역에서 적절한 판단을 내려줄 수 있는 전문가 네트워크를 구축할 수 있느냐의 여부는 그 자체로 중요한 역량
김광식	❶세상을 비판적으로 이해하고 평가하는 능력 ❷삶의 문제를 찾고 해결하는 능력 ❸문제를 해결하기 위해 소통하는 능력	
박구용	❶비판적 사고 능력 ❷창의적 문제 해결 능력* ❸합리적 의사소통 능력: 공론화 능력 ❹사회적 협업 능력: 공감 능력, 타인과 함께 대화하면서 더불어 살아가는 능력	* 여기의 문제 해결 능력은 문제 해결이 아니라 '문제를 찾는 과정'
박정하	❶리터러시(디지털 리터러시와 데이터 리터러시, 헬스 리터러시 등의 리터러시)가 기초* ❷자기 성찰 능력의 함양(기초적인 인문학, 개인의 토대인 사회를 바라볼 수 있는 학문, 사회의 토대인 기초 자연과학이 함께해야 함) ❸의사결정 능력**	* OECD 교육 목표이기도 함 ** 의사결정 능력이란 개인만을 생각하는 타산적 능력이 아니라, 어느 방향으로 가는 것이 올바른지에 대한 도덕적 판단력이 중요
박태웅	❶혼자서 학습할 수 있는 능력 ❷(디지털) 리터러시 ❸정치와 법률(경기의 규칙) ❹자존감과 자신에 대한 이해	
송승철	❶자존감(무시당하면 참지 못하는 자존심과 자신에 대한 존중을 뜻하는 자존감은 다른 개념)* ❷연대 의식	* ❶에 대한 강조는 지방 소재 대학의 경험에 바탕

이영준	❶시대적 방향 설정[*] ❷자기 정체성에 대한 깊은 고민[**] ❸세계 내 모든 존재가 공유되고 연결되어 있다는 인식[***]	[*] 교양교육이 절실한 이유 [**] 강제되거나 외부적으로 분리된 정체성이 아니라 자기 스스로 직접 찾아낸 정체성을 설정하는 것이 중요 [***] 교양교육에서 '문명적' 대안 모색이 필요
한상기	❶'인문학과 기술이 결합한 새로운 전인교육 모델인 인간학'의 목표가 가장 근접[*] ❷'협력적 창의성'[**]	[*] 조지프 아운의 『AI시대의 고등교육』에서 제시됨 [**] 협력적 창의성은 글로벌한 관점에서 다른 사람과 소통하고 협업할 수 있는 능력

먼저, 미국의 '국가교육 협의회National Education Association'가 설립한 '21세기 교육 파트너십the Partnership for 21st Century Education'이 제시한 '메타스킬meta-skill'이 있다. '메타스킬'이라는 표현은 구체적 실무 능력보다 그걸 배우고 실행할 수 있게 해주는 상위 역량을 가리킨다. 이는 앞서 본 〈기업에서 요구하는 '비판적 사고 능력'〉과 같은 내용임을 어렵지 않게 발견할 수 있다. '21세기 교육 파트너십'에 따르면, 빠르게 진화하는 세계에서 성공하기 위해 개발해야 할 4가지 메타스킬은 이른바 '4C'로 일컬어지는 '비판적 사고, 소통, 협업, 창의성critical thinking, communication, collaboration, and creativity'이다.

한편 구글의 최상위 직원은 한동안 강조되었던 이른바 '스템', 즉

---

3   김재인 외(2022), 59쪽 및 부록 참조.

과학, 기술, 공학, 수학STEM; Science, Technology, Engineering and Math 보다 먼저 7가지 소프트스킬soft skill을 갖춰야 성공할 수 있다고 한다. 그 자질에는 다음과 같은 것들이 꼽힌다. '좋은 코치가 되기, 소통을 잘하고 잘 듣기, (다른 가치와 관점을 가진 타인을 포함해) 타인에 대한 통찰력 갖기, 동료들에 공감하고 지지하기, 비판적 사고에 능하고 문제를 잘 해결하기, 복잡한 아이디어들을 서로 연결할 수 있는 능력 갖추기'.

여기에 국내 각계 전문가의 의견을 모아보면 앞의 표와 같은 역량이 강조되고 있음을 알 수 있다. 여기서도 실무 능력이나 전문성이 요구되기보다 그에 앞선 혹은 그걸 배우고 실행하는 데 필요한 더 기본적인 역량이 요청된다. 원할 때 새로운 것을 습득하고 실행할 수 있는 능력이라는 점에서 '배울 수 있는 능력', '학습 역량'이라고 불러도 좋을 것이다. 이 능력은 재교육, 평생교육을 이수할 수 있는 능력이라는 관점에서도 매우 중요하다. 사람 사이의 관계를 다스리는 능력이라는 점에서 '관계 역량'의 측면도 중요하다. 협업과 팀워크가 중요해질수록 이 역량은 가치를 더해갈 것이다.

그렇다면 이런 역량은 어디에서 배우고 습득하고 훈련할 수 있을까? 지금까지는 소수 '리버럴아츠칼리지'나 그 교육과정을 적용한 일부 대학이 그 일을 해왔다. 나는 확장된 인문학 교육이 그 역할을 해낼 수 있다고 믿는다.

2. 확장된 인문학 교육과 고등교육의 과제

확장된 인문학을 제안하는 것은 소박한 문이과 구별이나 분과 장벽을 넘어서려는 것이다. 특히 언어뿐 아니라 자연과 숫자를 이해하는 능력, 즉 확장된 문해력을 핵심에 놓는다. 그것이 시대정신이기도 하다. 적어도 중고등학교와 학부 교양과정에서는 사람의 바탕과 기초 역량을 기르는 것이 최우선이다. 기초 역량으로는 메타스킬, 학습 역량, 관계 역량 같은 것을 꼽을 수 있다.

확장된 인문학은 진정한 의미의 융합 교육이다. 분리된 것을 합치는 것이 아니라 처음부터 분리 자체를 인정하지 않는다. 그간 이루어졌던 시도를 참조하면, 이를 '컴퓨팅 사고computational thinking와 창의성의 결합', '디자인 사고design thinking의 함양', '플롯을 구성하고 내용을 편집할 줄 아는 소양' 등 배타적이지만 않다면 뭐라 불러도 좋다. 이 능력은 실용적이기도 하다. 기술력이 필요한 제품뿐 아니라 음악, 영화, 드라마, 웹툰, 소설 등 문화 콘텐츠를 만드는 원동력이 될 수도 있다. 레오나르도 다빈치처럼 인문, 예술, 과학, 기술 모두에 능한 '르네상스형 인간'을 길러내겠다는 지향을 가져야 한다.

확장된 인문학의 가장 큰 지향은 다음 세대 시민이 융복합 과업을 해낼 수 있도록 교육하는 일이다. 전문가 자문에서도 드러났고 다른 연구에서도 밝혀진 바 있듯, 현재 융복합 연구가 잘 진행되지 못하는 가장 중요한 이유는 소통의 장벽이다. 예를 하나 보겠다.

"어떤 형태로든 인문학과 공학(여기서는 자연과학에서 ICT까지 포괄)의 공동 작업을 수행해 본 사람이라면, 인문학을 기반으로 했건 공학을 기반으로 했건 간에, 대화의 어려움을 토로한다. 언어의 맥락은 고사하고 양 진영에서 사용하는 '용어'를 이해하는 것조차 쉽지 않고, 심지어 몇 년에 걸친 협업 프로젝트가 끝난 후 뒤풀이 자리에서 "아, 그때 사용한 그 말이 그런 뜻이었군요" 하는 식으로 뒤늦게 이해되는 경우도 허다하다는 것이다. 이는 단순히 우스갯소리로 치부될 일도 아니며, 아무 대처 없이 넘길 일도 아니다. 인문학과 공학의 간극이 넓게 벌어져 있는 것이 아무리 현실이라 하더라도 이는 반드시 극복해야 할 현실이며, 적어도 협업의 미래를 위해서는 되도록 빨리 메워야 할 간극이다."[4]

여기서는 인문학과 공학 간 협업을 예로 들었지만, 전문 분과라면 어떤 영역에서든 분과 간 협업이 시도될 때 흔히 겪게 되는 어려움이다. 이 문제를 풀 가장 좋은 방법은 미래 세대라도 협업을 위한 기초 지식을 공유토록 하는 것이다. 언어, 문학, 역사, 철학 같은 전통 인문학 분과에 수학, 자연과학, 사회과학, 예술, 디지털의 기본기를 모두에게 가르친다면 이야말로 백년지대계일 것이다. 기성세대가 20세기식 교육으로 인해 분과 간 간극과 장벽에 고통받았다면 미래 세대는 그렇게 되지 않도록 교육하면 된다. 미래를 위한 21세기식 교육의 대안

---

4 김재인 외(2020), 62쪽.

은 확장된 인문학 교육에 있다. 이것이 졸업 후 언제 다시 만나더라도 협업이 가능할 수 있기 위한 토대다.

대학에서 인력을 빨리 배출하라는 기업의 요구가 일부 있는 것도 사실이다. 하지만 이 요구에 덥석 응하는 것이 대학의 도리는 아니다. 대학은 먼 미래까지도 고려해야 한다. 특히 미래를 살아갈 청년 세대를 배려해 마땅하다. 학부에서 실용 교육으로 그치겠다는 건 미래를 담보로 청년을 착취하는 일이다. 지금도 2년제 대학 혹은 지방의 작은 4년제 대학 졸업생은 비정규직, 저임금, 열악한 노동환경, 재교육의 어려움 등을 겪는다.[5] 미래가 없는 삶이다. 청년의 피와 땀을 어서 써먹으려 하지 말고 청년의 미래를 만들어 주어야 한다. 이를 위해서라도 확장된 인문학은 필수다.

확장된 인문학은 학부에서의 '교양교육'과 '전공교육'을 둘러싼 논란에 대한 나름의 답변이기도 하다.[6] 쟁점은 대학 학부 과정에서 무엇을 어떻게 가르쳐야 하는지다. 5학기 혹은 3년 정도의 학부 과정은 확장된 인문학을 중심으로 교육하고, 구체적인 전공은 그 후에 해도 충분할 것이다.

이런 고등교육 방안을 제안하는 이유는 시대가 완전히 달라졌기 때

---

5 청년 노동자 천현우가 《경향신문》에 연재하는 '천현우의 첫밥일지'나 《미디어투데이》에 연재하는 '천현우의 시사 용접소' 같은 글은 이에 대한 뼈아픈 증언이다.

6 송승철(2013), 「인문대를 해체하라! - "전공인문학"에서 "교양인문학"으로」, 《영미문학연구 안과밖》 34호; 전인한(2015), 「시력 약한 박쥐의 아름다운 퇴장 - 새로운 인문학의 출현을 고대하며」, 《영미문학연구 안과밖》 39호; 최예정(2016), 「인문대를 해체하면 되는 걸까 - 교양인문학 또는 인문학 융합교육의 가능성과 의미」, 《영미문학연구 안과밖》 41호.

문이다. 첫째, 현재 대학 교육과정은 19세기에서 20세기 초반에나 어울리는 것이었는데 관성에 따라 너무 오래 남아 있었다. 세계 곳곳에서 새로운 고등교육의 실험이 행해지고 있다는 점이 변화의 절박함을 입증한다. 그 핵심에는 '언어文'의 확장이 있고 이를 통한 융복합 여건을 마련하는 일이 있다. 둘째, 과거 선진국들로부터 배워온 현재 교육과정은 기존 지식을 빨리 따라잡는 데 적합했다. 지금은 새로운 지식을 '먼저' 알아내는 것이 필요하다. 이 작업은 인간, 사회, 자연, 예술, 디지털을 읽어낼 수 있어야 개시될 수 있다. 사상과 가치를 창조하는 인문학은 더 먼저 변신해야 한다. 셋째, 이미 선진국 반열에 오른 대한민국은 전 세계에 새로운 고등교육과정 모델을 선보여야 한다. 그동안 선진국 교육과정에 빚진 부분이 많지만 이제는 우리 나름의 방식으로 사람을 키워가야 한다. 현재의 유용성뿐 아니라 미래 세대를 위해 필요한 고등교육을 준비하는 일은 현시대의 사명이다.

지금까지 대학원의 기능은 학문후속세대를 양성하는 것이었다. 석사과정, 박사과정을 이수한 후 학위를 받아 교수로서 연구자와 고등교육자를 겸하는 것이 기본 경로였다. 시대가 바뀌고 지식과 기능의 전문성이 강화된 상황에서, 석사과정은 4년제 학부의 전공 내용을 교육하는 것이 바람직하며 연구자와 교육자의 길을 계속 가겠다는 사람은 박사학위에 이르는 과정을 이수하는 것이 좋다고 본다. 학부, 석사과정, 박사과정의 이수 기간은 사정에 따라 조정할 수 있을 것이다. 꼭 4년제 학부를 고수할 이유는 없으니 말이다.

문제는 한국에 대학이 설립된 이래로 존재했던 '학부 전공'에 관한 것이다. 그런데 지금은 두 가지 이유로 학부 전공의 특성이 바뀌었다. 먼저, 20세기 중후반과 비교했을 때 지금 대학 교육의 성격이 많이 달라졌다. 당시 대학은 인구 대비 소수(1970년대 기준 약 30%)가 공부하던 엘리트 교육기관이었으며, 그 소수가 배우는 내용은 선진 지식과 기능이었고 배운 것들은 졸업 후에 평생 활용이 가능했다. 심지어 당시에는 특성화 고등학교에서도 사회에서 바로 써먹을 수 있는 전문 지식과 기능을 가르쳤으며, 이 역시 평생에 걸쳐 활용할 수 있었다. 또 당시 대학원은 대체로 학문 후속 세대, 즉 나중에 교수 역할을 할 인재를 양성하는 전문가 교육기관이었다. 지금은 그렇지 않다. 오늘날 고등학교 졸업자의 대학 진학률은 2005년 기준 82.1%로 정점을 찍었으며, 2018년 조사 결과 대학 진학률은 69.6%로 경제개발협력기구OECD 국가 중 10년 넘게 1위를 유지하고 있다. 말하자면 오늘날 한국에서 대학은 보편교육기관에 가깝다. 게다가 20세기 중후반 당시 학부 고학년 때 가르치는 수준의 지식과 기능을 지금은 대학원에서 가르치고 있다. 오늘날 고등교육의 두 단계인 대학 학부 과정과 대학원 과정은 반세기 전 대학의 교양 과정과 전공 과정이 순서대로 미뤄진 형국이다.

둘째로, 대학에서 배워야 할 소양의 성격이 바뀌었다. 이는 인구학적 특성의 변화와 관련된다. 말하자면 2017년에 태어난 한국인의 기대수명은 82.7세(남자 79.7세, 여자 85.7세)로 1970년의 61.9세에 비해 20세 이상 증가했다. 요컨대 본인이 한 세대를 더 살아야 한다. 실질적 은퇴 시기도 많이 늦어졌고, 일자리 측면에서도 여러 차례 재교육이 필요하다. 또 과거와 달리 의미 있고 가치 있는 삶이 무엇인지에 대한 고민이 더 절실해졌다. 따라서 대학은 '직업훈련' 교육기관이기 전에 '자유시민역량'을 기르는 교육기관이어야 마땅하다. 성년 초기에는 새로운 것을 배울 수 있는 능력과 함께 좋은 삶의 기준이 무엇인지 수립하는 것이 꼭 필요하기 때문이다.

이런 방향으로 교육과정을 개편하면 언어, 문학, 역사, 철학 같은 전통 인문학의 학문후속세대 수급에도 도움이 될 것이다. 전통 인문학의 전문 인력이 반드시 필요할 것이기 때문이다. 학부에서 인문학을 배운 학생 중 동기부여를 받는 청년도 분명히 생겨날 것이다. 이는 '인문학의 위기'를 극복하는 데 아주 요긴한 돌파구다.

새로운 교육과정에서 이공계 학부생이 언어, 문학, 역사, 철학 같은 과목을 이수해야 한다는 것만 강조한다는 오해가 있을 수 있다. 훨씬 더 중요한 것은 인문사회계열 학부생이 수학, 자연과학(양자역학, 뇌과학, 진화생물학), 예술, 디지털의 최신 성과를 이수하는 일이다. 언어가 확장되어야 한다. 물론 어려운 수식까지도 잘 풀어서 누구라도 이해할 수 있게 교육 내용을 가공해야 한다. 최근의 교양과학 서적의 인기는 이것이 가능하다는 징표 중 하나다. 요컨대 학부에서 이공계와 인문사회계열의 구분이 없어진다는 의미가 더 실감 나게 강조되어야 한다. 필요하다면 미래에 이공계와 인문사회계열 전공으로 진출하려는 학생에게 과목군의 선택 비율을 달리하여 제공할 수도 있다. 그렇더라도 공통으로 제공되어야 할 기초 과목의 양이 너무 적어서도 곤란할 것이다.

우리가 코로나19로 인해 대학뿐 아니라 초중고등학교에서 온라인으로 수업을 진행한 경험은 교육의 미래를 반성하게 한다. 대학이 지식을 가르치는 기능만 수행한다면 과연 계속 존재해야 할 이유가 있을까? 사회가 대학에 기대해야 하는 것은 지금까지와는 다른 교육이 아닐까? 대학이라는 장소는 뭔가 다른 교육 실천의 장이 되어야 하지 않을까? 대학은 사람을 길러야 하지 않을까?

이런 점을 반영했을 때, 대학 학부의 상당 기간은 확장된 인문학을 중심으로 교육하고 그 이후에 전문 지식과 기능을 가르치는 것이 시대에 부응하는 방안이다. 요점은 백년지대계 교육이다. 큰 그림을 바탕으로, 너무 먼 미래가 아닌 시점을 보며 빠른 속도로 개혁이 이루어져야 한다.

3. 빼기식 교육을 넘어서야: 문과 폐지로서의 융합 교육

이런 변화는 한국 교육의 고질적 병폐인 대학입시 문제를 해결하는 처방전 역할도 하게 될 것이다. 교육의 미래를 놓고 과감한 개혁이 필요하다. 이를 위한 교육은 이미 중등과정부터 시행되어야 한다. 그런데 중등교육의 변화는 대학 학부에서 문이과에 해당하는 학과가 없어졌을 때만 가능하다. 현재 문이과를 폐지한 대학입시가 시행되기 시작했지만, 실제로 대학에서 요구하는 과목을 이수하지 않으면 원하는 곳에 진학하는 것이 불가능하다. 실질적으로 문이과는 폐지되지 않았고, 현재대로라면 폐지될 수도 없다. 따라서 학부에서는 새로운 인문학 교육을 실시하고 상급 과정에서는 전공을 배우는 것이 중고등학교 교육과정과 입시의 변화를 촉진할 수 있는 방법이며, 이는 엄청난 사회적 비용을 절약하는 일이 될 것이다.[7]

이제 중등교육에서의 문이과 통합에 대해 논의해 보겠다. 최근 문이과 통합의 필요성을 말하는 사람들이 많다. 그런데 왜 통합하자는 걸까? 그 전에 '문과'는 무엇이고 '이과'는 무엇일까? 이과와 문과를 구별한 건 순전히 '제도' 때문이다. 한국은 일본 식민지 시절에 이 제도를 받아들였다. 선진국 중에서 문이과 구분이 확고한 국가는 일본이 유일하며, 이 문이과 장벽이 인공지능 교육을 실시하는 데 가장 큰 장애 요인이라고 지적되고 있다.[8] 한국에서는 명목상으로 구분이 없어졌다고 하지만 대학에 이과와 문과가 엄존하고 있고(교수들은 당분간, 아마도 한참 후에도, 바뀔 생각이 없어 보인다), 따라서 학생 선발 과정에서 학과마다 선택과목 가중치가 달라지고 이것이 되먹임되어 학생들의 교과 선택에 영향을 미쳐 결과적으로 과거의 문이과 구분과 비슷한 결과를 존속시키고 있다.

문과와 이과가 나눠지는 것은 고등학교 2학년 때인데(예체능계와 실업계는 예외다), 학생들이 문과와 이과를 선택하는 기준은 현실적으로 수학 과목 성취도다. 문과 학생은 곧 '수포자(수학을 포기한 자)'라는 공식이 통용되며, 이는 수학 선택과목 쏠림 현상에서 입증된다. 이런 사

---

7 이어지는 주장은 김재인(2020)의 6장 4절의 내용을 재구성한 것이다.
8 "AI教育改革, 始動", *Nikkei Computer*, 2020. 4. 30. pp. 36~43.

정은 문과는 수학에 약하고 이과는 수학에 강하다는 귀결로 이어진다. 대학을 졸업할 즈음엔 수학 영역과 관련해서는 어지간해서는 서로 말이 통하지 않는 지경까지 이르게 된다(경제학이나 통계학의 경우는 예외다).

여기까지는 다들 잘 아는 사실이다. 그렇다면 이런 현상이 의미하는 바가 무엇인지 분석하는 단계로 나아가야 한다. 내가 '수학'을 중심으로 이과와 문과의 차이를 구분한 것은 실제 현실에서 구분 기준이 그렇기 때문이기도 하지만, 다른 한편 '수학'이 무엇인지에 대한 새로운 인식이 필요하다고 생각했기 때문이다.

수학이란 무엇일까? 흔히 생각하는 것처럼 단순한 교과목은 아니다. 수학은 그 자체로도 논리적 체계이지만 자연과학 및 응용과학(공학)의 언어이기도 하다. 그런데 수학이라는 언어는 일상에서 사용하는 자연어와 달라도 너무 다르다. 세상에는 판이하게 다른 두 종류의 언어가 있다. 하나는 자라면서 대부분 습득할 수 있는 자연어이고, 다른 하나는 애써 배워야 겨우 구사할 수 있는 외계어, 즉 수학이다. 생득적이지 않으며 습득이 어렵기 때문에 수학은 특별한 지위를 갖는다. 이 점을 유념하지 않으면 왜 이과와 문과의 벽이 그렇게 높은지 결코 깨닫지 못할 것이다.

이과 교육의 핵심에는 수학과 자연과학이 있다. 거꾸로 말하면, 문과는 수학과 자연과학을 충분히 가르치지(배우지) 않아도 된다는 뜻이다. 실제로도 이과에 비해 덜 가르치고 있다. 빼기식 교육이다. 미래 세대를 두 그룹으로 나누어 한 그룹만 수학과 자연과학을 충분히 가르치지 않기로 기성세대가 일방적으로 결정했다. 하지만 이런 결정은 너무나 무책임한 일이다.

그렇다면 문과 교육은 어떨까? '문과'가 정당화될 근거는 무엇인가? 아무리 찾아봐도 그 근거를 찾지 못하겠다. 문과의 특징으로 내세우는 과목은 언어와 역사, 사회과학(지리, 정치, 경제, 법 등)이다. 하지만 이들 교과는 이미 이과에서도 어느 정도 가르치고 있으며, 더욱이 이들 교과 때문에 수학과 자연과학을 덜 가르쳐야 할 근거는 전혀 없다. 아마도 제한된 시간에 모든 걸 가르칠 수는 없기 때문에 궁여지책으로 비중을 조절했다는 정도의 변명이 있을 수 있겠다.

냉정하고 솔직하게 말하면, 문과 교육은 이과 교육보다 교육량이 적다. 물론 문과 고유의 과목을 더 많이 가르친다고는 하지만, 차라리 수학과 자연과학을 외면하기 위한 핑계에 가깝다. 요컨대 문과 고유의 과목은 책을 읽고 독학하는 것이 가능한 반면 수학과 자연과학은 독학이 무척 어려워서 누군가의 도움이 필요하다.

문과와 이과로 구분된 교육이 이렇게 오랫동안 지속되는 이유는 무엇일까? 두 가지 정도로 이유를 추측해 볼 수 있다. 첫째, 적어도 수백 년간 이어온 '사농공상士農工商'의 위계가 아직까지 지속되기 때문이다. 말하자면 '사士'의 우위를 포기하지 못하는 세력이 지배적이다. 사농공상의 적폐는 시대착오적이다. 둘째, 현 교육 시스템에 내장되어 있는 '생계형 기득권'에 주목해야 한다. 말하자면 중등교사의 현행 분포를 쉽게 바꾸지 못하는 행정적 문제가 있다. 문과 교과를 맡는 교사를 갑자기 축소할 수도 없고, 수학과 자연과학 교사를 갑자기 늘리기도 어렵다. 따라서 중등교사를 양성하고 재교육하는 시스템이 전면 개편되어야 하는데, 교육 당국이 이 문제에 손을 대는 것은 고양이 목에 방울을 다는 쥐 노릇보다 어렵다. 아울러 대학교수가 젖어있는, 자신의 전공을 조금이라도 벗어나지 않으려는 타성도 무시할 수 없다. 자신이 교육받던 시절의 관행 탓이리라.

중등교육을 얘기할 때 빼놓을 수 없는 것이 바로 '대학입시' 문제다. 입시제도에 대한 사회적 합의를 이끌어 내는 일은 대통령 탄핵보다 어렵다. 입시에 관한 한 누구라도 직간접 당사자이며 따라서 전문가를 자처하기 때문이다. 입시 문제는 중등교육의 개혁을 방해하는 요소가 된다. 그러나 문과를 폐지하자는 제안이 입시 문제에 좌우될 이유는 없다. 변화한 시대에 맞게 모든 학생이 모든 기초과목을 똑같이 배우자는 게 내 주장의 핵심이다. 입시는 그 후에 고려해도 좋다. 오히려 대학의 각 학과가 어떤 학생을 원하는지가 더 중요할 것이다. 중등교육과정을 둘러싼 논쟁이 고등교육과도 긴밀히 연결되는 건 이 때문이다.

중고등학교에서 문과를 폐지하자. 진정한 문이과 통합의 방향은 여기에서 시작해야 할 것이다. 문과를 폐지하면 이과가 남는 게 아니다. 단일 교육과정이 남을 뿐이다. 따라서 모든 학생을 위한 단일 교육과정을 어떤 내용과 명분으로 어떻게 짤 것인지에 관한 과제가 남는다.

4. 사회 속 인문학

인문학이 무용하다는 편견이 여전히 널리 퍼져 있다. 그러나 인문학은 두 가지 면에서 유용하다. 한편으로 삶의 가치들을 끊임없이 평가한다는 점에서, 다른 한편으로 현실에 끝없이 아이디어를 준다는 점에서 그렇다. 무용하다는 규정은 인문학이 삶과 사회에 작용하는 다양한 측면을 보지 못하게 했고, 인문학이 삶과 사회를 구성하는 다양한 얽힘(가령 과학, 기술, 정치, 외교, 경제 등)과 관계를 긍정하지 못하게 했다. 그 결과 '무용한' 인문학은 사회적 실천 방안에 대해 답할 책무를 면제받게 되었다. 확장된 인문학이 추구하는 유용성은 경제적 쓸모이기 전에 삶의 쓸모다. 물론 우리의 구상에 따르면 경제적 쓸모도 충분히 충족한다.

인문학은 현재에 대한 저항을 기본으로 삼는 활동이다. 현재를 넘어 더 나은 미래를 건설하려는 의지가 이 활동들을 관통한다. 저항이란 현재를 부정하는 의지가 아니라 미래를 긍정하는 의지다. 비판의 본질은 부정이 아닌 건설에 있으며, 니체의 말처럼 망치의 사명은 부수고 나아가 만든다는 데 있다. 특히 교육 차원에서 확장된 인문학은 진가를 발휘할 수 있다. 앞에서 대학 학부를 중심으로 살폈고, 그 영향이 중고등학교와 대학원 교육에 어떻게 미치는지도 간략히 스케치했다. 그렇다면 시민사회 속 인문학 교육 수요와 관련해서는 어떤 전망이 가능할까?

오늘날 우리 사회는 현재의 인문대학 학부 혹은 석사과정 졸업생 수준의 인문학 교육보다 높은 눈높이를 요구한다. 요컨대 대학교수급의 교육자가 시민사회 교육도 담당해야 한다는 것이 일반적 요청이다. 이런 수준의 교육자 인력은 학문후속세대의 뒷받침이 없이는 충원될 수 없다. 지금으로써는 요원한 방책이다.

하지만 앞서 기대했듯이 확장된 인문학은 전통 인문학에 대한 수요를 회복시켜 줄 수 있을 것이다. 이 과정은 선순환을 낳아 연구자, 교육자(대학과 시민사회), 학문후속세대, 학생과 시민을 거치며 전통 인문학과 확장된 인문학을 풍요롭게 해줄 것이다.

이미 서양에서는 인문학의 쓸모와 관련한 다수의 사례가 수집되어 있다. 서양의 첨단 기업에서는 인문학 공부를 통해 길러질 수 있는 소양에 주목하고 있다. 이들이 바라는 쓸모를 확장된 인문학에서 찾을 수 있으리라. 나아가 인구 감소로 많은 대학이 폐교 위기에 처한 지금 시점에, 대학이 시민교육과 평생교육기관의 역할을 겸해야 한다는 주장도 설득력을 얻는다. 확장된 인문학은 그 교육과정에서 많은 역할을 할 것으로 기대된다.

아직 한국에서는 이런 이야기들이 적극적으로 제시되지 않고 있다. 전통 인문학을 핵심에 두면서도 외연을 충분히 확장한 인문학을 통해 기초 역량을 기르고, 그렇게 길러진 능력은 기술자와 사업가를 포함한 사회 구성원 모두에게 도움을 줄 것이다.

나아가 '글로벌 인문 교육'을 통해 선진국 시민으로서 갖춰야 할 자질을 채우고, 이를 세계 시민의 모델로 제시하는 것도 필요하다. 사회 전반에 만연한 이익 추구를 외면하지 않으면서도 인문 소양은 이윤이

전부가 아니라는 점도 성찰케 할 것이다. 이런 방향을 외면할 필요는 없다. 다만 모든 것을 '이윤' 논리로만 설명하려는 경향은 지양해야 한다. 그것은 인문학 본연의 영역에서 너무 멀리 나가는 일이기 때문이다. 지금까지 인문학과 사회는 상호협력의 필요성이 제기됐음에도 근본적인 가치 불화와 이해 갈등을 겪어왔으며, 이는 양자의 발전을 가로막는 걸림돌이었다. 인문학 중심의 교양수업이 산업계의 요구 및 수요와 완전히 동떨어진 것도 아니다. 새로운 인문학 수업을 통해 학습 동기를 강화하고 자기를 더 잘 이해한 학생은 빛의 속도로 변하는 사회와 기술 발전에 능동적으로 적용하면서 스스로 학습할 수 있을 것이다. 이른바 메타스킬, 학습 역량, 관계 역량을 축적함으로써, 단기간에 시효를 다하는 기능인을 탈피해 환경 변화에 지속적으로 적응하면서 새로운 역량을 갖추는 미래 인재가 창출될 수 있을 것이다.

5. 창작 행위를 중심에 놓는 교육

앞에서 무엇을 교육할지 고민해 보았다면 이제부터는 교육의 방식에 대해 논의해 보겠다. 세계경제포럼World Economic Forum은 2023년 4월 30일에 발표한 「직업의 미래, 2023년 보고서」[9]에서 흥미로운 진단을 내놓았다. 2022년에는 인간에게 의존하는 직무가 66%이고 기계에

---

9 https://www3.weforum.org/docs/WEF_Future_of_Jobs_2023.pdf

의존하는 직무가 34%였지만, 5년 후인 2027년에는 그 비율이 57%와 43%로 변할 것이라는 전망이다. 아마도 챗GPT를 포함한 생성 인공지능 혁명을 고려하지 않은 수치일 것 같다. 이런 시대 조건을 고려하면, 어떤 방식으로 교육해야 앞서 살폈던 역량을 길러낼 수 있을지 고민이 깊어진다. 여기에서 강조되는 것은 여전히 '창의성' 교육이다. 그리고 창의성을 기르려면 창작 활동을 거듭 체험해서 몸에 배게 해야 한다.

(1) 창조성의 최전선에 있는 예술가

4장에서는 창의성의 본질이 무엇인지 살폈다. 창의적 결과물은 새로우면서도 가치 있다고 사회가 승인한 것이다. 이런 결과가 있기 위해서는 도전하고 실험해야 한다. 하지만 창의적인 결과를 만들어 내기 위해 막연히 '실험해 보라'고 권하는 건 아무 말도 하지 않는 것과 같은 셈이며 전혀 도움이 되지 않는다. 구체적으로 무엇을 해야 할지 제시해야 한다.

나는 예술가의 삶에서 단서를 찾았다. 이들이 작업하는 방식을 들여다보면 중요한 점을 발견할 수 있다. 예술가는 남들이 만들어 내지 못했던 새롭고 미적인 걸 만들고 싶어 한다. 그러려면 뭐가 필요할까? 최소한 남들이 뭘 만들어 냈는지 다 조사해 봐야 한다. 그래야 진짜 새로운 걸 내놓을 수 있다. 아류나 짝퉁이나 표절의 혐의는 미리 스스로 예방해야 한다. 예술가는 완전히 새로운 필요 때문에 지식을 얻으려고 하며, 학습할 지식의 성격도 자기 작업을 위해 필요한 것을 찾아내는 지식으로 바뀐다. 이제 지식 습득은 지금까지와는 다른 이유와 정당성을 얻는다. 전통적으로 고수되었던 교습 내용이 전혀 새로운 맥락에서 학습자 중심으로 재편된다. 주입식, 암기식 지식이라고 폄훼되던 것조차도 창조적 작업에 도움이 될 수 있다. 검색이 아무리 쉬워지더라도 머릿속에서 바로 꺼내는 것이 가장 빠르기 때문이다. 이 과정에서 교사의 도움이 필수적이겠지만, 도움을 주는 방식은 더 정밀해져서 학습자 맞춤형이 되어야 한다. 교사의 변화가 불가피하다.

다 조사한 다음에는 무엇을 해야 할까? 직접 실행해 봐야 한다. 좋은 결과가 나올 수도 있고 아닐 수도 있다. 절대로 미리 알지 못한다. 그러니 지금 이 순간에 최선을 다해 시도할 수밖에 없다. 실험의 진짜 의미는 실험 결과보다 실험하는 행위 자체다. 이런 실행 속에서 자기 작업을 위해 필요한 기능을 습득하고 재료를 잘 다룰 줄 알게 된다. 작품을 만들려면 기능을 익히고 재료를 다루지 않으면 안 된다. 매체를 자유자재로 다루지 못하면 바라는 결과물이 나오지 않는다. 기능 습득이 전부는 아니지만 최소한 필요조건임은 분명하다. 이렇게 지식과 기능은 작업 과정에서 필연적으로 통합된다.

예술가에게 더 놀라운 점은 남들이 만들어 낸 것뿐 아니라 예전에 자기가 만들어 낸 것도 넘어서려 한다는 데 있다. 니체는 인간만이 자신을 넘어서는 존재라고 말했는데, 예술가의 실천은 그 특징을 탁월하게 보여준다. 그런 점에서 예술가는 창조 행위의 최전선에 있다. 더욱이 이런 방식의 삶은 재미있다. 단언컨대 자신이 뭔가를 창조해 내고서 기뻐하지 않는 인간을 만나본 적이 없다. 창조 행위 또는 창작 활동은 실제로 삶을 고양한다. 그러니 어찌 권하지 않을 도리가 있으랴.

예술가가 보여 주는 가장 중요한 특징 중 하나는 '감感'이 뛰어나다는 점이다. 예술가는 남이 알아채지 못한 것을 감지感知한다. 나아가 그것을 사람들에게 보여준다. 파울 클레Paul Klee가 말했듯이, "예술은 보이는 것을 다시 제시하는 것이 아니라 [보이지 않는 것을] 보이게 만드는 것이다." 감이란 문제의 포착이다. '민감敏感하다'는 말은 '감感'에 '재빠르다敏'는 뜻이다. 민감하다는 건 환경의 변화를 빠르게 알아챈다는 뜻이다. 환경이 변하면 가만히 있어서는 안 된다. 새로워진 조건에 맞게 재조정해야 한다. 감은 생명의 능력 자체다.

모두가 예술가가 되라는 말이 절대 아니다. 단지 창조 행위로서의 창작이 학습의 핵심 활동으로 여겨졌으면 하고 바랄 뿐이다. 창의성은 이런 식으로만 길러질 수 있다. 각 개인이 창작자 또는 메이커가 되어 보는 경험을 최대한 많이 해봐야 한다. 특히 어린 시절부터 이런 경험을 할 기회가 많을수록 좋다. 거창한 얘기가 아니다. 남들이 여태껏 하지 않았던 것을 만들어 내는 걸 학습의 최우선 목표와 최고 방책으로 삼자는 것이다. 아직도 너무 추상적이고 막연하다고 여겨지는가? 내 제안은 교육과정에서 학습자에게 그런 과제를 던지고 도와주자는 것이다. 학습자가 수시로 '나는 이런 걸 만들어 볼 거야'라는 결정을 되풀이하다 보면, 처음에는 조사와 실험을 해야 한다는 엄청난 부담을 느끼겠지만 결국 스스로 문제를 설정하고 풀어 가는 일이 몸과 마음에 배게 되지 않을까?

(2) 창의성의 본질과 배양 방안

내가 예술가의 작업보다 현실에서 더 염두에 두는 건 공학적 작업이다. 공학이라고 해서 거창한 걸 가리키는 건 아니다. 일상에서 기존에 없던 새로운 걸 만들려고 노력하는 일을 가리킨다. 내 어릴 적 꿈은 과학자였다. 커서 악당으로부터 우주를 지키는 로봇을 만들겠다는 그 나이의 사내아이가 가질 법한 평범한 꿈을 뜻하는 용어인 과학자. 나이를 먹으면서 그 계획은 주변에 있는 조금 더 구체적인 사물들을 향했고, 그걸 가리키기에 적합한 용어는 발명가였다. 발명가에게 꼭 필요한 건 사물의 동작 원리에 대한 이해와 실제로 사물을 제작할 수 있는 기술이라는 건 금세 깨달을 수 있었다. 내 한쪽에는 그렇게 자연과학자와 공학자가 자리 잡았다.

그렇게 자연계열로 진로를 정하기는 했지만, 세상은 더 넓어 보였다. 고등학교에서 신문을 만드는 문예반을 동아리로 선택한 건 전적으로 나 자신이 편중되지 않았으면 하는 바람에서였다. 동아리 활동에서 나는 크게 두 가지를 배웠다. 하나는 실용적 글쓰기, 즉 기사 작성과 편집이었고, 다른 하나는 예술적 글쓰기, 즉 문예 창작이었다. 전혀 다를 것 같은 두 종류의 글쓰기를 익히면서 내가 깨달은 가장 중요한 것이 있다. 글을 쓰는 데 있어 편집하고 구성하는 능력과 심미적, 비평적 안목이 핵심이라는 점이었다. 그런데 내 다른 쪽에서 자라게 된 이 두 능력은 과학자나 발명가에게 필요한 덕목과 기묘하게 맞아

떨어졌다.

돌이켜 보면, 나는 이런 경험을 거치면서 창의성의 본질과 배양 방안을 깨닫게 되었던 것 같다. 창조성은 특정 영역에서만 발현되는 게 아니다. 4장에서 자세하게 살폈듯, 짚어보면 인간 문명과 문화가 창조성의 기록과 기억이다. 인간은 풀고 싶은 중요한 문제들을 먼저 문제로 솎아내어 적합하게 정립한 후 그것들을 풀어왔다. 철학, 과학, 공학 등 모든 비판적 활동은 그런 일을 해왔다. 이 활동은 예술가가 자기극복과 고양의 과정을 통해 해왔던 일과 다르지 않다. 그것은 창조적 결과를 낳는 일이었다.

일상에서 자신만의 블로그를 운영해 보는 건 이런 훈련에 크게 도움이 된다. 자신만의 글 혹은 콘텐츠를 만들어 남들에게 평가받는 일 말이다. 이를 위해서는 먼저 글감 혹은 소재를 잘 골라야 한다. 그걸 골라내는 자기만의 안목이 필요하다. 그다음엔 잘 가공해서 일정한 수준을 맞춰야 한다. 남에게 내보이기 전에 먼저 스스로 평가해야 한다. 이 과정에 진입하면 남의 피드백을 통해 더 성장할 수 있게 된다.

실제로 이 방법은 학습 효과에 관한 전통적인 연구를 통해서도 입증된다. 〈그림23〉은 미국행동과학연구소National Training Laboratories Institute for Applied Behavioral Science가 발표한 학습 피라미드로, 여러 가지 방법으로 공부한 후 24시간 뒤에 남아 있는 학습 효과 비율을 보여준다. 가장 효율이 높은 활동은 남들을 가르치거나 배운 것을 즉각 써먹는 것인데, 이는 글쓰기의 재료인 '글감'을 찾으려고 노력하는 생활이 얼마나 도움이 되는지를 잘 알려준다.

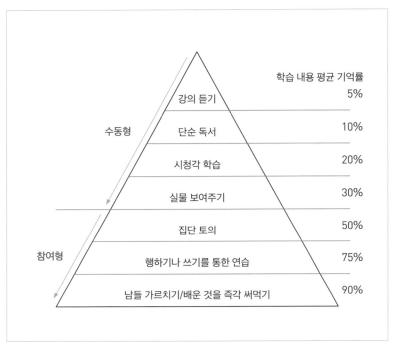

그림23 학습 피라미드

개인에게도 모둠에게도 '너만의 새롭고 독창적인 걸 만들어 보라'고 과제를 부여해야 한다. 이런 과제를 반복해서 해결하다 보면 사람이 바뀌게 마련이다. 성장하게 되고, 자기 보정이 일어난다. 학습과 교육의 핵심은 여기에 있다. 그렇기에 누구에게나 창작자가 될 기회를 주고 넉넉하게 시간을 주자는 것이다. 지금까지 세분해서 가르쳤던 교육내용과 교육과정은 해체되어 재편되어야만 한다.

창작 활동은 창조적 인간을 만들기 위한 검증된 실효적 방안이다. 이제 교육은 이 방향을 따라가야 한다. 세상의 변화 속도와 규모에 맞는 학습 방법이 필요하다. 누군가 알아낸 지식을 빠르게 습득하는 것이 중요한 게 아니라 새로운 지식을 스스로 획득하는 것이 필요한 때다. 먼저, 세상이 변하는 속도가 너무 빨라 가까운 미래의 유망 직종을 구체적으로 제시하기 어렵다. 20년 동안 사라진 직업이 얼마나 많은가. 아이폰이 처음 나온 게 2007년인데 그 후로 세상은 얼마나 많이 바뀌었는가. 게다가 기대수명이 늘어나서 첫 직업이 평생 직업이 되리라는 보장이 전혀 없다. 한 사람이 여러 직종을 거쳐가는 게 오히려 자연스러운 일이 되었다. 또한 대학 전공의 유효 기간이 아주 짧아졌다. 매번 새롭게 배우고 익혀야 하므로 학습은 곧 일상이 되었다. 이제는 사회에 진출하기 전에 학교에서 스스로 학습하는 법을 반드시 배워야 한다.

끝으로 감感을 길러야 한다. 이성복 시인의 「느낌」이라는 시를 보자. 느낌感은 무엇보다 빠르다. 우리의 지성이 흔적을 발견하고 겨우 생각하기 시작할 때 우리의 감感은 흔적의 시원始原을 포착한다. 느낌은 그렇게 오고 간다. 흔적도 없이.

"느낌은 어떻게 오는가
꽃나무에 처음 꽃이 필 때
느낌은 그렇게 오는가
꽃나무에 처음 꽃이 질 때
느낌은 그렇게 지는가

종이 위의 물방울이
한참을 마르지 않다가
물방울 사라진 자리에
얼룩이 지고 비틀려
지워지지 않는 흔적이 있다"

— 이성복, 「느낌」 전문

AI 빅뱅
AI 빅뱅
AI 빅뱅
AI 빅뱅

챗GPT의 성과를 보면서 대학 사회의 고심이 큰 것 같습니다. 앞으로 대학에서 어떤 지점을 고민해야 할까요?

대학을 중심으로 사회가 매우 혼란한 상태입니다. 노엄 촘스키 얘기를 제가 많이 비판하는데 자꾸 '표절 문제'를 거론해서입니다. 대학이라는 곳이 기껏 표절 정도를 걱정할 교육기관인지 묻고 싶습니다. 표절은 학점 딸 때만 기능하는 것이죠. 표절로 점수를 잘 받는다고 해도 졸업 후에 사회에 나가 자기 생각, 자기 지식이 없으면 결국 껍데기만 남습니다.

물론 윤리적인 측면에서 표절은 매우 중요한 문제입니다. 하지만 표절만 강조하는 것은 '학점은 만점이지만 자기 능력은 없는 아이들'을 대학이 길러내고 있다는 걸 보여주는 사례가 아닐는지요? 대학이 학생들에게 무엇을 채워줘야 하는지에 대한 실질적 고민이 우선해야 할 것입니다.

앞으로 해야 할 일이 많을 것 같습니다. 일단 '인공지능'의 범주가 너무 많아 범주화 작업을 해야 한다는 생각이 들었습니다. 그리고 인공지능으로 어떤 일을 할 것이냐? 어떻게 하면 일을 더 잘 시킬 것이냐? 전문가의 일work을 어떻게 분석해서 어떻게 융합fusion할 것이냐? 인공지능이 학습 데이터를 통해 자연적 진화를 할 텐데 이 과정에

서 진전progress을 어떻게 바라볼 것인가? 이런 각각을 다루는 세부 학문이 필요할 것 같다는 생각이 듭니다. 그리고 연관 분야의 학문을 어떻게 발전시켜 나가야 할 것이냐의 문제도 있겠고요. 여러 학문이 어떤 방향으로 전개돼 앞으로 어떤 연구와 학술 활동을 진행해야 할지에 대해 말씀해 주셨으면 좋겠습니다.

기존의 학문 체계는 대략 19세기에서 20세기 전반기에 정립됐고, 우리가 지금까지 교육받아 온 내용과 관련돼 있습니다. 이제는 산업화 시대에 통용됐던 학문 분류나 교육 분류, 가령 대학의 단과대학과 개별 학과라는 기존 체계를 능가하는 일이 중요합니다. 인공지능의 시대에는 융합적인 접근이 필요하죠.

그런 변화를 누가 만들어 낼 것인가? 제가 융합에 대한 이론도 연구하고 있는데, 우리는 융합을 배워본 적도 없고 연습해 본 적도 없습니다. 우리는 예전 체계, 그러니까 분과학문 체계에서 자기 분야만 훈련받았고, 그래서 융합을 잘할 수도 없고 가르칠 수도 없습니다. 우리 사회가 한 15년에서 20년 동안 융합을 외쳤으면서도 성공하지 못한 이유입니다.

크게 두 가지가 필요합니다. 문과와 이과 구분이 없어져야 합니다. 대학이 문과, 이과 장벽을 고수해서 선발에 반영하기 때문에 고등학교에서도 결국 문과, 이과를 구분해 가르칠 수밖에 없습니다. 빼기 교육은 곤란해요. 기본이 되는 건 다 가르쳐야 합니다. 교수들이 진지하게 결단해야 합니다. 학부 단위도 너무 좁아요. 언어, 수리, 자연과학, 역사 등을 다 배우는 융합 학부에서 출발해야 합니다. 학부 3~4학년쯤에 자기 전공을 찾아가기 시작해야 합니다. 그렇게 하면 고등학교까지의 과정은 대학 교육에 필요한 다양한 과목을 다 배우도록 재편될 겁니다.

이런 재편이 왜 중요하냐면, 중학교 3학년쯤 되면 문과, 이과 장벽이 이미 단단해져서 애들끼리 서로 대화가 안 됩니다. 일단 서로 말이 통해야 해요. 전문 분야에 들어가면 다 잊겠지만 15년 후에 다시 만나 얘기를 시작하면 말이 통할 수 있어야 합니다. 그런 방향으로 교육과정을 가져가야 합니다. 이런 과정이 10년 정도 지나면 사회가 풀어야 할 문제들을 다양한 분야의 전문가가 모여서 논의하고 결과를 낼 수 있을 겁니다. 지금은 그걸 할 수가 없습니다. 그래서 교육과 학문 시스템을 바꾸는 게 가장 일차적이라고 봅니다.

그래도 문과에서 사회 이론이나 철학 같은 것을 조금 더 많이 배울 수 있지 않나요?

그건 이과에서도 할 수 있습니다. 통상 문과의 강점으로 역사나 문학 같은 것을 이야기하지만 이런 것은 이과에서도 다 배울 수 있습니다. 단지 지금 안 가르치고 있을 뿐이지요. 이 또한 방치입니다. 그런데 문과에서는 수학이나 과학을 아예 안 가르칩니다. 문과는 교육을 '빼기'로 접근하는 거라면 이과는 굳이 빼기가 없습니다. 사회에 나가서 쓸모가 없으니 빼버린다는 관점으로 교육을 대하면 안 됩니다. 기성세대에게 그런 권리는 없습니다. 지식을 종합적으로 가르치고, 문과와 이과의 구분을 없애야 합니다.

저는 전문 지식을 가진 사람들이 대화하고 협업하는 게 융합이라고 생각합니다. 칸막이 교육으로는 절대 융합할 수 없습니다. 교육은 학생들이 출발 단계에서 공통된 소양을 갖추게 하고 나중에 전문 영역을 깊게 공부할 수 있게 해주어야 합니다. 그것이 디지털 시대에 맞는 교육의 방향일 것입니다.

더 나은 인공지능 개발을 위해서 철학자로서 하고 싶은 제언이 있으실까요?

영어로 된 지식 중심의 접근법을 벗어나야 합니다. 가령 "언어는 ~한 것이다"라고 말할 때 촘스키와 같은 사람의 이론, 영어로 된 지식이 논의의 중심에 있습니다. 그런 식의 표준으로 아이디어가 한정되는 것 같아요. 그런데 그것만으로는 분명히 한계가 있습니다.

기존의 룰은 영어로 구성돼 있습니다. 엔지니어도 영어로 사고합니다. 거기에서 아이디어를 확장해 나간다, 정말 그걸로 충분한 걸까요? 이런 사고는 근본적인 편견을 벗어나지 못합니다. 영어권의 주류 사고에서는 언어가 세계를 다 담고 있다고 전제하는 것 같아요. 그래서 초거대 언어모델로 모든 걸 다 해결할 수 있다는 추세죠. 그런데 메타 인공지능 연구소 수석 과학자인 얀 르쿤은 프랑스 사람입니다. 입장이 조금 다르죠. "AI는 편견만 강화할 뿐 절대 큰 도약을 이룰 수 없다"라는 얘기를 매일같이 합니다. 미국의 오픈AI 최고경영자인 샘 알트만과는 인공지능에 대한 접근 방식에서 확연히 차이가 나는 거죠.

기존의 사고를 벗어나 변방의 사고를 하게 되면 구체적으로 어떤 미래를 기대할 수 있습니까? 한국의 미래가 많이 달라질까요?

정확한 한국의 미래상을 지금 말씀드리기는 어려울 것 같습니다. 왜냐하면 한국적인 사고 같은 게 특별히 있나 회의적이라서요. 미국의 커리큘럼을 그대로 배워왔으니까요. 다만 데이터로서의 언어는 다릅니다. 같은 문장이라도 언어마다 '토큰화'하는 방식이 다릅니다. 그런데 영어를 표준으로 하는 토큰화 방식은 한국어에 불리합니다. 가령 "내가 산책을 간다"라는 문장을 토큰화할 때 거의 자모음별로 모두 쪼개야 해서 토큰의 수가 불어납니다. 그런데 영어는 단어별로 묶어 토큰이 줄어들죠.

지금 네이버에서 구축하려 하는 것이 한국어의 특성을 잘 반영해 한글 토큰을 최대한 압축하는 것입니다. 토큰 단위로 발생하는 비용을 많이 줄여줄 수 있죠. 한국어 언어모델이 왜 필요하냐고 따지는 사람들이 있는데, 그러면 안 됩니다. 한국어 언어모델 개발은 학술적으로도, 산업적으로도 매우 중요한 일입니다. 한국어에만 있는 학습 데이터 분량에서도 차이가 납니다. 또 한국어 때문에 생겨나는 특색이 분명히 존재하고요. 특히 인문 예술 쪽에서는 이런 한국어 언어모델 개발이 아주 중요합니다.

마지막으로 인공지능과 관련해 우리가 더 주목해서 봐야 할 것이 있을까요?

대통령까지 나와서 챗GPT를 강조하다 보니 사람들이 인공지능에 대해 공포감을 많이 가지는 것 같습니다. 그런데 생성 인공지능은 큰 위협이 아닙니다. 지금 더 중요한 기술은 인공지능 번역 같은 것입니다. 시야를 넓게 가져가야 합니다.

전보다 정확한 번역기의 등장, 지식의 확산이 가져다주는 혁명적 측면이 훨씬 클 것으로 보입니다. 그런데 이에 대해서는 아무도 이야기하지 않습니다. 책 한 권의 번역이 1분이면 끝나는 데에도 말이지요. 가령 영어를 못하던 한국 사람이 이런 번역기를 쓰면 참고할 문헌이 1,000배는 늘어날 것입니다. 게다가 이런 번역기는 영어뿐 아니라 다른 외국어에도 능통합니다.

마치 인쇄술 발명 같습니다. 말씀하신 대로 지식이 많이 확산하면 영어 이외의 언어로 쓰인 문헌에 대해서도 지식이 늘어날 수 있을 것 같습니다.

기술을 활용할 수 있는 사람은 생산성이 대폭 늘어날 것으로 보입니다. 딥엘과 같은 번역기를 API로 연결해서 전자책이나 카메라, 구글 렌즈 같은 것에 연동하면 실생활에 아주 큰 변화가 일어날 것입니다.

생성 인공지능의 등장은 인간의 창조적 능력을 중심으로 인간의 고유함을 다시 묻게 자극했다. 이 위기감은 철학과 인문학에게 뭐든 답해보라고 요구한다. 한편에는 이제 인문학은 영원히 죽었다는 비관론이 있다. 나는 여기에 동의하지 않는다. 역사를 보면 인문학은 위기를 딛고 반등하는 데서 매력을 발산했다. 데카르트와 스피노자는 일상적 감각 세계 곁에 수학과 과학의 세계가 하나 더 있다는 충격과 대결했다. 니체는 과학과 학문의 끝에 니힐리즘이라는 결과만 있다는 상황과 맞서 싸웠다. 들뢰즈는 세계대전의 참상과 허무를 이겨내려 투쟁했다. 늘 이런 식이었다. 인간이 만들어 낸 최상의 발명품 중 하나인 인공지능은 창조 능력이라는 인간과 생명의 고유함을 의심케 하고 있다. 이 위기는 그간 현실에서 무력했던 인문학이 재탄생할 계기다. 바야흐로 인문학 르네상스다.

인문학은 언어 사랑이다. 지금은 언어 자체가 확장했다. 수학, 과학, 예술, 디지털도 이 시대의 언어다. 더 이상 전과 같은 언어가 아니다. 따라서 지금 인문학은 확장된 언어를 다뤄야 한다. 나아가 언어 활용 능력, 즉 문해력의 성격도 바뀌었다. 종래의 문사철 언어 말고도 확장된 언어까지 다룰 수 있어야 한다. 결국 확장된 인문학으로 응대해야 한다. 인간의 조건이 바뀌었고, 인간도 재정립되는 중이다. 역사를 거슬러 돌아보면, 새로운 기술은 항상 두려움의 대상이었다. 그러나 인간은 금세 적응하고 재탄생했다. 사진이 처음 등장했을 때의 충격은 결국 현대 회화를 낳는 방식으로 화해했다. 디지털 사진이 등장하자 그건 진짜 사진이 아니라는 반발이 컸다. 어느새 사진이 일상에 완전히 스며든 기술이 되었다는 징표였다. 일은 늘 이런 식이었다. 인공지능이 새로운 인간의 일상에 잘 스며들게 하는 과정에 인문학이 제 역할을 해야 한다.

AI 빅뱅의 계기가 챗GPT였으니 마무리하는 의미에서 생성 인공지능의 한계를 다시 요약해 보자. 첫째, 왜 그런 생성 결과가 나오는지 알지 못하는 '블랙박스' 문제가 여전하다. 이는 모든 딥러닝 기반 인공지능이 가진 문제기도 하다. 대표적으로 '환각' 현상이 지적된다. 엉터리 이야기뿐 아니라 '진실인 이야기도 환각'이라는 점을 새삼 강조해야 한다. 기술적으로 최소한 10% 정도는 거짓 정보가 필연적으로 섞여 있는데, 거짓이 정보 전체에 고루 스며들어 있다. 따라서 진실인 9개의 생성물이 있다 하더라도, 그저 운이 좋아서 진실일 뿐, 신뢰할 수 없다는 점은 여전하다. 특히 온통 거짓인 이야기보다 9개쯤 진실이 섞여 있을 때, 그 거짓이 더 위험하다. 둘째, 정확한 지식이 필요할 때 생성물의 활용도가 떨어진다. 가령 챗GPT가 알려준 내용을 별도의 검증 없이 부장님께 보고할 수 있을까? 기말 보고서로 제출해도 될까? 책임져야 할 문서를 만들려고 한다면 어수룩한 조수나 뺀질대는 비서에 더 가까운 챗GPT는 좋은 보조자가 되기 어렵다. 자신이 직접 검증하고 확인할 능력이 없다면 챗GPT를 믿어서는 안 된다. 브레인스토밍이나 초안 작성에 활용하는 정도로 그치는 것이 적절하다. 셋째, 생성물을 검증하는 데 엄청난 시간이 소요된다. 앞서 말했듯, 다수의 진실에 소수의 거짓이 섞여 있을 때가 가장 괴롭고 골치 아프다. 검증 작업을 하다 보면 차라리 작업을 처음부터 직접 하는 편이 낫다는 생각이 들기 마련이다.

따라서 두 가지를 유념해야 한다. 우선 자신의 전문 영역에 맞게 사용 범위를 확인해야 한다. 가령 인문 사회계와 이공계의 실용성 차이가 엄청나다. 특히 로컬, 즉 언어 자료 자체 혹은 언어에 담긴 문화, 규범, 관습 등이 부족해서 학습이 안 되어 있다면 생성물은 초라하기 그지없다. 반면 코딩이나 기술 분야처럼 글로벌한 영역에서는 활용도가 꽤 높다. 따라서 자기 일을 얼마나 잘 도와줄 수 있는지 알면서 사용해야 한다. 다음으로, 생성물의 진위와 가치를 변별할 수 있는 전문 지식 교육이 더 중요하다는 점을 강조해야 한다. 흔히 인공지능이 지적 생산을 대신할 수 있기에 전문가의 입지가 좁아진다고들 한다. 하지만 생성물을 판별하기 위해서도 그렇고, 생성물을 초벌로 삼아 더 수준 높은 최종 결과물을 만들기 위해서도 그렇고, 지금보다 훨씬 높은 지적 훈련이 요청된다.

이로부터 시민성 교육을 위한 출발점도 마련된다. 생성 인공지능이 가세하고 알고리즘이 유통하는 수많은 정보에서 진위와 가치를 읽어내는 능력을 갖추는 것이 우선이다. 최근 들어 한국의 전반적인 문해력 및 디지털 문해력이 떨어진다는 보고도 있다(OECD (2021), 「21세기 읽기: 디지털 세계에서 문해력 기술 발전시키기」).[1] 생성 인공지능이 마구

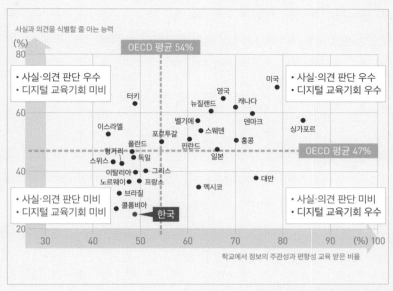

그림 24 OECD 주요국의 디지털 정보 파악 능력
자료: OECD PISA 2021

잡이로 만들어 내는 정보를 맹목적으로 믿지 않게 해야 한다(그림24 참조).

다음으로, 정확한 사실에 기초해 공론을 형성하려면 대화와 소통 능력이 있어야 한다. 다른 말로, 타인과 관계를 맺는 능력을 갖춰야 한다. 이 능력은 토론이 잘 이루어지기 위해서도 꼭 필요하다. 결국 전통적 교육 내용의 일부로서 듣기, 말하기, 읽기, 쓰기가 더 중요해진 다고 하겠다. 생성 인공지능은 도구일 뿐이라는 점을 인식하면서, 직

---

1 OECD (2021), 21st-Century Readers: Developing Literacy Skills in a Digital World, PISA, OECD Publishing, Paris.

접 창작자가 되어보는 훈련이 필요하다.

끝으로 타인과 공동체를 위하고 배려하는 마음을 갖춰야 한다. 디지털 기술은 유유상종을 심화했다. 하지만 그 어떤 사람도 섬이 아니다. 인간은 애초부터 관계적 존재다. 협력을 통해 지식과 기술을 발명하고 공유했으며, 그걸 바탕으로 진보할 수 있었다. 이에 대한 인식이 절실하다.

클릭 장사로 연명하는 수많은 이들 때문에, 생성 인공지능이 만들어낸 하찮거나 해로운 정보가 인터넷을 가득 채울 것이라는 우려의 목소리도 높다. 인터넷이 지금보다 더 거대한 쓰레기장이 될 것이라는 걱정이다. 나는 이 사태가 더 정확하고 진지한 공론장을 만들 계기가 될 수도 있다고 본다. 클릭 장사에 혹하는 것이 인간 본성의 일부이기도 하지만, 정확한 정보와 진지한 담론을 원하는 것도 인간 본성에 어울린다. 따라서 권위 있는 곳이라면, 비용을 지불하는 경우가 있더라도, 즐겨 방문할 수 있을 것이다. 생성 인공지능의 등장으로 진지함이 더 요청되는 시절이다.

앞으로 어떤 직종이 주목받게 될지 구체적으로 제시하기는 어렵다. 세상이 변하는 속도가 너무 빠르다. 삶을 살아가면서 한 사람이 여러 직종을 거쳐가는 게 오히려 자연스러운 일이 되리라 전망된다. 그때마다 매번 새롭게 배우고 익혀야 한다. 아니, 이제 학습은 삶의 일상이 되어야 한다. 젊은 세대일수록 새로 배우는 법을 배워야 하고, 새로운 상황에 혼자서도 대처하는 법을 학습해야 한다. 이것이 새로운 인간의 삶의 사용법이다.

기성세대는 대학을 포함한 학교의 역할을 근본적으로 재고해야 한다. 학교와 교육은 변화할 준비가 되어 있는가? 아니면 더 나은 방안을 찾아내기라도 했나? 창조 행위로서의 창작이 학습의 핵심 활동이 될 수 있도록 학교의 시간과 공간이 재구조화되어야 한다. 위기는 인공지능에서 오는 게 아니다. 타성과 고착이 위기의 본질이다. 한국 사회는 혁신할 수 있는 마지막 기회를 놓치지 말아야 한다.

부록 1

통제할 수 없는 인공 초지능의
갑작스러운 등장에 관한 고찰[1]

들어가며

최근 인공지능^{AI} 기술의 급격한 발전을 놓고 일론 머스크, 빌 게이츠, 스티븐 호킹, 유발 하라리, 레이 커즈와일, 닉 보스트롬, 맥스 테그마크 같은 자연과학, 공학, 세계적 정보통신기술^{ICT} 기업, 철학, 미래학, 역사학 분야의 명사들이 초지능^{superintelligence, ultraintelligence} AI의 등장을 우려하며, 일단 초지능이 등장한 후에는 손쓸 시간이 없기에 미리 대비할 필요가 있다고 역설하고 있다. 이들은 옥스퍼드 대학교의 생명의 미래 연구소^{Future of Life Institute}를 중심으로 활동 중이다. 하지만 초지능 AI의 등장 시점에 대해서는 막연한 예측이 대부분이다.

한편 스튜어트 러셀, 얀 르쿤, 앤드루 응, 요슈아 벤지오, 대니얼 힐리스, 로드니 브룩스 등 대다수의 컴퓨터공학 전문가들은 초지능 AI의 등장은 현실

---

1 이 참고 자료는 과학기술정책연구원(STEPI)에서 발간하는 FUTURE HORIZON+ 53호 (2022년)에 수록한 「통제할 수 없는 인공 초지능의 갑작스러운 등장」이라는 글을 수정한 것이다.

이 아니며, 걱정해야 할 것은 인공지능의 안전한 사용이라고 주장하고 있다. [2]동시에 이들은 제어할 수 있고 신뢰할 수 있는 인공지능을 요청한다는 점에서는 초지능 AI를 우려하는 사람들과 의견을 같이한다. 시간이 흐르면서 점점 양 진영의 장벽이 낮아지고 있다.

국내에서는 인공지능 윤리 혹은 가이드라인 관련한 연구와 논의가 학계나 정부 차원에서 꾸준히 진행되어 왔지만, 초지능 AI와 관련한 연구와 논의는 거의 없었다. 만일 모든 인류의 지성을 합친 것보다 더 뛰어난 초지능 AI 혹은 인간의 제어 범위를 넘어선 초지능 AI가 등장한다면, 이를 제어할 방법이 없어 인류의 존재론적 위기가 발생할 수 있다. 금융, 전력망, 방송 통신, 군사 무기, 보건 의료 등 전기 및 컴퓨터와 연결된 자동화된 모든 사회 인프라가 인간의 제어 범위 바깥에 놓이게 될 것으로 예상된다. 이에 대비해 초지능의 발생이 초래할 파급력과 그에 대한 대응 방안을 연구할 필요가 있다.

개념적으로 초지능은 인간 수준 인공지능[HLAI] 혹은 인공일반지능[AGI](이하 본문에서는 맥락에 따라 번역어와 영어를 병용한다)과 다르지만, 학자들은 HLAI 혹은 AGI가 초지능에 이르는 가장 근접한 단계라는 데 이견이 없다. HLAI 혹은 AGI는 코드를 짜고 개량할 능력이 있다고 전제되며, 기계는 잠을 자지도 않고 연산 능력과 협업 역량도 탁월하므로 이내 인간을 능가하는 솜씨로 자신을 업그레이드해 갈 수 있다. 이를 통해 HLAI 혹은 AGI는 순식간에 인간 지능을 훨씬 뛰어넘는 초지능으로 발전하게 될 것이다. 이것이 어빙 굿이 말한 '지능 폭발'이다. 따라서 초지능에 대한 논의는 HLAI 혹은 AGI에 대한 논의와 나란히 갈 수밖에 없다.

2　2023년 5월 1일, 인공지능의 대부 중 한 사람인 제프리 힌튼은 구글을 퇴사하면서 AGI 의 등장이 자기가 생각했던 것보다 빠르다고 인터뷰했다. 그의 발언에 대해서는 논란 이 분분하다는 점을 덧붙여놓겠다.

영국의 천재 수학자 앨런 튜링이 1936년에 현대적 디지털 컴퓨터의 가능성을 논리적으로 발명하고, 이를 기반으로 1950년에 '생각하는 기계'의 가능성을 제시한 직후부터 인간 지능을 능가하는 초지능에 대한 우려가 꾸준히 제기됐다. 튜링 본인을 비롯해 사이버네틱스의 창시자 노버트 위너, 튜링의 블레츨리 파크Bletchley Park 동료였던 어빙 굿, 작가 버너 빈지 등이 제어 불가능한 초지능에 우려를 표명한 것은 당연한 일이었다.

이런 우려는 굿이 기술 자문을 담당하고 스탠리 큐브릭이 감독한 SF 영화 〈2001: 스페이스 오디세이〉(1968년)에 등장하는 인공지능 컴퓨터 HAL9000에서 절정에 이른다. 그 이후에도 〈터미네이터〉(1984년), 〈공각기동대〉(1995년), 〈매트릭스〉(1999년) 등 인공지능이 등장한 영화들이 시리즈로 제작될 만큼 대중에게 깊은 인상을 남겼다. 이런 상상의 허구는 대중에게 실제를 넘어선 위험을 과장해서 보여준다는 부작용이 있다. 나는 인간의 지능을 훨씬 뛰어넘는 인공지능(초지능)이 등장하는 이런 부류의 SF는 SCIENCE Fiction이 아니라 science FICTION에 불과하다고 본다. 과학기술에 기반한 것이 아니라 허구에 불과하다고 생각하는 것이다.

나아가 이런 허구를 뒷받침하는 철학적, 논리적 주장들 또한 내적 근거를 갖고 있기보다는 상상에 호소하고 있다고 본다. 일종의 유사과학에 불과하다는 말이다. 물리학자 더글러스 호프스태터의『괴델, 에셔, 바흐』, 공학자 레이 커즈와일의『특이점이 온다』, 역사학자 유발 하라리의『호모 데우스』, 철학자 닉 보스트롬의『슈퍼인텔리전스』, 미래학자 제임스 배럿의『파이널 인벤션』, 물리학자 맥스 테그마크의『맥스 테그마크의 라이프 3.0』같은 책들이 대표적이다. 그런데 '특이점' 또는 '초지능'을 주장하는 논의는 자기모순을 내포할 수밖에 없다. 만일 초인공지능이 등장한다면, 인류는 그 앞에서 처분만을 기다리며 속수무책일 것이기 때문에 사실상 아무런 활동도 대책도 불가능할 테니 말이다. 따라서 이런 부류의 논의는 논리적, 신학적으로 묵시록적 결론에 이를 따름이다. '초인공지능 뜻대로 하소서' 하고 말이다.

나는 특이점 또는 초지능 논의는 사실에도 어긋날 뿐 아니라 윤리적으로도 옳지 않다고 본다. 우선 이런 논의는 묵시록적 세계 또는 디스토피아를 도입하게 되기에 모든 능동적 논의 자체를 가로막는 경향을 보인다. 모든 묵시록적 논의가 그러하듯 구원은 초월적 세계로부터 올 수밖에 없다. 나아가 이런 논의는 더 시급하고 절박한 논의에 집중할 힘과 시간을 분산시킨다. 초지능의 도래를 가장 가깝게 설정하고 있는 커즈와일조차 2045년을 그 시점으로 제시하는 데 반해 인류는 그 전에 기후변화로 심각한 멸종 위기를 맞이할 것이라는 상당히 근거 있는 논의도 있으며, 또한 현재 수준의 인공지능 발전만으로도 사회 격차, 불평등, 불공정이 커지고 있다는 더 절실한 의제도 있다. 때를 놓치지 않고 급한 의제부터 다루는 것이 옳다고 본다.

다른 한편 컴퓨터공학의 발전 선상에서 보면, 2010년경부터 '다층 인공 신경망multi-layer neural networks' 혹은 '딥러닝' 기술이 현실적인 결과를 내놓기 시작했는데, 이는 알고리듬의 개선뿐 아니라 컴퓨팅 자원의 발전, 가용 데이터의 급증에 힘입은 것이었다. 인공 신경망 개념은 1940년대부터 꾸준히 발전했지만, 2010년 전후 음성 인식과 시각 인식 같은 분야의 중요한 발전은 데이터의 축적이 없었다면 불가능했을 것이다.

〈그녀〉(2013년), 〈엑스 마키나〉(2015년) 등 이 무렵 흥행한 SF 영화들도 이런 초지능을 걱정하는 분위기에 일조했다. 또한 21세기 들어 보스트롬, 커즈와일, 인공지능 이론가 엘리에저 유드카우스키, 하라리, 테그마크, 테슬라와 스페이스X의 대표 머스크, 물리학자 호킹 등 저명인사들은 꾸준히 초지능의 위험을 경고했고, 이들의 담론은 언론 보도를 통해 대중에게 큰 영향을 끼치고 있다. 컴퓨터공학자의 입장보다 비전문가 명사들의 발언을 증폭한 선정적 언론 보도도 무시할 수 없다.

조금 다른 맥락에서 인공지능의 안전성에 관한 논의도 계속 이어져 왔다. 대표적인 것이 2017년의 아실로마^{Asilomar} 회의다. 여기서는 23개의 인공지능 원칙을 발표했는데, 구글의 에릭 슈밋 회장, 딥마인드 창업자 셰인 레그, 몬트리올 대학교의 요슈아 벤지오, 버클리 대학교의 스튜어트 러셀, 스탠퍼드 대학교의 앤드루 응 등 쟁쟁한 AI 연구자와 공학자가 참여했으며, 참석자의 90% 이상이 원칙에 찬성했다.

원칙의 수준이 구체적인 정책으로까지 이어지지는 못했다는 한계도 지적됐지만, 이 회의는 그 전후로 진행된 전 세계에 걸친 인공지능의 안전성과 신뢰성을 둘러싼 연구의 이정표가 되어 정부, 기업, 연구소 등에 소속된 수많은 연구자가 논의의 중요성에 공감하게 됐다. 유럽 집행위원회^{EC}의 인공지능 고급 전문가 그룹이 2019년 4월에 최종안을 발표한 '신뢰할 수 있는 인공지능을 위한 프레임워크', 2021년 4월 유럽연합^{EU} 의회에 제출된 'EU 인공지능 법안', 2021년 11월에 채택된 '유네스코 인공지능 윤리 권고' 같은 것들을 이어진 성과로 꼽을 수 있다.

동인과 발생 경로의 특수성

초지능은 발생 가능성이 지극히 낮지만, 파급력은 엄청나다. 동시에 그것을 만들겠다는 집중된 노력이 없으면, 초지능은 발생할 수 없다. 초지능은 만들기가 매우 어렵고, 적절한 유인이 없으면 개발되지 못한다. 예방 차원의 모니

터링이 가능한 이유다.

인공지능 전문가에 따르면, 초지능 인공지능이 최소 20년 이내에 실현될 가능성은 없어 보이며, 초지능의 출현 예상 시점도 점점 뒤로 멀어지고 있다.

옥스퍼드 대학교의 닉 보스트롬은 삶의 미래 연구소Future of Life Institute에서 주최하는 2015년 컨퍼런스의 참가자들을 대상으로 두 가지 설문조사를 실시했다.[3] 첫 번째 물음은 다음과 같다. "인공지능이 모든 핵심적인 인지 과제에 있어 인간의 능력에 필적할 수 있기까지 몇 년이 걸릴 것이라고 생각합니까?" 앞으로 30~60년 사이에 이루어질 것이라는 답변이 대다수였다. 두 번째 물음은 다음과 같다. "고차원 기계지능High-level machine intelligence, HLMI이 언제 달성될 것이라고 봅니까?" 특히 인공일반지능의 실현과 관련해서는, 50%의 확률로 2040년이라는 답변이 나왔다.

한편, 옥스퍼드 대학교 인류의 미래 연구소Future of Humanity Institute와 예일 대학교 정치학과 교수들은 「인공지능은 언제 인간의 수행 능력을 능가할 것인가?」라는 논문에서 또 다른 흥미로운 조사 결과를 발표했다.[4] 특히 인공지능 분야의 대표적인 학술대회인 NIPS와 ICML에 논문을 발표한 연구자들을 대상으로 조사했다는 점에 주목할 필요가 있다. 이들은 "모든 인간 직업을 자동화하는 데" 50%의 확률로 120년 정도(2016년 기준)가 걸릴 것으로 답했다. 또한 "고차원 기계지능"을 달성하는 데 45년이 걸릴 것이라고 답했다.

또, 미래학자 마틴 포드Martin Ford는 인공지능 전문가 23명을 인터뷰해서 엮은 책 『AI 마인드Architects of Intelligence』(2018)에서 "인간 수준의 인공지능은 언제 만들어질까?"라는 설문조사 결과도 발표했는데, 답변의 평균이 81년 뒤인 2099년으로 나왔다.[5]

---

3 Müller, Vincent C. & Nick Bostrom, 2014.

4 Grace et al., 2017.

끝으로 최근에 발표된 2022년 8월 3일 조사에 따르면,[6] 2016년도 조사 대상인 NIPS와 ICML의 논문 발표자 4,271명 중 738명으로부터 37년 뒤인 2059년에 50%의 확률로 도달할 수 있다는 답변을 얻었다. 또 안전 연구에 더 우선순위를 두어야 한다는 응답도 49%에서 69%로 증가한 것으로 확인 됐다. 하지만 첨단 AI가 인류에 매우 나쁜 영향을 미칠 것이라고 응답한 중간 값은 5%에 불과했다.

질문 내용이 약간씩 다르기 때문에 쉽게 판단하기는 어렵지만, 우리가 이 네 개의 조사에서 주목할 지점은, 눈부신 속도로 발전하는 인공지능 기술을 놓고 볼 때 "고차원 기계지능"의 실현 예상 연도가 늦춰지는 경향을 보이다 가, 최근에 약간 좁혀졌다는 점이다. 2014년 답변에서는 25년 뒤라고 예측했 는데, 2016년 답변에서는 45년 뒤라고 예측했으며, 또 2018년에는 81년 뒤 로 더 늦춰졌다가, 2022년에는 37년 뒤로 다시 당겨졌다. 조심스럽긴 해도 실제로 인공지능을 개발하는 전문가들의 전망치가 몇 년 전까지 꽤 늦춰졌 다는 점을 확인할 수 있으며, 최근의 급격한 발전으로 전문가의 시각이 바뀌 고 있다는 점도 흥미롭다. 물론 2022년의 조사 결과에서도 첨단 인공지능이 인류를 위협할 것이라고 우려하는 견해는 극히 적었다.

또한 초지능 이슈를 제기하는 학자들조차 SF에 등장하는 '전적으로 제어 불가능한' 초지능을 문제로 삼기보다는 '위험risk'을 어떻게 관리할 것인지에 초점을 맞추고 있다. 대표적으로 스튜어트 러셀을 들 수 있다. 언론에서는 러 셀이 초지능 이슈를 걱정한다고 보도하고는 했는데, 실제로는 '인간과 함께 할 수 있는Human Compatible' 인공지능을 강조하며 초지능이 실현될 가능성 이 거의 없다고 주장한다.

---

5 마틴 포드, 『AI 마인드』(2018), 김대영 외 옮김, 터닝포인트, 2019.
6 https://aiimpacts.org/2022-expert-survey-on-progress-in-ai/.

초지능 출현 예상 시기에 대한 전문가 조사

조사 연도 (기준연도)	조사 주체/조사 대상	예측 연도
2014년	조사 주체 닉 보스트롬(옥스퍼드 대학교) 조사 대상 삶의 미래 연구소(Future of Life Institute) 콘퍼런스 참가자	25년 뒤 (2040년)
2016년	조사 주체 옥스퍼드 대학교 인류의 미래 연구소 (Future of Humanity Institute)와 예일 대학교 정치학과 조사 대상 NIPS(Neural Information Processing System)와 ICML(The International Conference on Maching Learning) 논문 발표 연구자	45년 뒤 (2061년)
2018년	조사 주체 마틴 포드(미래학자) Martin Ford. Architects of intelligence: the truth about AI from the people building it, 2018 조사 대상 데미스 허사비스, 얀 르쾽, 앤드루 응, 게리 마커스, 스튜어트 러셀, 제프리 힌턴 등 AI 최전선 연구자 18인	81년 뒤 (2099년)
2022년	조사 주체 2016년 조사를 다시 돌림 조사 대상 2016년 조사와 같은 대상. 4,271명 중 738명이 응답	37년 뒤 (2059년)

자료: V. Müller & N. Bostrom (2014); K. Grace et al. (2017); 마틴 포드(2018);
2022 Expert Survey on Progress in AI (2023).

최근 진행된 연구의 대부분이 '초지능'의 전 단계인 '인공일반지능'에 초
점을 맞추고 있다는 점도 의미심장하다. AGI는 광범위한 영역을 오가며 추
론할 수 있는 인공지능이다. 현존하는 인공지능 연구·개발R&D 대부분은
AGI가 아닌 특수 인공지능 혹은 약인공지능을 다루지만, 몇몇은 AGI R&D
에 집중한다. AGI가 구축되면 그 영향력은 엄청날 수 있다. 그것이 어떻게 설
계되고 사용되는지에 따라 세상의 문제를 해결하는 데 도움이 될 수도 있고,
재앙을 초래할 수도 있으며, 심지어 인류가 멸종할 수도 있다.

유럽의회의 과학기술평가단STOA: The Science and Technology Options Assessment 은 2018년 3월 「우리가 인공지능을 두려워해야 할까?: 심화 분석」이라는 보 고서를 발표했다. 보고서는 "존재하지 않는 문제를 입법화하려는 유혹에 굴 복하지 않는 것이 핵심"이라며, 특별히 유니버시티 칼리지 런던의 컴퓨터공 학자 피터 벤틀리의 주장을 강조한다.

「인공지능의 세 가지 법칙: 일반적인 신화 몰아내기」에서 벤틀리는 인 공지능 논의에 일반인, 정치인, 철학자, 기업가, 전문 로비스트가 참여한 반 면, "인공지능을 가장 잘 이해하는 사람들, 즉 스마트 솔루션을 구축하고 이 를 신제품에 적용하고 테스트하는 데 매일매일 시간을 보내는 컴퓨터공학 자와 엔지니어의 의견"이 거의 포함되지 않았다고 지적한다. 그는 인공지능 이 암처럼 기하급수적으로 자발적이고 맹렬하게 발전할 것이라는 주장은 허 구fiction에 불과하다고 일축한다.

벤틀리에 따르면, 인공일반지능이 창조될 수 없는 이유는 뇌과학과 수학 에 근거한다. 최소한 인간 뇌는 지능이 성립하려면 매번 도전 혹은 문제에 맞 춤 재단된 신경 구조가 새로 갖춰져야 한다. 뇌는 이렇게 만들어진 신경 구 조들의 총합이다. 인공지능도 모든 새로운 도전 혹은 문제에 대해 새로운 알 고리듬이 맞춤 재단되어 설계되어야 한다. 인간 지능에서건 인공지능에서건, 일반지능은 "모든 새로운 도전에 맞춤 재단된 새로운 구조의 발명을 수반하 는 지속적인 혁신 과정"이다. 현대 수학은 모든 문제에 적합한 보편적인 구 조는 없다고 증명했다. 지능은 한 번에 설계될 수 없으며, 더 나은 지능은 거 듭된 테스트를 통해서만 달성될 수 있다. 나아가 기존 구조를 방해하지 않고 새로운 구조에 통합되어야 한다는 매우 어려운 작업을 완수해야 한다.

벤틀리는 불안을 조성하는 이야기와 어리석은 예측은 영화관에 맡기고 '과학 진보'나 '정책 수립'을 위해 '차분하고 합리적인 토론'을 이어가자고 제안한다. 그러면서 SF가 현실이 된다면 일어날 수 있을 일보다 'AI 안전'과 관련된 '새로운 안전 규정과 인증'에 초점을 맞추자고 결론 내린다.

한편 영국 케임브리지 대학교의 실존적 위험 연구 센터는 2019년 6월 「AGI의 패러다임 및 관련된 위험」을 공개했다. 연구 목표는 "AGI의 패러다임, 역량과 일반성의 척도를 명확하게 기술하여, 이론 및 경험 수준에서 더 포괄적이고 분석적이며 엄격한 방식으로 AGI의 잠재적 위험에 대한 새로운 관점을 제시"하는 것이다.

여기서 두 가지를 주목할 수 있다. 첫째, 보고서는 '능력 증강, 자가 개선, 초지능'에 대해 넓이와 폭에 있어 더 융통성 있는 관점을 제공할 수 있다고 보면서 앞서 본 벤틀리의 주장과 달리 기하급수적 폭발과 특이성에 대한 단순한 관점에서 벗어나 논의를 진전시킬 수 있다고 주장한다. 둘째, 더 중요한 파생 연구 주제인 지배domination와 위험 간의 연결에 근거를 줄 수 있다고 주장한다. 하나의 인공지능 시스템이 다른 시스템 혹은 다양한 개인 집단을 언제 지배할 수 있는지, '사회 지능, 조종, 다양성' 등과 어떻게 연결되어 있는지 드러낼 수 있다는 것이다.

세계경제포럼WEF은 2021년 1월 12일에 발표한 「글로벌 위험 보고서」에서 비즈니스, 정부, 시민사회, 사상 분야의 선도자 네트워크를 활용해 전문가들에게 다음과 같이 질문했다. "응답자는 위기가 언제 세상에 치명적인 위험이 될 것으로 예측하는가?" 이에 대한 답은 세 가지로 분류된다. 첫째, 명백하게 현존하는 위험(0~2년 내 닥칠 단기 위험), 둘째, 연쇄반응 효과(3~5년 내 닥칠 중기 위험), 셋째, 실존적 위협(5~10년 내 닥칠 장기 위험)이 그것이다.

응답에서 주목할 것은 '기술' 범주에 속하는 여러 답변 중에 '초지능의 출현'에 해당하는 건 없었다는 점이다. 이는 세계경제포럼이 주요 위기로 선정한 30개 항목에서 '초지능'이 고려되지 않고 있다는 증거다. 하지만 기술 관련 이슈 중에 '사이버 보안 실패'(단기 및 중기 위험), '정보기술 인프라 붕괴'(중기 위험), '기술 거버넌스 실패'(중기 위험), '인간에게 불리한 기술 발전'(장기 위험) 같은 내용이 포함되어 있다는 점도 주목해야 한다. 이런 위험들은 이미 진행 중이거나 곧 닥칠 위험들로, 자체로는 초지능으로 분류될 수 없지만, 인간 및 조직과 어우러져 초지능으로 기능할 수 있다.

글로벌 재앙 위험 연구소GCRI: Global Catastrophic Risk Institute는 2017년에 이어 2020년에도 AGI의 연구 개발 현황을 조사했다. 보고서 제목은 「윤리, 위험, 정책을 위한 인공일반지능 프로젝트 2020년 조사」다. 이 보고서가 의미 있는 이유는 많은 연구자가 동의하듯 AGI는 그 자체로 초지능이거나 초지능의 직전 단계를 의미하기 때문이다. 따라서 현재 진행되고 있는 AGI R&D 현황은 초지능의 출현을 예상하는 데 좋은 참고 자료가 된다.

조사에서는 두 가지가 발견됐다. 첫째, 확장된 검색 방법론을 통해 AGI R&D 분야에 대한 더욱 포괄적인 그림을 찾았다. 둘째, 그렇지만 2017년과 2020년 사이에 AGI R&D 분야에서는 거의 변화가 없었다.

시사점 및 제안 사항

이상의 연구는 몇 가지 시사점을 제공한다. 첫째, 초지능 논의는 컴퓨터공학의 수준이기보다는 아직 미래학 영역에 속한다. 과학기술 수준에서 초지능을 다루는 사례는 발견할 수 없었다. 둘째, 초지능에 이르기 위해 꼭 거쳐야 하는 AGI R&D 분야도 크게 진전이 없고, 유의미한 규모의 R&D도 발견할 수 없었다. 셋째, 인공지능의 안전과 신뢰에 대한 강조는 증가하는 추세다. 초지능의 등장을 우려하는 논자들이 실제로 걱정하는 건 인공지능의 개발과 사용에서 제기되는 안전과 신뢰의 문제다. 이는 제도와 법의 수준에서 진행되는 현안이다. 이는 거버넌스 수준에서 관리되어야 할 사안이다.

필자는 재정의된 초지능 혹은 '하이브리드 초지능' 연구가 이어져야 한다고 제안한다. 국내의 세부 정책 방향도 이를 고려할 필요가 있다. 세계적인 추세를 보면, 초지능 자체가 아니라 인공지능의 '위험 관리', '안전한 사용', '신뢰성 확보' 같은 주제가 현실적이며 시급하다. 기존의 초지능이 1.0 버전이라면, 재정의된 초지능은 그보다 약한 0.7 버전이다. 이 방향의 접근은 아직 찾아보기 힘들지만, 조만간 등장할 것으로 보이며, 한국이 초지능 연구의 새 방향을 선도할 수 있을 것으로 기대한다.

차세대 초지능 연구의 문제 방향은 세 가지로 변별될 수 있다. 첫째, 제어 불가능하거나 제어가 어려운 AI의 등장. 목표에 맞는 정확한 명령을 인공지능에 내리는 일이 쉽지 않기 때문에 의도치 않은 결과를 초래할 수 있다는 점에 대한 우려가 크다. 둘째, 신뢰할 수 없는 인공지능의 이용. 공정성, 윤리성, 투명성과 설명 가능성, 견고성과 안전성 등 이슈에 대처하는 것이 시급한 현안이다. 셋째, '하이브리드 초지능' 혹은 '네트워크 지능'의 작동. AGI나 초지능보다 훨씬 낮은 수준이지만, 개인, 단체, 기업, 정부 등과 결합해서 작동하며, 이미 현실에서 문제를 일으키고 있는 인공지능을 예의 주시해야 한다. 기술과 거버넌스가 결합해서 일으키는 문제에 대해서는 종종 경고의 목소리가 나온 바 있다.

현대 사회는 '초연결사회'다. 사람, 프로세스, 데이터, 사물 등이 촘촘한 네트워크를 통해 서로 긴밀하게 연결된 사회라는 뜻이다. 현대인은 대부분 도시에 거주하며, 컴퓨터와 자동화 시스템에 거의 모든 것을 의존한다. 전기, 수도, 가스, 통신, 도로, 자동차, 기차, 비행기 등 사회기반시설은 컴퓨터에 기대어 작동하며, 은행 계좌, 계산서 지급, 연금, 대출금, 상품 및 서비스의 구매도 컴퓨터로 관리한다. 오락, 비즈니스 및 개인 커뮤니케이션, 주택 보안, 세상에 관한 정보, 투표 시스템 등도 컴퓨터에 기대고 있다. 이것들은 모두 공격에 매우 취약하며, 이들 중 어느 것도 금방 복구할 수 없다. 우리 사회의 많은 측면이 민간 범죄자나 국가 단위의 적이 가하는 잔혹한 공격에 활짝 열려 있는 셈이다.

초지능 AI가 등장해서 공격이 시작되면, 문제는 전면적이다. 시간상 순차적이지 않고 동시적이며, 공간상 지역적이지 않고 전국적 혹은 전 지구적이다. 전기와 통신이 마비되기 때문에 상황 파악 자체가 쉽지 않으며, 수습을 위한 도구 자체가 장악되는 셈이므로 수습에 시간이 아주 많이 걸리거나 사실상 수습이 불가능하다. 이 사이에 도시 기능은 전면 마비되고, 고립된 도시의 운명이 그렇듯 채 일주일도 지나기 전에 공포, 식량, 오물, 쓰레기, 보건 의료 등의 문제로 사망자가 쌓여갈 것이다.

이런 상황은 대규모 정전(2011년 9월 15일), KT 인터넷망 단절(2021년 10월 25일), 코로나19 팬데믹(2019~2023년) 같은 재난이 동시에 발생한 것과 비슷하다. 이는 핵전쟁보다 더 큰 위기이며, 전 세계가 동시에 맞이할 재앙이다. 인류 문명은 초지능 AI가 작동하며 인류를 공격하기 시작하는 동시에 붕괴를 맞이할 수 있다. 시나리오로 상상할 수조차 없는 사건이며, 애초에 초지능

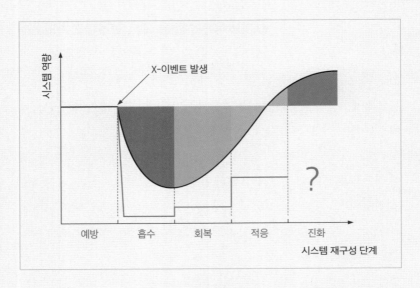

그림25   X이벤트 '초지능' 이슈의 전개 예상도(파란색 선)
자료: Linkov and Trump(2019)의 그림을 변형함.

AI가 등장하지 못하도록 '예방'하는 것 말고는 대처 방안이 없을 것으로 예상된다.

초지능 이벤트는 일단 발생하고 나면 인류의 붕괴를 불러올 수 있으며, 일반적인 '흡수-회복-적응-진화'의 단계를 따르지 않는다. 이 점에서 다른 이슈와 독립적인 시나리오를 그려볼 수밖에 없다. 한편 초지능은 불시에 수동적으로 발생하는 것이 아니라 인간의 아주 능동적인 관여와 개발이 있어야만 발생할 수 있다. 따라서 재정의된 초지능 연구가 훨씬 시급해 보인다.

〈그림25〉에서 X이벤트가 발생했을 때 통상 전개될 경로는 옆으로 놓인 S자 곡선이다. 하지만 컴퓨터공학자들의 견해에 따르면, 초지능 X이벤트가 발생했을 때 진행 경로는 파란색으로 표시된 계단형을 따른다. 그것도 시간이 흐르고 운이 좋다는 조건에서만 상승 방향으로 계단을 올라갈 수 있으며, 마

지막 '진화' 단계에 이를 수 있을지 없을지는 예측 불가능하다. 따라서 초지능 X이벤트에서는 오직 예방만이 살길이다.

인공지능 윤리는 장식품이 아니다:
윤리의 산업적·경제적 전략 측면[1]

인공지능 윤리를 바라보는 얕은 시각

스캐터랩에서 출시한 인공지능 챗봇 '이루다'를 둘러싼 논란이 뜨거웠다. 이루다는 성희롱, 혐오 및 차별 발언, 개인 정보 침해 등 많은 논란을 불러일으켰고, 스캐터랩은 서비스를 중지하고 사과까지 했다. 논란 와중에 철학자, 여성학자, 법학자, 윤리학자, 사회학자, 인권 운동가, 인공지능 개발자, 정보통신기술 종사자 등 많은 영역의 전문가가 비판과 의견을 보냈다. 하지만 '인공지능 윤리'를 바라보는 시각은 여전히 시대에 뒤떨어져 있다는 것이 확인되어 안타깝다.

이런 시각은 한국 정부가 2019년 12월 발표한 〈인공지능 국가전략〉에 이어 2010년 12월 발표한 〈인공지능 윤리기준〉(이하 〈AI 윤리기준〉)을 봐도 어느 정도 예상할 수 있었다. 〈AI 윤리기준〉은 '인간성^{Humanity}을 위한 윤리적 인공지능'을 실현하기 위해 정부·공공기관, 기업, 이용자 등 모든 사회구성

---

1 이 참고 자료는 국립세종도서관에서 발간하는 《정책과 도서관》 2021년 1-2호에 수록한 글을 일부 수정한 것이다.

원이 "인공지능의 개발 및 활용 전 단계에서 함께 지켜야 할 주요 원칙과 핵심 요건"을 제시하고자 했다. 〈AI 윤리기준〉을 만드는 과정에는 "인공지능·윤리학·법학 등 학계·기업·시민단체를 아우르는 주요 전문가들이 자문과 의견수렴 과정에 참여"했다. 문제는 〈AI 윤리기준〉이 이루다를 둘러싼 논란에 효력을 미치지 못한다는 점이다. 주요 전문가들이 '인공지능 윤리'의 문제를 너무 가볍게 인식했기 때문이다.

문제에 접근하는 데 있어 '사람 중심의 인공지능'이라는 기본 틀은 대단히 중요하며, 적시성을 갖는다. 인공지능 윤리 문제에서 가장 앞서가고 있는 유럽연합(개별 회원국 포함)은 물론 미국, OECD나 유네스코를 비롯한 각종 국제기구에서도 이 기본 틀은 반복해서 강조되고 있다. 한국의 〈AI 윤리기준〉이 "⑴ 인간의 존엄성 원칙, ⑵ 사회의 공공선 원칙, ⑶ 기술의 합목적성 원칙"이라는 3대 원칙과 "⑴ 인권 보장, ⑵ 프라이버시 보호, ⑶ 다양성 존중, ⑷ 침해 금지, ⑸ 공공성, ⑹ 연대성, ⑺ 데이터 관리, ⑻ 책임성, ⑼ 안전성, ⑽ 투명성"이라는 10대 핵심 요건을 마련한 것은 이 점에서 지구적 추세에 부응한다.

그런데 한국이 간과하고 있는 점이 하나 있다. 문제는 이렇게 간과하는 점이 단지 '여럿 중 하나'에 불과한 게 아니라 인공지능 정책, 개발, 산업에 엄청난 함의를 가진다는 점이다. 이것은 '인공지능 윤리'에 대한 각종 기준, 원칙, 권고안, 프레임워크 등을 만드는 목적과 관련된다. 한국의 〈AI 윤리기준〉은 인공지능이 '인간과 사회를 위해' 이바지해야 한다는 점을 분명히 하면서도, "산업·경제 분야의 자율규제 환경을 조성함으로써 인공지능 연구 개발과 산업 성장을 제약하지 않고, 정당한 이윤을 추구하는 기업에 부당한 부담을 지우지 않는 것"을 명시적 목표로 언급한다. 인공지능 윤리기준을 마련하는 것이 산업과 경제에 부담이 되지 않게 하겠다는 뜻이다. 이런 목표가 있었기에, 〈AI 윤리기준〉은 "범용성이 있는 일반 원칙"에 그쳤고, "새롭게 제기되는 인공지능 윤리 쟁점을 반영해 지속적으로 수정하고 보완"하겠다는 수준에서 봉합됐다.

이런 수준의 목표와 실현 방안을 제시한 데 그쳤다는 점에서 〈AI 윤리기준〉은 상당히 실망스럽다. 선진국이 마련하니 우리도 마련해야 한다는 수준의 인식에 머물렀다는 의혹도 강하게 든다. 이럴 때일수록 우리가 선진국이며 선례를 만들어야 한다는 각성이 필요하다. 참고삼아 유럽연합의 전략을 검토하는 것이 도움이 될 수 있으리라 본다.

유럽연합의 신뢰 기반 인공지능 생태계 전략

인공지능 양강인 미국이나 중국이 아니라 두 국가 사이에서 상대적 약자로서 전략 마련에 부심하고 있는 유럽은 참고할 만한 좋은 사례다. "중국은 데이터가 있고, 미국은 돈이 있다. 그런데 유럽은 목적이 있다(Bloomberg 2020년 기사)." 한국도 '데이터'나 '돈'에서 경쟁력을 찾기보다 목적 설정을 잘해 냄으로써 경쟁력을 확보하는 것이 현명한 방책이다.

유럽연합 집행위^{EC}는 2020년 2월 〈AI 전략 백서〉를 발표했다. 이는 2015년 5월 '디지털 단일 시장'이라는 큰 생태계 조성을 목표로 AI, 데이터, 사이버 보안, 로봇 등에 관해 전략을 수립한 이후 꾸준히 진행되어 온 유럽의 정책안이다. 제목에 드러나 있듯, 유럽의 AI 전략은 '우수성'과 '신뢰'라는 두 개의 생태계를 구축하는 방향으로 진행되며, 구체적으로 전자는 "우수한 생태계: AI 정책 프레임워크", 후자는 "신뢰 기반 생태계: AI 규제 프레임워크"로 요약된다.

인공지능 윤리와 관련되는 건 신뢰 기반 생태계 구축이며, 실효성이 있어 보인다. 미·중 양강과 비교했을 때의 기술적 열세를 방어하며, AI 생태계의 방향성과 주도권을 선점하려는 전략일 수 있기 때문이다. AI의 사회적 확산과 산업적 진흥을 위해서는 개발과 사용에 관련된 신뢰할 수 있는 규제가 중요하다는 것이 EC의 기본 인식이다. AI에 관련해 시민과 기업이 믿을 만한 규제가 없다는 점은 투자 및 기술력 부족과 마찬가지로 AI 수용을 저해하는 요소다.

AI는 유례없이 새로운 기술이기 때문에 기존에 없던 새로운 위험을 낳을 수 있다. AI 제품과 서비스 자체 오류, 사용 중 사고 등과 같은 안전 및 재산권 문제는 발생 원인 규명이 어려워 AI 확산에 걸림돌로 작용한다. 따라서 사고와 위험 문제의 원인을 명확히 규명하고, 시민사회와 기업에 대처 방안을 제시하며, 규제 당국의 개입 근거를 제공하는 규제 마련이 필요하다.

기존 규제는 AI가 낳는 새로운 위험을 처리할 수 없다. 새로운 규제는 사용 분야와 방식 측면에서 모두 위험성이 높은 '고위험 AI 제품·서비스'를 선별하여 이에 대한 사전 규제의 형식을 띨 수밖에 없다. 새로운 규제는 (1) 훈련 데이터, (2) 기록 보관, (3) 정보 제공, (4) 견고성과 정확성, (5) 사람의 감독, (6) 원격 생체인식에 대한 구체적 요구사항 등 6가지 요구를 반영해야 한다.

유럽의 규제 프레임워크는 미·중으로부터 자국 시장과 기업을 보호하면서도 인간 기본권을 보장한다는 점에서 정당성도 확보한다. 한국은 유럽의 규제 프레임워크에 선제적으로 대응하면서도 전략적 장점을 수용할 필요가 있다. 유럽의 변화 방향을 예측하여 협력을 도모하면서 기업 진출의 발판으로 삼는 것도 필요하다. 유럽이 도덕적 정당성을 확보하면서 마련하고자 하는 규제 전략을 파악하고 분석함으로써, 한국이 그보다 더 우월한 정당성 기준을 제시하게 되면, 국내적으로 규제에 대비하고 대외적으로 규제를 선도

할 수 있을 것이다.[2]

휴먼 인 더 루프

인공지능이 내린 결정을 신뢰할 수 있을까? 신뢰할 수도 없고, 신뢰해서도 안 된다는 것이 학자들의 결론이다. 신뢰할 수 없다는 측면은 기술적 문제이고, 신뢰해서는 안 된다는 측면은 규범적 문제다. 딥러닝을 통해 구축한 인공지능은 '블랙박스' 문제를 안고 있다. 인공지능이 왜 그런 결정을 내렸는지 인간이 알 수 없는 지점, 속을 모르는 이른바 '암흑 상자'가 있기 때문이다. 문제가 발생했더라도 왜 그런 결정에 이르렀는지 알 수 없어서, 앞으로 문제가 생기지 않도록 고치는 데 큰 어려움을 겪는다. 사실은 문제를 고칠 수 없고, 새로운 학습을 통해 처음부터 새 모델을 만들어야 한다고 말해야 정확하다.

이런 문제의 대처 방안으로 거론되는 것이 '휴먼 인 더 루프Human in the Loop'다. 즉 의사결정 과정에 인간이 한 부분으로 개입해 불투명성 문제를 보완한다는 것이다. 기계의 허점을 인간이 보완할 수 있도록 설정한다는 점에서 인간은 전체 프로그램의 일부다.

그런데 휴먼 인 더 루프 접근법은 다른 더 중요한 문제에 대한 대응일 수 있다. 바로 미드저니나 챗GPT 같은 생성 인공지능의 사용과 관련된다. 여기서 중요한 문제는 생성 내용의 진실성과 관련된다. 인간은 생성 인공지능을 사용해 아주 빠른 속도로 이미지나 글, 혹은 그 밖의 것들을 생성한다. 생성

---

2 참고: "미 · 중 확장에 맞서는 유럽의 AI · 데이터 전략 분석"(ETRI, '20.3.20.) ; "EU 인공지능 백서와 데이터 전략"(NIA, '20.7.)

물의 진실성, 즉 그것이 진실인지 가짜인지는 담보되지 않는다. 생성 인공지능은 학습된 자료에서 뭔가 그럴듯한 것을 꾸며내는 능력을 본질로 하기 때문이다. 따라서 생성물을 인간이 평가하고 수정하는 단계를 거쳐야 한다. 이 작업 역시 인간과 기계의 협업이지만, 앞의 투명성 문제로 인해 인간이 개입하는 것과는 다른 성격을 갖는다. 여기서는 인간의 전문 지식과 감식안이 중요한 역할을 하므로, 주도하는 것은 인간이다. 만약 잘못된 생성물을 놓치거나 방치하면 이용자가 손해를 볼 수밖에 없다.

휴먼 인 더 루프 접근법은 크게 둘로 구분된다. 첫째는 의사결정 과정의 불투명성이 가져올 수 있는 신뢰의 어려움을 극복하기 위한 점검 차원의 개입이고, 둘째는 생성물의 진실성을 놓치지 않기 위한 평가 차원의 개입이다. 두 가지 모두 인간과 기계가 연결되어 만들어지는 '배치체'가 중심 역할을 한다. 인공지능과 관련해 인간과 기계의 이런 연결은 앞으로 더 주목받게 될 것이고, 연결 방식에 대한 고민은 빠를수록 좋을 것이다.

철학이 기술에 개입한다면, 아마 이런 고민을 함께 나누는 데서 출발해야 할 것 같다. 인공지능뿐 아니라 디지털 기술 전반이 이런 방향에서 고민되어야 할 것이다. 인간-기계 배치체는 디지털 기술과 함께 새로운 국면에 접어들었기 때문이다.

사회적 알고리즘 혹은 사회적 코딩

인공지능은 다른 기술과 달리 사람의 '머리'를 대신하는 경우가 많다. 단순 반복적이더라도 사람의 인지 작용이 필요했던 단순 수납에서부터 판단 자동화, 시스템 최적화, 대상 분류, 패턴 찾아내기, 예측과 추천까지 지금까지는 반드시 사람이 결정해야 했던 많은 일들이 인공지능에 떠넘겨지고 있다. 사람과 사회에 대한 고민은 지금까지 공학자의 몫이 아니었지만, 시절이 바뀌어 사람살이도 공학의 영역으로 끌어안을 때가 왔다.

인공지능이 공산품의 불량을 판별하는 데 쓰인다면, 사회적으로 특별히 우려할 일은 없을 것 같다. 이 경우 기술은 윤리적, 사회적 측면에서 가치 중립적이며, 경제적 생산성을 높이는 결과를 가져올 것이다. 하지만 통행료를 징수하는 데 인공지능을 사용하는 문제는 어떨까? 카메라와 시각 인식 인공지능으로 처리한 후, 자동차에 정기적으로 부과되는 세금이나 보험료와 연동해서 통행료를 분기별로 내게 하면, 하이패스 같은 물리적 장비를 추가로 설치하지 않아도 되니 편리함과 비용 감소라는 두 마리 토끼를 모두 잡을 수 있지 않을까? 더욱이 차량을 감속하면서 생기는 대기오염 문제도 줄일 수 있기 때문에 환경에도 이롭다.

공학적 관점에서는 별문제가 없어 보인다. 하지만 사회적으로는 다른 함의가 있다. 공학자가 인공지능 시스템을 설계할 때 보통 고려하지 않는 면이 사회적 영향이다. 인공지능 통행료 징수 시스템의 경우, 시스템 외적으로 하이패스 같은 물리적 요소와 수납원 같은 인적 요소를 모두 고려해야 한다. 물리적 요소의 경우에는 더 발전한 기술에 자리를 당연히 내주어야 하겠지만, 인적 요소가 문제라면 사람을 해고하는 것이 능사는 아니다.

이런 부류의 물음에 정답을 당장 요구하는 건 아니고, 사회적 논의를 거치면서 해결책을 찾는 과정이 필요하다는 점을 밝혀두고자 한다. 공학자가 인공지능을 설계할 때 기술을 '사람과 사회'라는 관점에서 고려하는 과정을 포함해야 하며, 이 과정이 왜 필요한지 이해해야 한다. 사람과 사회에 미칠 영향은 개발이 끝난 후 실용 단계에서 고려할 사안이 아니라 개발 시작 단계부터 필수적으로 고려해야 한다.

왜 개발자가 이런 것까지 미리 고민해야 할까? 잘 작동하는 물건을 뚝딱 만들면 그만 아닐까? 게다가 남보다 빨리 만들어서 팔려면 시간 비용을 줄여야 하지 않을까? 그러나 유럽연합의 사례에서도 보았듯, 앞으로는 사회적 영향에 대한 고려가 글로벌 규범이 될 것이고, 그 결과를 미리 대비해야 한다. 여기서 '규범'이라 함은 윤리적 권고가 아니라 따라야만 하는 법규라는 뜻이다. 산업 수준에서 윤리는 규제와 연동되어 있다. 그러니 개발자는 매사에 사회적 영향을 고려하도록 훈련해야 한다. 그것이 21세기 세계 시민의 덕목이며, 선진국으로서 세계를 이끌어 간다는 의미다.

코딩 혹은 프로그래밍의 외연을 넓혀야 한다. 지금까지 개발자는 제한된 범위의 문제를 해결하는 알고리즘을 만들어 왔다. 즉 개별 제품 내적 알고리즘, 즉 '기술적 알고리즘technical algorithm'이 중요했다. 이제 사회적 영향까지 고려하게 되면, 코딩 개념은 알고리즘이 사회 속에서 어떻게 작동할 것인지도 포함하도록 확장되어야 한다. 이를 '사회적 알고리즘social algorithm' 혹은 '사회적 코딩social coding'이라고 부를 수 있을 것이다.

기술적 알고리즘은 사회적 알고리즘의 부분집합이다. 개발자는 사회가 잘 작동할 수 있도록 코딩해야 한다. 이는 새로운 글로벌 규범이다. IRBInstitutional Review Board(윤리심의위원회)가 '의학'이나 '생명공학' 분야에서 가동되고 있듯이, 인공지능 산업과 관련해서도 유사한 장치를 마련하고, 미리 사회적 영향을 평가해야 한다. 나아가 인공지능의 수명주기life cycle의 주요 단계마다 재평가가 이어져야 한다. 사회적 영향이 큰 사안에 대해 '환경영향평가'나 '교통영향평가' 같은 것들이 시행되고 있다는 현실도 참고해야 한다.

한국은 글로벌 기준과 필수 고려 항목들을 선도함으로써, 정책적 우월성을 확보해야 한다. 새롭게 마련되어야 할 〈AI 윤리기준〉은 이를 위한 토대가 되어야 한다. 인공지능 윤리 문제를 다루는 전문가도 산업과 경제의 측면에서도 이 문제를 고려하는 넓은 시각을 갖춰야 한다. 인공지능 윤리는 장식품이 아니다. 특히 이루다 서비스 중지를 아쉬워했던 전문가는 세계와 미래를 보는 안목이 부족함을 반성해야 할 것이다. 자율주행차가 사고를 냈지만, 조금 더 가동되면 문제가 수정되고 좋은 서비스를 제공할 것이라고 말하는 것과 무엇이 다르겠는가?

부록 3

「계산 기계와 지능[1]」 번역

앨런 튜링[2]

1. 흉내 게임

나는 "기계가 생각할 수 있을까?"라는 물음을 고찰하자고 제안한다. 이 일은 '기계'와 '생각하다'라는 용어의 의미를 정의하는 데에서 시작해야만 할 것이다. 그 낱말들의 일반적인 용법을 가능한 한 많이 반영하도록 정의를 내릴 수도 있겠으나, 이런 태도는 위험하다. '기계'와 '생각하다'라는 낱말의 의미가 그 낱말이 통상적으로 사용되는 방식을 조사함으로써 발견될 수 있다면, "기계가 생각할 수 있을까?"라는 물음의 의미와 그에 대한 답은 갤럽 여론

---

1 출처: A. M. Turing (1950), "Computing Machinery and Intelligence," in *Mind. A Quarterly Review of Psychology and Philosophy* Vol. 49, No. 236, 433–460.

  참조: B. Jack Copeland (ed.), *The Essential Turing. Seminal Writings in Computing, Logic, Philosophy, Artificial Intelligence, and Artificial Life, plus The Secrets of Enigma*, "CLARENDON" Oxford University Press, 2004, 433–464.

  [역주: 이 논문에 나온 인용 페이지는 처음 발표한 초고 페이지다. 내용 독해 및 이해에 필요하다고 판단한 부분은 역자가 본서의 페이지를 병기했다. 그리고 [역주] 표시가 없는 것은 모두 튜링의 주석이다.]

2 소속: 맨체스터 빅토리아 대학교(Victoria University of Manchester)

조사 같은 통계적 조사를 통해 찾아질 수 있다는 결론에 이르게 된다. 하지만 이렇게 하는 건 부조리하다. 나는 그런 정의를 시도하는 대신 그 물음을 다른 물음으로 대체할 텐데, 다른 물음은 원래 물음과 밀접하게 관련되어 있지만, 비교적 애매하지 않은 낱말들로 표현되어 있다.

새로운 형식의 문제는 우리가 '흉내 게임'이라고 부르는 게임의 관점에서 기술될 수 있다. 이 게임은 세 사람, 즉 남자 한 명(A), 여자 한 명(B), 그리고 남녀 아무나 다 할 수 있는 심문자interrogator(C) 한 명으로 행해진다. 심문자는 다른 두 사람(남자 A와 여자 B)과 떨어진 방에 머문다. 심문자에게 게임의 목표는 다른 두 사람 중 어느 쪽이 남자이고, 어느 쪽이 여자인지 결정하는 것이다. 심문자는 두 사람을 X와 Y라는 표시로 알고 있으며, 게임 마지막에 "X는 A이고, Y는 B이다"라고 하든지, 아니면 "X는 B이고, Y는 A이다"라고 말하게 된다. 심문자는 A와 B에게 질문을 하는 것이 허용된다.

C: 나한테 당신 머리카락의 길이를 말해줄래요?

이제 X가 실제 A라고 가정하자. 그러면 A는 답을 해야 한다. 이 게임에서 A의 목표는 C가 잘못 식별wrong identification하도록 유도하는 것이다. 따라서 그의 답은 이럴 수 있다.

"나는 싱글 커트를 했고, 가장 긴 머리카락이 9인치(23센티미터) 정도입니다."

음성의 톤이 심문자에게 도움을 주지 못하도록 답변은 글로 쓰여야 하며, 훨씬 나은 것은 타자기로 쳐지는 것이다. 이상적인 배치는 두 방 사이에 전신 타자기를 두는 것이다. 그렇지 않으면, 중개인을 통해 물음과 답변을 되풀이

할 수도 있다. 세 번째 참가자(C)에게 게임의 목표는 심문자를 돕는 것이다. 그녀에게 있어 최선의 전략은, 아마도 진실한 답을 하는 일일 것이다. 그녀는 답변에 "나는 여자예요, 저 남자 말을 듣지 마세요!"라는 식의 말을 덧붙일 수도 있으나, 남자도 비슷한 말을 할 수 있으므로 그렇게 하는 건 별 소용이 없을 것이다.

이제 우리는 묻는다. "이 게임에서 기계가 A의 역할을 할 때 무슨 일이 일어날까?" 게임이 이와 같이 행해질 때, 심문자는 게임이 남자와 여자 사이에서 행해질 때와 비슷한 정도로 자주 잘못된 결정을 내릴까? 이 물음은 우리가 던진 원래 물음 "기계가 생각할 수 있을까?"를 대신한다.

2. 새로운 문제에 대한 비판

"이런 새로운 형식의 물음에 대한 답은 무엇인가?"를 물을 수도 있지만, 더불어 "이 새로운 물음이 탐구할 가치가 있는 것인가?"라고 물을 수도 있을 것이다. 우리는 지체 없이 두 번째 물음을 탐구할 것인데, 그럼으로써 무한 퇴행을 끝낼 것이다.

이 새로운 문제는 인간의 육체적 능력과 지적 능력을 상당히 날카롭게 구분해 주는 이점이 있다. 그 어떤 공학자나 화학자도 인간 피부와 구별할 수 없는 물질을 생산할 수 있다고 주장하지 않는다. 언젠가는 그런 일이 일어날 수 있다. 하지만 이런 발명을 이용할 수 있다 하더라도, '생각하는 기계'에 그런 인공 살을 입혀 그 기계를 더 인간답게 만들려고 시도하는 건 요점을 벗어난 일이라는 사실을 깨닫게 될 것이다. 우리가 문제를 설정한 형식은 심문자가 다른 참가자들을 보거나 만지거나, 혹은 목소리를 들을 수 없게 조건 지웠기 때문에 이 사실을 반영하고 있다. 제안된 기준의 또 다른 이점은 다음과 같은 문답 사례를 통해 알 수 있을 것이다.

문: **포스 브리지**Froth Bridge**를 주제로 나한테 소네트 한 편을 써줄래요?**

답: 이 문제에서 날 빼줘요. 난 시를 쓸 줄 몰라요.

문: **34957과 70764를 더하세요.**

답: (30초가량 멈추고 답을 제출한다) 105621.

문: **체스를 둘 줄 아나요?**

답: 네.

문: **나는 K1 자리에 K가 있고, 다른 말은 없어요. 당신은 K6 자리에 K가, R1 자리에 R이 있고, 다른 말은 없어요. 당신 차례예요. 어떻게 둘래요?**

답: (15초 후) R8 자리에 R를 놓고, 체크메이트.

이런 문답 방법은 우리가 포함하길 바라는 인간 노력의 거의 모든 분야를 보여주기에 적합한 듯하다. 우리는 기계가 미인 경연에서 빛을 발할 능력이 없다고 해서 기계를 처벌하거나, 비행기와의 경쟁에서 인간이 진다고 해서 인간을 처벌하기를 바라지 않는다. 우리의 게임 조건은 이런 무능력을 별것 아닌 것으로 만든다. '참가자들'이 좋은 방책이라고 여긴다면, 자신의 매력이나 힘, 용맹함을 마음껏 떠벌릴 수 있지만, 심문자는 실행을 통한 증명을 요구할 수 없다.

이런 게임은 기계가 훨씬 불리하다는 이유로 비판받을지도 모른다. 그러나 인간이 기계인 척 노력한다 해도, 인간은 분명 매우 형편없는 실력을 보일 것이다. 인간은 산수에서 느리고 부정확하기 때문에 금세 발각될 것이다. 인간이 하는 것과는 매우 다르지만, 그래도 생각thinking이라고 칭해야 하는 어떤 것을 기계가 수행할 수는 없는 것일까? 이런 문제 제기는 매우 강력하다. 하지만 적어도 우리는 이렇게 말할 수 있다. 그렇더라도 기계가 흉내 게임을 만족스럽게 할 수 있게 만들어진다면, 우리는 이런 문제 제기 때문에 곤란을 겪을 필요는 없다.

'흉내 게임'을 할 때 기계가 할 수 있는 최선의 전략은 인간 행동의 흉내가 아닌 다른 어떤 것일 수 있다는 주장이 있을 수도 있다. 그럴지도 모르겠다. 하지만 내 생각에 그런 종류의 전략이 큰 효과가 있을 것 같지는 않다. 어찌 되었든, 여기에서는 그 게임의 이론을 조사할 의향은 없다. 추정하건대, 기계가 할 수 있는 최선의 전략은 인간이 자연스럽게 내놓을 답을 제출하려고 노력하는 일일 것이다.

3. 게임에 관련된 기계들

우리가 1절에서 제시한 물음은, '기계'라는 낱말이 의미하는 바를 상술하기 전까지는 여전히 불명확할 것이다. 우리가 만들려는 기계에 모든 종류의 공학 기술이 사용될 수 있기를 바라는 것은 자연스러운 일이다. 또한, 작동하기는 하지만, 주로 실험적인 방식을 적용했기 때문에, 기계를 만든 이들조차 만족스럽게 연산operation 방식을 기술할 수 없는 기계를 공학자 개인이나 집단이 구성할 가능성도 받아들이고자 한다. 끝으로, 우리는 평범하게 태어난 인간을 기계에서 배제하고자 한다. 이 세 가지 조건을 만족시키는 정의를 내리는 것은 어렵다. 가령, 공학자 집단 성원 모두가 성별이 같아야 한다고 주장하는 이가 있을 수도 있다. 하지만 이것은 아마 (가령) 한 인간의 피부 세포 하나로부터 완전한 개체를 길러내는 일이 가능할 것이기 때문에, 실제로는 만족스럽지 않을 것이다. 그렇게 하는 건 아주 높은 칭송을 받아 마땅한 생물학 기술의 위업일 테지만, 우리는 그것을 '생각하는 기계를 만드는' 경우라고 고집하지는 않을 것이다. 이것은 우리가 모든 종류의 기술이 허용되어야 한다는 요건을 포기하도록 부추긴다. '생각하는 기계'에 대한 현재의 관심이 통상 '전자 컴퓨터' 또는 '디지털 컴퓨터'로 불리는 특정한 종류의 기계에 의해 고조되어 왔다는 사실을 놓고 볼 때, 우리는 더더욱 그렇게 포기할 준비가 되어 있다. 이 제안에 따라, 우리는 디지털 컴퓨터만 게임에 참가하도록 허용한다.

이 제약은 언뜻 보기에 매우 극단적인 것처럼 보인다. 나는 실제로는 그렇지 않다는 것을 보여주고자 한다. 이렇게 하기 위해서는 디지털 컴퓨터의 본질과 특성을 간략하게나마 설명하는 것이 반드시 필요하다.

'생각'의 기준을 제시할 때 그랬듯이, 만일 (내 믿음과는 반대로) 디지털 컴퓨터가 게임에서 좋은 실력을 보여주지 못하면, 기계와 디지털 컴퓨터를 이렇게 동일시하는 일은 만족스럽지 않다고 여겨질 수도 있다.

잘 작동하고 있는 디지털 컴퓨터가 이미 많이 존재한다. 그래서 이런 말이 나올 수도 있다. "바로 실험해 보면 되지 않는가? 게임 조건을 만족시키는 것은 쉽다. 많은 심문자를 활용할 수 있고, 얼마나 자주 옳은 식별^{right} identification을 하는지 통계 낼 수도 있을 것이다." 짧게 답하자면, 우리는 게임에서 모든 디지털 컴퓨터가 잘해낼지, 또는 현재 이용할 수 있는 컴퓨터가 잘해낼지 묻고 있는 것이 아니라, 앞으로 잘해낼 상상 가능한 컴퓨터가 존재하는지 묻고 있는 것이다. 하지만 이것은 짧은 답변에 불과하다. 우리는 뒤에서 이 물음을 다른 관점에서 살펴볼 것이다.

4. 디지털 컴퓨터

디지털 컴퓨터의 바탕이 되는 아이디어는, 이 기계들이 인간 컴퓨터^{human}
computer**3**가 수행할 수 있는 모든 연산^{operations}을 수행하도록 고안되었다고
말함으로써 설명될 수 있다. 인간 컴퓨터는 정해진 규칙을 따른다고 상정되
어 있다. 인간 컴퓨터는 아주 조금이라도 정해진 규칙을 벗어날 권한이 없다.
이 규칙들은 책에 담겨 제공되며, 이 책은 인간 컴퓨터가 새로운 일을 맡을
때마다 변경된다고 가정된다. 인간 컴퓨터는 계산할 때 필요한 종이를 무제
한 공급받을 수 있다. 인간 컴퓨터는 '책상 기계' 위에서 곱셈과 덧셈을 할 수
도 있지만, 이 점은 중요하지 않다.

우리가 이러한 설명을 정의로 사용한다면, 우리는 순환 논증에 빠질 위험
이 있다. 이를 피하기 위해, 소기의 목적을 달성할 수단의 윤곽을 그려보도록
하겠다. 디지털 컴퓨터는 통상 세 부분으로 구성된다고 볼 수 있다.

(1) 저장소^{Store}

(2) 실행 유닛^{Executive unit}

(3) 제어^{Control}

저장소는 정보를 저장하는 곳으로, 인간 컴퓨터의 종이에 대응한다. 이 종이
는 계산을 하는 종이든 규칙 책이 인쇄된 종이든 상관없다. 인간 컴퓨터가
머릿속에서 계산하는 한, 저장소의 일부는 인간 컴퓨터의 기억에 대응할 것
이다.

---

3 당시까지 컴퓨터는 계산을 하는 인간을 지칭하는 말이었다. 튜링은 '전자 컴퓨터' 또는
'디지털 컴퓨터'로 인간 컴퓨터를 대체하려 하고 있다.

실행 유닛은 하나의 계산에 관여되어 있는 다양한 개별 연산을 수행하는 부분이다. 이 개별 연산들은 기계마다 다를 것이다. 통상 "3540675445과 7076345687을 곱하라"처럼 꽤 긴 연산이 행해질 수 있지만, 어떤 기계에서는 "0을 적어라"처럼 아주 단순한 연산이 행해질 수 있다.

앞에서 우리는 컴퓨터에 제공된 '규칙 책book of rules'은 기계 안에서 저장소의 일부를 대신 차지한다고 언급한 바 있다. 이럴 때 그것은 '지시 표table of instructions'라고 불린다. 이 지시들이 정확히 올바른 순서로 준수되는지 살펴보는 것이 제어의 임무다. 제어는 반드시 이렇게 작동하도록 만들어진다.

저장소 안의 정보는 통상 적절히 작은 크기의 패킷packet(꾸러미)들로 쪼개져 있다. 가령, 어떤 기계에서 한 패킷은 10개의 십진수로 구성될 수 있다. 다양한 정보 패킷이 저장된 저장소의 부분들에는, 체계적인 방식으로 숫자들이 할당된다. 전형적인 지시는 다음과 같을 수 있다.

"6809 위치에 저장된 수에 4302에 저장된 수를 더하고, 그 결과를 다시 4302 저장소 위치에 넣어라."

말할 필요도 없이 기계에서는 방금 영어로 표현한 방식으로 작업이 이루어지지 않는다. 6809430217과 같은 형식으로 코드화될 가능성이 높다. 여기서 17은 많은 가능한 연산 중 어떤 것이 두 수 사이에서 수행되어야 할지 말하고 있다. 이 경우에 연산은 위에서 기술된 것, 즉 "…수를 더하라"다. 지시는 10개의 십진법 숫자digit를 차지하며, 그런 식으로 아주 편리하게 정보 패킷 하나를 형성한다는 점에 주목해야 할 것이다. 보통 제어는 지시가 저장된 위치들 순으로 지시를 따르게 하겠지만, 종종

"자, 5606 위치에 저장된 지시를 따르고, 거기서부터 계속하라."

같은 지시를 만나게 되거나, 또는

"4505 위치에 0이 포함되어 있다면, 그다음에는 6707에 저장된 지시를 따르고, 그렇지 않다면 계속 죽 가라."

같은 지시를 만나게 될 수도 있다. 마지막 유형의 지시는, 어떤 조건이 충족될 때까지 일련의 연산이 반복되게끔 하면서도 반복할 때마다 새로운 지시를 따르는 것이 아니라 같은 지시를 되풀이해서 따르게 할 수 있다는 점에서 매우 중요하다. 집에서 일어나는 일의 비유를 들어보자. 이렇게 가정해 보자. 어머니는 토미가 매일 아침 학교 가는 길에 신발 수선공에게 들러서 자기 신발을 다 고쳤는지 알아보려 한다. 어머니는 매일 아침마다 토미에게 새로 부탁할 수 있다. 아니면 어머니는 토미가 학교에 갈 때 볼 수 있게 현관에다 알림장을 딱 한 번 붙여놓고는, 신발을 확인해 보라고, 또한 신발을 갖고 돌아오게 되면 알림장을 떼어버리라고 요구할 수도 있다.

독자는 우리가 기술했던 원리들에 따라 디지털 컴퓨터가 만들어질 수 있다는 것을, 실제로 이미 만들어져 왔다는 것을, 디지털 컴퓨터가 인간 컴퓨터의 행동들을 사실상 아주 가깝게 모방할 수 있다는 것을 사실로 받아들여야만 한다.

인간 컴퓨터가 사용한다고 기술했던 규칙 책은 물론 편의를 위해 꾸며낸 것이다. 진짜 인간 컴퓨터는 해야만 하는 것을 실제로 기억한다. 어떤 복잡한 연산에서 기계가 인간 컴퓨터의 행동을 모방하게 만들려고 한다면, 인간 컴퓨터에게 어떻게 그 일이 행해지는지 물어보고 나서 그 답변을 지시 표의 형식으로 번역해야만 한다. 지시 표를 만드는 일을 보통 '프로그래밍'이라고 한다. "연산 A를 수행하는 기계를 프로그램하기"는 기계가 A를 할 수 있게 적합한 지시 표를 기계에 넣는다는 것을 뜻한다.

디지털 컴퓨터라는 아이디어를 흥미롭게 변형한 것 중 하나는 "무작위 요소random element를 지닌 디지털 컴퓨터"다. 이 컴퓨터는 주사위 던지기나 그에 해당하는 전자電子적 과정을 포함하는 지시들을 갖고 있다. 그런 지시 중하나는 예컨대 "주사위를 던진 다음 나온 수를 저장소 1000에 넣어라" 일수 있다. 그런 기계는 종종 (내 스스로 이런 표현을 쓰고 싶진 않지만) 자유의지를 갖고 있다고 기술된다. 어떤 기계가 무작위 요소를 가지고 있는지 여부를 관찰을 통해 결정하는 건 보통은 가능하지 않다. 왜냐하면 π를 나타내는 십진법 숫자들에 따라 선택을 하는 장치를 통해 유사한 효과가 산출될 수 있기때문이다.

대부분의 실제 디지털 컴퓨터는 유한한 저장소만을 갖고 있다. 무제한의저장소를 가지고 있는 컴퓨터라는 아이디어는 이론상 가능하다. 물론 특정한 시간에는 유한한 부분만 사용될 수 있을 것이다. 마찬가지로 유한한 양의저장소만 만들어질 수 있을 테지만, 우리는 필요에 따라 더 많은 저장소가 첨가되는 걸 상상할 수 있다. 그런 컴퓨터는 특별히 이론적으로 흥미로우며, 무한 용량capacity 컴퓨터라고 불릴 것이다.

디지털 컴퓨터에 대한 아이디어는 오래됐다. 1828년에서 1839년까지 케임브리지 대학교 수학과 루커스 교수직을 역임한 찰스 배비지Charles Babbage는 해석 기관Analytic Engine이라 불린 그런 기계를 계획했지만, 끝내 완성하지못했다. 배비지는 모든 본질적 아이디어를 가지고 있었지만, 그의 기계는 당시에 그리 큰 매력적인 가망이 없었다. 가용한 속도는 인간 컴퓨터보다 분명빨랐겠지만, 현대 기계 중 느린 편에 속하는 맨체스터 기계Manchester machine

보다 100배는 느렸을 것이다. 저장소는 순전히 기계적인 것이었는데, 바퀴와 카드를 사용했기 때문이다.

배비지의 해석 기관이 전적으로 기계적이었다는 사실은 우리가 미신을 떨쳐버릴 수 있도록 도와줄 것이다. 현대 디지털 컴퓨터가 전기적이라는 사실, 그리고 신경계 역시도 전기적이라는 사실에 종종 중요성이 부여된다. 배비지의 기계가 전기적이지 않았기에, 또한 모든 디지털 컴퓨터가 어떤 점에서는 그와 마찬가지이기에, 전기를 사용하는 것이 이론적으로 중요할 수 없다는 점이 드러난다. 물론 전기가 관여하는 것은 통상 빠른 신호 전달signalling과 관련해서인데, 그렇기에 우리가 디지털 컴퓨터와 신경계 내의 연결connections에서 전기를 발견한다고 해도 그리 놀랄 일은 아니다. 신경계에서 화학적 현상은 적어도 전기 현상 못지않게 중요하다. 어떤 컴퓨터에서는 저장소 시스템이 주로 음향적이다. 이렇듯 전기를 사용한다는 특징은 단지 아주 피상적인 유사성에 지나지 않는다. 우리가 그런 유사성을 발견하려 한다면, 차라리 함수function라는 수학적 유비analogies를 찾아봐야 할 것이다.

5. 디지털 컴퓨터의 보편성

4절에서 고려한 디지털 컴퓨터는 '이산 상태 기계discrete state machines' 중 하나로 분류될 수 있을 것이다. 이 기계는 갑작스러운 건너뜀jumps이나 딸깍거림clicks에 의해 하나의 확정definite 상태에서 다른 확정 상태로 움직이는 기계다. 이 상태들은 그들 사이의 혼동 가능성이 무시될 만큼 매우 다르다. 엄밀히 말하면, 그런 기계는 없다. 모든 것은, 실제로는 연속적으로 움직인다. 하지만 이산 상태 기계라고 **생각**하면 유익할 수 있는 많은 종류의 기계가 있다. 예컨대 점멸 스위치를 고려해 보면, 각 스위치는 확정적으로 켜짐[on] 상태이거나 확정적으로 꺼짐[off] 상태라고 생각하면 편리하다. 분명 중간 위치가 있을 테지만, 많은 경우에 우리는 중간 위치를 잊어버릴 수 있다. 이산 상태 기계의 한 예로서, 우리는 1초에 120도씩 딸각거리며 돌아가지만, 바깥에서 조작될 수 있는 레버로 멈출 수 있는 바퀴를 고려해 볼 수 있겠다. 더욱이 이 바퀴의 여러 위치 중 한 곳에서 램프가 켜지게 된다. 이 기계는 다음과 같이 추상적으로 기술될 수 있다. 바퀴의 위치에 의해 기술되는 기계의 내부 상태는 q_1, q_2, q_3일 수 있다. 입력 신호는 i_0, i_1이 있다(레버의 위치). 특정 순간의 내부 상태(바퀴의 위치에 의해 기술되는)는 다음 표에 따라 마지막 상태와 입력 신호에 의해 결정된다.

마지막 상태

		q_1	q_2	q_3
	i_0	q_2	q_3	q_1
입력 신호				
	i_1	q_1	q_2	q_3

외부에서 유일하게 볼 수 있는 내부 상태의 지표인 출력 신호(빛)는 다음 표로 기술된다.

상태	q_1	q_2	q_3
출력 신호	o_0	o_0	o_1

이것이 이산 상태 기계의 전형적인 예다. 이 기계가 유한한 수의 가능 상태만

갖고 있다면, 이런 표에 의해 이 기계가 기술될 수 있다.

기계의 초기 상태와 입력 신호들이 주어지면, 모든 미래 상태를 예측하는 것이 항상 가능한 것처럼 보일 것이다. 이는 라플라스Laplace의 견해, 즉 모든 입자의 위치와 속도에 의해 기술되는, 어느 한 순간의 우주의 완전한 상태로부터, 모든 미래 상태를 예측하는 것이 가능하다고 했던 그 견해를 상기시킨다. 하지만 우리가 고려하고 있는 예측은, 라플라스가 고려한 예측이라기보다 실천 가능성에 더 가깝다. '전체로서의 우주'는 초기 조건에서의 매우 작은 오류가 나중에는 엄청난 결과를 낳을 수 있는 그런 시스템이다. 어느 한 순간에 전자 하나의 위치가 10억분의 1센티미터만 달라져도, 수년 후에 한 사람이 눈사태에 의해 사망하거나 모면하는 것과 같은 차이를 낳을 수 있는 것이다. 이런 현상이 일어나지 않는다는 점이 우리가 '이산 상태 기계'라고 부른 기계적 시스템의 본질적 특성이다. 우리가 이상적인 기계 대신 현실적인 물리적 기계를 고려할 때조차도, 어느 한 순간의 상태에 대한 합리적으로 정확한 지식은 아무리 많은 단계가 지나더라도 합리적으로 정확한 지식을 산출한다.

우리가 이미 언급했듯이, 디지털 컴퓨터는 이산 상태 기계에 속한다. 하지만 그런 기계가 담당할 수 있는 상태의 수는 통상 엄청나게 많다. 가령, 현재 맨체스터에서 작동하고 있는 기계의 상태 수는 약 2의 165,000제곱, 즉 약 10의 50,000제곱이다. 이것을 위에서 기술한 딸각거리는 바퀴의 예와 비교해 보라. 이 바퀴는 3개의 상태가 있었다. 상태의 수가 왜 이렇게 엄청난지를 아는 것은 어렵지 않다. 컴퓨터는 인간 컴퓨터가 사용하는 종이에 대응하는 저장소를 포함하고 있다. 이 저장소에는 종이에 쓸 수 있을 기호의 조합 중 어느 하나라도 쓰는 게 가능해야 한다. 단순함을 위해 0에서 9까지의 십진법 숫자만 기호symbols로 사용할 수 있다고 가정해보자. 필적의 차이는 무시된다. 컴퓨터는 100장의 종이가 할당되어 있으며, 각 장에는 50줄씩 있고, 각 줄에는 30개의 십진법 숫자가 있다고 해 보자. 그렇다면 상태의 수는 10의 100×50×30제곱, 즉 10의 150,000제곱이다. 이것은 대략 맨체스터 기계 3개의 상태의 수를 합친 수다. 밑이 2인 상태 수의 로그는 통상 기계의 '저장 용량'이라 불린다. 이렇게 되면, 맨체스터 기계는 약 165,000의 저장 용량을 갖고 있고, 우리가 예로 삼은 바퀴 기계는 1.6의 용량을 갖고 있다. 만약 두 기계가 합쳐진다면, 결과로서 생긴 기계의 용량은 두 기계의 용량을 더한 것 만큼이다. 이렇게 해서 다음과 같은 진술을 할 수 있게 된다. "맨체스터 기계 는 각각 2,560의 용량을 가진 64개의 자기 트랙과 1,280의 용량을 가진 8개 의 전기 진공관을 포함하고 있다. 잡다한 용량은 약 300에 이르며, 그래서 총 용량은 174,380이다."

이산 상태 기계에 대응하는 표가 주어지면, 그 기계가 무엇을 할지 예측하 는 것이 가능하다. 이 계산이 디지털 컴퓨터라는 수단을 통해 이루어지지 말 라는 법은 없다. 계산이 충분히 빠르게 이루어질 수 있다면, 디지털 컴퓨터는 그 어떤 이산 상태 기계의 행동도 모방할 수 있을 것이다. 그렇다면 문제가 되는 기계(B의 역할)와 모방하는 디지털 컴퓨터(A의 역할)가 흉내 게임을 할 수 있을 것이고, 심문자는 그 둘을 구별할 수 없을 것이다. 물론 디지털 컴퓨 터는 빨리 작동하는 건 물론이고, 적합한 저장 용량을 지니고 있어야만 한다. 더욱이 디지털 컴퓨터는 그것이 모방하려고 하는 새로운 기계마다 매번 새 롭게 프로그램되어야만 한다.

디지털 컴퓨터의 이런 특별한 성질, 즉 그 어떤 이산 상태 기계라도 모방 할 수 있는 특성은, 디지털 컴퓨터는 **보편**universal 기계라는 말로 기술될 수 있다. 이런 성질을 지닌 기계의 존재는 다음과 같은 중요한 귀결을 이끌어 낸 다. 속도를 고려하지 않는다면, 다양한 컴퓨팅 과정을 실행하기 위해 다양한 새로운 기계를 고안할 필요는 없다. 다양한 컴퓨팅 과정은 각 경우마다 적절히 프로그램되면, 하나의 디지털 컴퓨터로 모두 행해질 수 있다. 이것의 귀결로서 모든 디지털 컴퓨터는 어떤 점에서는 서로 동등하다고 여겨지게 될 것이다.

이제 우리는 3절 끝에서 제기된 요점을 다시 생각해 볼 수 있다. "기계가 생각할 수 있을까?"라는 물음은 "흉내 게임을 잘해낼 상상 가능한 디지털 컴퓨터가 존재하는가?"라는 물음으로 대체되어야 한다고 잠정적으로 제안한 바 있다. 우리가 원한다면, 우리는 이 물음을 피상적이지만, 좀 더 일반적인 것으로 만들어서 "[흉내 게임을] 잘하게 될 이산 상태 기계가 존재하는가?"라고 물어볼 수 있다. 하지만 보편성이라는 특성에서 보면, 우리는 이 물음들 각각이 다음 물음과 동등하다는 것을 알고 있다. "C라는 어떤 특정한 디지털 컴퓨터에 주의를 집중하자. B의 역할을 인간이 맡을 때, 이 컴퓨터를 적합한 저장소를 갖게 변경하고, 작동 속도를 적절히 증가시키고, 알맞은 프로그램을 제공함으로써, [디지털 컴퓨터] C가 흉내 게임에서 A의 역할을 만족스럽게 하도록 만들 수 있을까?"

6. 주요 물음에 대한 반대 견해들

이제 토대는 다져졌고, 우리의 물음인 "기계가 생각할 수 있을까?" 및 앞 절 끝에서 인용된 그 물음의 변형에 대해 토론할 준비가 됐다. 우리는 문제의 원래 형식을 완전히 포기할 수는 없다. 왜냐하면 대체의 적합성과 관련해서 의견이 서로 다를 수 있고, 적어도 우리는 이 연관성에 대해 무엇이 논의되어야 하는지 귀를 기울여야 하기 때문이다.

먼저 해당 사안에 대한 나의 믿음을 설명한다면, 독자에게 사안이 단순해질 것이다. 먼저, 물음의 더 정교한 형식을 고려해 보자. 대략 50년이 지나면, 평균적인 심문자가 5분간 질의응답하고 나서 바르게 식별할 기회가 70%를 넘지 않도록 컴퓨터가 흉내 게임을 잘할 수 있게 10^9의 용량을 갖춘 컴퓨터를 프로그래밍하는 일이 가능할 것이라고 믿는다. 나는 원래 물음인 "기계가 생각할 수 있을까?"는 너무 무의미해서 논의할 가치가 없다고 믿는다. 그렇지만 금세기 말에는 낱말의 용법과 일반 교양인의 의견이 매우 많이 바뀌어서, 서로 모순되지 않게 기계가 생각한다는 것에 대해 말할 수 있을 것이라고 믿는다. 나아가 이 믿음들을 감추면 어떤 유용한 목적도 달성되지 않는다고 믿는다. 과학자들은 증명되지 않은 추측에 전혀 영향받지 않으면서 잘 입증된 사실에서 잘 입증된 사실로 거침없이 나아간다는 대중의 견해는 큰 오해다. 어떤 것이 증명된 사실이고, 어떤 것이 추측인지 분명해진다면, 그 어떤 해로움도 생겨나지 않을 것이다. 추측은 유용한 연구 노선을 제안하기 때문에 매우 중요하다.

이제 나의 의견에 반대되는 견해들을 고려해 볼 차례다.

(1) 신학적 반박

생각은 인간의 불멸하는 영혼의 기능이다. 신은 모든 남녀에게 불멸의 영혼을 주었지만, 다른 동물이나 기계에는 주지 않았다. 따라서 그 어떤 동물이나 기계도 생각할 수 없다.

나는 이 논증argument의 어떤 부분도 받아들일 수 없지만, 신학적 용어로 답해보려 한다. 나는 동물이 인간과 같이 분류됐다면, 이 논증이 더 설득력이 있었으리라고 본다. 왜냐하면 내 생각에는 전형적인 생물과 무생물의 차이가 인간과 다른 동물 사이의 차이보다 더 크기 때문이다. 만일 정통파 견해가 다른 종교 공동체의 성원에게 어떻게 비칠지 고려해 보면, 그런 견해의 자의적 성격은 더 분명해진다. 여자는 영혼이 없다는 이슬람교인의 견해를 기독교인은 어떻게 여길 것인가? 하지만 이 점은 논외로 하고, 주된 논증으로 돌아가자. 내가 보기에, 위에서 인용한 논증은 전능한 신the Almighty의 전능성omnipotence에 대한 심각한 제약을 포함하고 있다. 1을 2와 같게 만드는 일처럼, 전능한 신이 할 수 없는 일이 있다는 것은 인정되고 있다. 하지만 그렇다고 해서 보시기에 적절하다면 전능한 신이 코끼리에게 영혼을 부여할 자유가 있다고 믿어서는 안 될까? 전능한 신은 코끼리에게 영혼의 필요를 충족시켜 줄 적절히 개선된 뇌를 부여하는 돌연변이가 일어났을 때 이 권능을 함께 행사하리라고 예상해 볼 수 있다. 기계의 경우에도 정확히 유사한 형식의 논증이 만들어질 수 있다. 이 논증은 "받아넘기기swallow"가 더 어렵기 때문에 다르게 보일지 모른다. 하지만 이것은 단지, 전능한 신이 영혼을 부여하기에 적합한 정황circumstances을 고려한다는 것이 별로 그럴듯하지 않다고 우리가 생각한다는 것을 뜻할 뿐이다. 해당 정황은 이 논문의 나머지 부분에서 논의될 것이다. 그런 기계를 만들려고 시도한다고 해서 우리가 영혼을 창조하는 전능한 신의 권능을 불손하게 찬탈하는 것이 아니다. 그건 우리가 자식을 낳는다고 해도 마찬가지다. 오히려 두 경우 모두 우리는 전능한 신이 창조하는 영혼을 위한 저택을 제공하는, 전능한 신의 의지의 도구다.[4]

그렇지만 이것은 사변에 불과하다. 신학적 논증이 어떤 것을 뒷받침하는 데 사용되는지 몰라도 나는 신학적 논증에 별 감흥이 없다. 종종 그런 논증은

---

[4] 아마도 이 견해는 이단이다. 성 토마스 아퀴나스는 (Bertrand Russell의 책 480쪽에서 인용한 바에 따르면, 『신학대전(Summa Theologica)』에서) 진술하기를, 신은 인간이 영혼을 갖지 못하게 만들 수 없다. 하지만 이것은 신의 권능에 대한 진정한 제약은 아니고, 인간의 영혼이 불멸이라는, 따라서 파괴 불가능하다는 사실의 결과일 뿐이다. [역주: 원본에 어느 대목을 지칭하는지 표시되어 있지 않음.]

과거에 불만족스럽다고 밝혀졌다. 갈릴레오 시절에 "태양이 머물고 ··· 거의 종일토록 속히 내려가지 아니하였다(여호수아, 10장 13절)"와 "땅의 기초를 두사 영원히 요동치 않게 하셨나이다(시편, 104편 5절)" 같은 텍스트가 코페르니쿠스의 이론에 대한 적합한 논박이었다고 주장됐다. 현재 우리의 지식으로는, 그런 논증은 부질없어 보인다. 그 지식을 이용할 수 없었을 때는 그 논증이 꽤 다른 인상을 주었다.

(2) '현실 도피성 Heads in the Sand' 반박

> "기계가 생각한다는 것의 귀결은 너무 끔찍하다.
> 기계가 생각할 수 없다고 바라고, 또 그렇게 믿자."

이 논증이 위의 형식으로 공공연히 표현되는 일은 꽤 드물다. 하지만 이 논증은 기계가 생각한다는 것에 대해 조금이라도 생각해 보고자 하면, 우리 대부분에게 영향을 미친다. 우리는 인간이 뭔가 미묘한 방식으로 나머지 피조물보다 우월하다고 믿고 싶어 한다. 인간이 **필연적으로** 우월하다는 것이 입증될 수 있다면, 가장 좋다. 그렇게 되면 인간이 명령하는 지위를 잃을 위험이 없으니 말이다. 신학적 논증의 대중성은 이 느낌과 분명하게 연결되어 있다. 이 느낌은 지적인 사람들에게 더 뚜렷하게 나타나는 것 같은데, 왜냐하면 이들은 다른 사람들보다 사고력 power of thinking 을 더 높게 쳐주고, 사고력을 인간의 우월성에 대한 믿음의 근거로 삼으려는 경향이 더 크기 때문이다.

나는 이 논증이 반박할 필요가 있을 만큼 충분히 실질적이라고 생각하지 않는다. 위로가 더 적합할 것 같다. 그렇지만 아마 이 위로는 영혼의 윤회 속에서 찾아야만 할 것이다.

(3) 수학적 반박

이산 상태 기계의 힘에 제한이 있다는 걸 보여주는 데 사용될 수 있는 수학적 논리의 여러 결과가 있다. 이런 결과 중에서 가장 잘 알려진 것은 괴델Gödel의 정리(1931)다. (튜링의 주석: 저자의 이름은 서지사항을 참조하라.) 괴델의 정리는 그 어떤 강력한 논리 체계 안에서도, 체계 자체가 만약 모순적inconsistent이지 않다면, 그 체계 안에는 증명할 수도, 반증할 수도 없는 진술들이 정식화될 수 있다는 것을 보여준다. 또한 처치Church, 클리니Kleene, 로서Rosser, 튜링Turing이 입증한, 어떤 점에서는 유사한 다른 결과들도 있다. 맨 마지막 결과가 고려하기에 가장 편리한데, 왜냐하면 그것은 기계를 직접 참조하고 있는 반면, 다른 것들은 비교적 간접적인 논증에서만 사용될 수 있기 때문이다. 가령 괴델의 정리가 사용되려면, 우리는 추가로 기계의 견지에서 논리 체계를 기술할 수단과, 논리 체계의 견지에서 기계를 기술할 수단을 가져야 한다. 튜링의 결과는, 본질적으로 무한한 용량을 갖춘 디지털 컴퓨터라는 기계 유형을 참조하고 있다. 그 결과는, 그런 기계가 할 수 없는 일들이 있다고 진술하고 있다. 그런 기계가 흉내 게임에서처럼 물음에 답변하도록 구비된다고 해도, 틀린 대답을 내놓거나 아무리 많은 시간이 주어지더라도 대답하는 데 실패할 물음들이 있을 것이다. 물론 그런 물음은 많을 테지만, 어떤 기계가 답변하지 못하는 물음이 다른 기계에 의해 만족스럽게 답변될 수도 있다. 물론 우리가 현재 가정하고 있는 것은, "피카소에 대해 어떻게 생각하나요?" 같은 종류의 물음이라기보다 "예"나 "아니요" 같은 답이 적합한 종류의 물음이다. "…와 같이 맞춰진 기계를 생각하자. 이 기계가 어떤 물음에 과연 '예'라고 답하게 될까?" 같은 유형의 물음에는 기계가 답하지 못할 수밖에 없다는 걸 우리는 알고 있다. 말줄임표 부분은 표준 형식을 띤 기계에 대한 기술記述로 대체될 수 있을 것인데, 그것은 5절에서 사용된 것과 같은 기술일 수 있다. 기술된 기계가 심문 중에 있는 기계와 비교적 단순한 관계를 맺고 있을 때는, 답이 틀릴지 아니면 앞으로도 주어지지 않을지 입증될 수 있다. 이것이 수학적 결과다. 즉, 인간 지성이라면 휘둘리지 않을, 기계의 결함disability이 증명됐다는 논증이다.

이 논증에 대한 짧은 답변은 이렇다. 어떤 특정 기계의 힘에 제한이 있다는 점이 인정됐다고 해도, 그건 아무런 종류의 증명도 하지 않은 채 인간 지성에는 그런 제한이 적용되지 않는다는 진술을 했을 뿐이다. 하지만 나는 이 견해가 그렇게 가볍게 기각될 수는 없다고 생각한다. 이 기계 중 하나가 적절하게 비판적인 물음을 받고서 명확한 답을 내놓을 때마다, 우리는 이 답이 틀렸다는 것을 아는데, 이것은 우리에게 어떤 우월감을 준다. 이 느낌은 착각일까? 아니, 분명코 진짜 느낌이다. 하지만 나는 이 느낌을 너무 중시해서는 안 된다고 생각한다. 우리 자신도 물음에 대해 종종 틀린 답을 하기 때문에, 기계 쪽에 틀릴 가능성이 있다고 해서 그렇게 기뻐하는 것은 정당화될 수 없다. 더 나아가 우리가 우월성을 느낄 수 있는 것은, 우리가 작은 승리를 거둔 특정한 기계와 관련된 그런 상황에서일 뿐이다. **모든** 기계에 동시에 승리할 가능성은 없을 것이다. 그렇다면, 요컨대, 어떤 주어진 기계보다 똑똑한 인간이 있을 수 있고, 그렇다면 다른 더 똑똑한 기계가 있을 수 있으며, 이런 식으로 이어질 것이다.

내 생각에, 수학적 논증을 지지하는 이들은 대부분 토론의 기초로서 흉내 게임을 기꺼이 받아들일 것으로 여겨진다. 앞선 두 반박을 믿는 이들은 아마 그 어떤 기준에도 관심이 없을 것이다.

(4) 의식에 바탕을 둔 논증

이 논증은 제퍼슨 교수Professor Jefferson의 1949년 리스터 강연Lister Oration에

서 매우 잘 표현됐는데, 거기에서 인용한다. "기계가 기호들symbols의 우연 발생에 의해서가 아니라 생각이나 느낀 감정 때문에 소네트를 짓고, 콘체르토를 작곡할 수 있어야, 우리는 기계가 뇌에 필적한다는 데, 말하자면, 단지 쓸 뿐 아니라 자기가 그걸 썼다는 걸 안다는 데 동의할 수 있을 것이다. 그 어떤 메커니즘도 성공에 대해 기쁨을, 밸브가 녹을 때 슬픔을, 아첨에 감동을, 실수에 비참해짐을, 이성에게 매력을, 원하는 걸 얻지 못할 때 화나 우울함을 (단지 인공적으로 신호를 보내는 것이 아니라, 이건 손쉬운 발명이니까) 실제로 느낄 수 없다."

이 논증은 우리 검사의 타당성에 대한 부인이라고 보인다. 이 견해의 가장 극단적 형식에 따르면, 어떤 기계가 생각한다는 걸 확신할 수 있는 유일한 길은 기계가 **되어**be the machine 스스로가 생각한다고 느끼는 것이다. 그렇게 되면 이 느낌을 기술해서 세계에 내보일 수 있을 테지만, 물론 누구의 주목도 끌지 못할 것이다. 마찬가지로 이 견해에 따르면, 어떤 **인간**이 생각한다는 걸 아는 유일한 길은 그 특정 인간이 되는 것이다. 이건 사실상 유아론적 관점이다. 그걸 견지하는 게 가장 논리적인 견해일지도 모른다. 하지만 그건 생각들ideas의 소통을 어렵게 만든다. A는 "A는 생각하지만, B는 생각하지 않는다"라고 믿을 수도 있지만, 동시에 B도 "B는 생각하지만, A는 생각하지 않는다"라고 믿을 수 있다. 이 논점에 대해 계속해서 논쟁하는 대신, 모든 사람은 생각한다는 점잖은 관행polite convention을 따르는 것이 보통이다.

나는 제퍼슨 교수가 극단적이고 유아론적인 관점을 채택하길 바라지 않을 것으로 확신한다. 아마 제퍼슨 교수는 흉내 게임을 검사로서 아주 기꺼이 받아들이려고 할 것이다. (참가자 B가 빠진) 게임은, 누군가가 정말로 어떤 걸 이해하는지, 아니면 '앵무새처럼 외우고' 있는지 알아보기 위해 구두 시험viva voce이라는 이름으로 실전에서 자주 사용되고 있다. 그런 구두 시험의 일부에 귀 기울여 보자.

심문자: "당신을 여름날과 비교해도 될까요(Shall I compare thee to a summer's day?)?"라고 읽히는 당신 소네트의 첫 줄에서 '봄날'도 마찬가지로 좋거나 더 낫지 않을까요?

증인: 운(韻)이 맞지 않을 텐데요.

심문자: '겨울날'은 어때요? 그건 운이 맞을 테니까요.

증인: 운은 맞아요. 하지만 누구라도 겨울날과 비교되고 싶진 않을 거예요.

심문자: 픽윅 씨Mr. Pickwick는 크리스마스를 생각나게 하지 않을까요?

증인: 어떤 점에서는요.

심문자: 하지만 크리스마스는 겨울날이에요. 그리고 픽윅 씨가 그런 비교를 거부할 것이라고 여겨지지 않아요.

증인: 당신이 진지하게 말한다고 생각되지는 않네요. 겨울날이라는 말은 크리스마스 같은 특별한 날이기보다는 전형적인 겨울날을 뜻하니까요. 등등.

소네트를 짓는 기계가 구두 시험에서 이렇게 답할 수 있다면, 제퍼슨 교수는 무슨 말을 할까? 제퍼슨 교수가 이 답변을 기계가 '단지 인공적으로 신호를 보내는 것'이라고 여길지 어떨지는 모르겠다. 하지만 위 구절에서처럼 답변이 만족스럽고 한결같다면, 제퍼슨 교수가 기계를 '손쉬운 발명품'이라고 기술하지는 않을 것 같다. 내가 생각하기에, 이런 표현을 한 의도는 누군가가 소네트를 읽는 걸 녹음해 놓고 때때로 적절히 스위치로 틀어주는, 그런 기계를 포괄하기 위해서다.

요컨대 그렇다면, 의식에 바탕을 둔 논증을 지지하는 사람의 대부분은 유아론적 입장에 몰리기보다는 그 논증을 포기하도록 설득될 수 있다고 생각한다. 그렇다면 그들은 아마 우리 검사를 기꺼이 받아들일 것이다.

내가 의식에 아무런 신비도 없다고 생각한다는 인상을 주고 싶지는 않다. 가령, 의식에 장소를 부여하려는localise 시도와 연관된 얼마간의 역설이 있다. 하지만 나는 우리가 이 논문에서 염두에 두고 있는 물음에 답할 수 있기 전에 이 신비가 반드시 풀려야 한다고 생각하지는 않는다.

(5) 다양한 결함에 바탕을 둔 논증

이 논증은 다음 형식으로 이루어져 있다. "당신이 언급한 모든 걸 하는 기계를 당신이 만들 수 있다는 건 인정한다. 하지만 앞으로 기계가 X를 하게 만들 수는 없을 것이다." 이와 관련해서 X의 수많은 특성이 제안된다. 몇 개 골라 보면 이렇다.

> 친절함, 기지가 풍부함, 아름다움, 다정함(p.448), 진취적임, 유머 감각이 있음, 옳고 그른 것을 구별함, 실수함(p.448), 사랑에 빠짐, 딸기와 크림을 즐김(p.448), 누군가를 사랑에 빠지게 만듦, 경험에서 배움(pp.456f.), 낱말을 적절하게 사용함, 자기 생각의 주체the subject of its own thought임(p.449), 인간만큼 다양한 행동을 함, 진짜 새로운 것을 함(p.450). (이 결함 중 몇몇은 쪽수를 표시해서 특별히 고려하게 했다.)[5]

보통 이 진술들은 뒷받침되지 않았다. 내 생각에는, 이 진술들은 대부분 과학적 귀납의 원리에 기초하고 있다. 한 사람은 평생 동안 수천 개의 기계를 본다. 그 사람은 자기가 기계에서 본 것으로부터 많은 일반적 결론을 끌어낸

---

5 [역주: 원문의 쪽수들임.]

다. "기계는 보기 흉하다", "각 기계는 매우 제한된 목적을 위해 고안되어 있으며, 약간이라도 다른 목적에는 쓸모가 없다", "어느 한 기계의 행동 여지는 매우 적다" 등등. 그 사람은 이 결론들이 기계 일반의 필연적 특성이라고 자연스럽게 결론 내린다. 이 제한 중 다수는, 대부분의 기계가 저장 용량이 매우 작다는 점과 연관되어 있다. (저장 용량이라는 아이디어는 어떤 식으로건 확장되어 이산 상태 기계가 아닌 다른 기계를 포괄한다고 추정하고 있다. 현재의 논의에서 수학적 정확성이 요구되는 건 아니기 때문에 정확한 정의는 중요하지 않다.) 몇 년 전, 디지털 컴퓨터에 대해 들어본 사람이 거의 없을 때, 디지털 컴퓨터의 구조에 대해 기술하지 않고서 그것의 특성들을 언급했다면, 그에 관해 많은 의구심이 생겨났을 가능성이 있다. 아마 그것도 과학적 귀납의 원리를 비슷하게 적용한 데서 비롯된 일일 것이다. 물론 이런 원리의 적용은 대개 무의식적이다. 불에 덴 적이 있는 아이가 불을 무서워하고 피하면서 자기가 불을 무서워한다는 걸 드러낼 때, 나는 그 아이가 과학적 귀납을 적용하고 있다고 말할 것이다. (물론 나는 아이의 행동을 많은 다른 방식으로 기술할 수도 있을 것이다.) 인류의 일과 관습은 과학적 귀납을 적용하기에 그다지 적당한 재료는 아닌 것 같다. 믿을 만한 결과를 얻으려면, 시공간의 매우 광범위한 부분을 조사해야만 한다. 안 그러면, 우리는 (대부분의 영국 아이들이 하듯이) 누구나 영어로 말하고 프랑스어를 배우는 건 어리석다고 결정하게 될 것이다.

그렇지만 지금까지 언급된 많은 결함에 대해 특별히 논평할 점들이 있다. 딸기와 크림을 즐기지 못한다는 점은 독자에게 하찮다는 인상을 줄 것이다. 기계가 이 맛있는 음식을 즐기게 만드는 것이 가능할지도 모르지만, 그렇게 하게 만드는 시도는 바보짓일 것이다. 이 결함에서 중요한 점은, 그것이 몇몇 다른 결함의 원인이라는 점이다. 예컨대 그런 결함은, 백인과 백인 사이, 또는 흑인과 흑인 사이에서 일어나는 것과 같은 종류의 다정함이 인간과 기계

사이에서 일어나기 어렵게 만든다.

"기계는 실수할 수 없다"는 주장은 별나 보인다. "그게 뭐 잘못이라도 되나요?"라고 대꾸하고 싶어진다. 하지만 좀 더 호의적인 태도를 갖고 정말 말하려는 것이 무엇인지 알아보자. 나는 이 비평이 흉내 게임의 견지에서 설명될 수 있다고 생각한다. 주장되는 바는, 많은 산수 문제를 내기만 하면, 심문자가 기계와 인간을 구별할 수 있다는 것이다. 기계는 끔찍할 정도로 정확하기 때문에 정체가 드러날 것이다. 이에 대한 답변은 간단하다. (흉내 게임을 하도록 프로그램된) 기계는 산수 문제에 **옳은** 답을 내려 하지 않을 것이다. 기계는 심문자를 혼란시키는 계산 방식으로 일부러 실수를 내놓을 것이다. 아마 기계적 결점이 드러나는 건 어떤 종류의 실수가 산수에서 일어날 수 있는지와 관련된 부적절한 결정 때문일 것이다. 비평에 대한 이 해석조차도 충분히 호의적이지는 않다. 하지만 우리는 이를 더 파고들 지면상의 여유가 없다. 내가 보기에 이 비평은 두 종류의 실수를 혼동하는 데에서 비롯된다. 각각 '기능의 오류'와 '결론의 오류'라고 부를 수 있을 듯하다. 기능의 오류는 기계가 고안된 것과 다르게 행동하게 만드는 기계적 또는 전기적 결점 때문에 생긴다. 철학적 논의에서는 그런 오류의 가능성을 무시하고 싶어 한다. 따라서 그 경우에는 '추상적인 기계'를 논의하게 된다. 이 추상적인 기계는 물리적 대상이라기보다는 수학적 허구다. 정의상, 추상적인 기계는 기능의 오류가 있을 수 없다. 이런 의미에서 우리는 정확하게 "기계는 결코 실수할 수 없다"는 말을 할 수 있다. 결론의 오류는 기계에서 나온 출력 신호에 어떤 의미가 붙을 때만 일어날 수 있다. 가령, 기계는 수학 방정식이나 영어 문장을 타자로 칠수 있다. 틀린 문장이 찍힐 때, 우리는 기계가 결론의 오류를 범했다고 말한다. 기계가 이런 종류의 실수를 할 수 없다고 말할 이유가 전혀 없다는 것은 명백하다. 기계가 반복해서 '0 = 1'이라고 타자 치기만 할지도 모른다. 좀 더 일반적인 예를 들면, 기계가 과학적 귀납에 의해 결론을 끌어낼 방법이 있을 지도 모른다. 우리는 그런 방법이 종종 오류인 결과를 낼 것으로 예상해야만 한다.

기계는 자기 생각의 주체subject일 수 없다는 주장은, 물론 기계가 **어떤** 주제subject matter에 대해 **어떤** 생각을 하고 있다는 것을 입증할 수 있을 때만 답변이 될 수 있다. 그렇기는 해도 '기계의 연산의 주제'는 적어도 기계를 다루는 사람들에게는 뭔가 의미가 있어 보인다. 가령 기계가 '$x^2 - 40x - 11 = 0$'이라는 방정식의 해를 찾으려 하고 있다면, 우리는 이 방정식을 그 당시 기계의 주제의 일부라고 기술하고 싶어질 것이다. 이런 종류의 의미에서 기계는 분명코 자신의 주제subject matter일 수 있다. 그것은 자신의 프로그램을 만드는 것을 거들거나, 자신의 구조 변화의 효과를 예측하는 데 사용될 수도 있다. 자기 행동의 결과를 관찰함으로써, 그것은 어떤 **목적을** 더 효과적으로 달성하기 위해 자기 프로그램을 수정할 수 있다. 이는 유토피아적 꿈이라기보다는 가까운 미래의 가능성이다.

기계가 많은 다양한 행동을 할 수 없다는 비평은, 기계가 많은 저장 용량을 가질 수 없다는 것을 표현하는 한 방식일 뿐이다. 극히 최근까지 천 자릿수a thousand digits의 저장 용량조차 아주 드물었다.

우리가 여기에서 고려하고 있는 비평들은 종종 의식에 바탕을 둔 논증의 위장된 형식이다. 보통 기계가 이것 중 하나를 할 수 있다고 언급하면서 기계가 사용할 수 있을 방법의 종류를 기술하더라도, 그다지 인상적이지 않을 것이다. 그 방법은 (무엇이 되었든, 기계적일 것이 틀림없기에) 실제로 다소 저급하다base고 여겨진다. 본 장의 (4)에서 인용한 제퍼슨 교수의 진술에 있는 괄호 속 표현과 비교해 보라.

(6) 러브레이스 백작부인의 반박

찰스 배비지의 해석 기관에 대한 가장 상세한 정보는 러브레이스 백작부인Lady Lovelace의 회고록에 나온다. 거기에서 그녀는 이렇게 진술한다. "해석 기관은 어떤 것을 **창안**하려는originate 야망이 없다. 그것은 **우리가 어떻게 명령해야** 그것이 실행되는지를 **알고 있는 모든 것**whatever we know how to order it to perform을 할 수 있다(원문 강조)." 하트리Hartree (p.70)는 이 진술을 인용하며 이렇게 덧붙인다. "이 말은 '스스로 생각할think for itself' 전기 장비, 또는 생물학적 용어로 말하면, '학습'의 기초 역할을 하게 될 조건반사를 설정해 놓을 수 있는 전기 장비를 만드는 것이 가능하지 않다는 것을 함축하지 않는다. 최근의 몇몇 발전이 시사하고 있듯이, 원리상 이것이 가능한지 아닌지는 자극적이고 흥분되는 물음이다. 하지만 당시에 만들어지거나 기획된 기계가 이런 성질을 갖고 있던 것 같지는 않다."

이 점에 대해 나는 하트리에게 전적으로 동의한다. 주목해야 할 점은, 하트리는 해당 기계가 그런 성질을 갖고 있지 않았다고 단언한 것이 아니라, 그보다는 러브레이스 백작부인이 이용할 수 있던 증거로는 그녀가 해당 기계가 그런 성질을 갖고 있다고 믿을 정도는 아니었다고 단언하고 있다는 점이다. 해당 기계가 어떤 의미에서는 그런 성질을 갖고 있었을 가능성이 크다. 어떤 이산 기계는 그런 성질을 갖고 있다고 추정해 볼 수 있으니 말이다. 해석 기관은 보편적 디지털 컴퓨터였다. 그래서 만일 저장 용량과 속도가 적합했다면, 적절히 프로그램함으로써 해당 기계를 모방하도록 만들 수 있었을 것이다. 아마도 이런 논증은 백작부인이나 배비지에게는 떠오르지 않았던 것 같다. 여하튼 주장될 수 있는 모든 것을 그들이 주장해야 할 의무는 없었다.

이 모든 물음은 '학습하는 기계'라는 제목 아래서(역자: 이어질 7절에서) 다시 고려될 것이다.

러브레이스 백작부인의 반박을 변형한 것 중 하나는, 기계는 '결코 완전히 새로운 어떤 것도' 할 수 없다는 것이다. 이것은 잠시 '태양 아래 새로운 것은 없다'는 속담으로 받아넘길 수 있을 것이다. 자기가 만든 '독창적인 작품original work'이 교육을 통해 자기에게 심어진 씨앗이 성장한 것만은 아니라고, 또는 잘 알려진 일반 원리를 따른 결과만은 아니라고 누가 확신할 수 있을 것인가? 그 반박의 더 나은 변형은, 기계는 '결코 우리를 놀라게' 할 수 없다는 것이다. 이 진술은 훨씬 직접적인 도전이며, 즉각 상대할 수 있다. 기계는 아주 자주 나를 놀라게 한다. 이렇게 되는 주된 이유는, 기계가 무엇을 할지 예상하기 위한 계산을 내가 충분히 하지 않았거나, 아니면 계산을 하더라도 대충 서둘러서 잘되든 안되든 계산했기 때문이다. 아마 이런 혼잣말을 할 수도 있겠다. "여기 전압이 저기 전압과 같을 것이 분명해. 아무튼 그렇다고 해보자." 당연히 나는 종종 틀린다. 실험이 행해질 때쯤에는 이 가정도 잊어버렸기 때문에, 그 결과는 나에게 놀랍다. 이렇게 인정하고 나면 내 불완전한 방식을 주제로 잔소리가 이어지겠지만, 내가 경험한 놀라움을 증언할 때 그 증언의 신뢰성에 의심을 던지지는 말라.

이 답변이 비평가들을 침묵시킬 거라고 기대하지는 않는다. 아마도 비평가는, 그 놀라움은 내 쪽에서의 어떤 창조적인 정신 작용 때문에 생겨난 것이라고 말하면서, 기계의 공은 전혀 반영하지 않을 것이다. 이것은 우리를 다시 의식에 바탕을 둔 논증으로 데려가며, 놀라움이라는 논점과는 거리가 멀어진다. 이것은 우리가 이미 종결됐다고 여겨야 하는 논증의 선상에 있다. 하지만 놀라운 사건을 일으킨 것이 인간이든, 책이든, 기계든, 다른 무엇이든 간에 어떤 것을 놀랍다고 평가하는 것이 상당량의 '창조적인 정신 작용'을 요구한다는 점은 아마도 지적해 둘 가치가 있다.

나는 기계가 놀라움을 불러일으킬 수 없다는 견해는, 특히 철학자와 수학자가 휘둘리기 쉬운 오류 때문에 생겨난다고 믿는다. 이것은 어떤 사실이 마음에 제시되자마자 그 사실의 모든 귀결이 즉시 마음에 솟아난다는 추정이다. 이는 많은 상황에서 매우 유용한 추정이지만, 그것이 틀렸다는 것을 사람들은 너무 쉽게 잊는다. 이러다 보면 자연히, 자료나 일반 원리에서 도출된 귀결을 가지고 작업하는 것은 아무 장점이 없다고 추정하는 쪽으로 가게 된다.

(7) 신경계의 연속성에 바탕을 둔 논증

신경계는 분명히 이산 상태 기계가 아니다. 뉴런 하나에 가해지는 신경 자극의 크기에 대한 정보의 작은 오류라도 출력 자극의 크기에 큰 차이를 일으킬 수 있다. 사정이 이렇다면, 이산 상태 기계로 신경계의 행동을 모방할 수 있다는 기대를 할 수 없다고 논증될 수 있을 것이다.

이산 상태 기계가 분명히 연속 기계와 다르다는 것은 맞다. 하지만 우리가 흉내 게임의 조건을 고수한다면, 심문자는 이 차이에서 어떤 이점도 얻을 수 없을 것이다. 우리가 다른 더 단순한 연속 기계를 고려한다면, 상황은 더 분명해질 수 있다. 미분 해석기differential analyser를 고려하면 아주 좋겠다. (미분 해석기는 어떤 종류의 계산을 위해 사용되는 이산 상태 유형의 기계 종류가 아니다.) 이 중 몇몇은 타자 형식으로 답을 내놓으며, 따라서 게임에 참가하기에 적절하다. 미분 해석기가 문제에 대해 어떤 답을 낼지 디지털 컴퓨터가 정확히 예측하는 것은 가능하지 않겠지만, 올바른 종류의 답을 내는 것은 잘해낼 수 있을 것이다. 가령 π 값(실제로 약 3.1416)을 내라고 한다면, 디지털 컴퓨터는 0.05, 0.15, 0.55, 0.19, 0.06의 확률로 3.12, 3.13, 3.14, 3.15, 3.16이라는 값 중에서 무작위로 한 값을 고르는 것이 합리적일 것이다. 이런 상황에서, 심문자가 미분 분석기와 디지털 컴퓨터를 구별하기는 매우 어려울 것이다.

(8) 행동의 비정형성Informality에 바탕을 둔 논증

생각해 볼 수 있는 모든 상황에서, 한 인간이 무엇을 해야만 할지를 기술한다는 취지를 담은 규칙 집합을 만들어 내는 것은 가능하지 않다. 가령 빨간색 신호등을 보면 멈추고, 녹색 신호등을 보면 가라는 규칙을 가질 수는 있지만, 만일 어떤 결점 때문에 두 신호등이 함께 켜지면 어떻게 될 것인가? 아마 멈추는 것이 가장 안전하다고 결정할 수 있을 것이다. 하지만 나중에 이 결정에서부터 충분히 다른 난점이 생겨날 수도 있다. 교통 신호에서 생겨나는 일을 포함해, 만일의 사태를 모두 아우르는 행위 규칙을 마련하려고 시도하는 것은 불가능해 보인다. 나는 이 모든 것에 동의한다.

이로부터 우리는 기계일 수 없다는 논증이 나온다. 나는 그 논증을 재생해 보겠지만, 실제 논증을 잘 반영하지 못할까 우려된다. 그것은 다음과 같은 식으로 전개되는 것 같다. "각자가 자기 삶을 규제하기regulate 위해 이용하는 행위 규칙의 명확한 집합이 있다면, 그는 기계보다 나을 것이 없을 것이다. 하지만 그런 규칙은 없고, 따라서 인간은 기계일 수 없다." 삼단논법 추론의 오류undistributed middle가 확연하다. 논증이 정확히 이같이 제시된 건 아니라고 생각하지만, 어쨌든 이 논증이 사용됐다고 믿는다. 하지만 '행위 규칙rules of conduct'과 '행동 법칙laws of behaviour' 간에 어떤 혼동이 있어서 핵심 논점을 흐리는 것 같다. 내가 말하는 '행위 규칙'은 "빨간 불을 보면 멈춰라" 같은 지침을 뜻하는데, 우리는 이를 따라 행하고 이것을 의식할 수 있다. 내가 말하는 '행동 법칙'은 "네가 그를 꼬집으면, 그는 소리를 지를 것이다" 같은 인간의 몸에 적용되는 자연법칙을 의미한다. 우리가 인용된 논증에서 '자기 삶을 규제하기 위해 이용하는 행위 규칙'을 대신해서 '자기 삶을 규제하는 행동 법칙'이라고 하면, 삼단논법 추론의 오류는 더 이상 극복 불가능하지 않다. 우리가 믿기에는, 행동 규칙에 의해 규제된다는 것은 어떤 종류의 기계임

(비록 꼭 이산 상태 기계는 아닐지라도)을 함축한다는 것이 참일 뿐 아니라, 또한 역으로 그런 기계라는 것은 자연법칙에 의해 규제된다는 것을 함축하기 때문이다. 하지만 우리는 완벽한 행동 법칙이 없다는 것을, 완벽한 행위 규칙이 없다는 것과 마찬가지로, 그다지 쉽게 확신할 수 없다. 우리가 아는 한 그런 법칙을 찾는 유일한 길은 과학적 관찰이다. "우리는 충분히 찾아봤다. 그런 법칙은 없다"라고 말할 수 있는 그 어떤 상황도 없다는 것을, 우리는 확실히 알고 있다.

그런 진술의 어떤 것도 정당화되지 않는다는 것을 더 강하게 증명할 수 있다. 만일 행동 법칙이 존재한다면, 분명 우리는 그것을 찾아낼 수 있었을 테니 말이다. 그렇다면 어떤 이산 상태 기계가 있다면, 관찰을 통해 그 기계의 미래 행동을 예측하기에 충분한 것을 분명 발견할 수 있을 것이다. 그것도 합당한 시간 안에, 가령 1,000년 안에 말이다. 하지만 이것은 진실이 아닌 것 같다. 나는 맨체스터 컴퓨터에 16자릿수 숫자를 공급받은 기계가 2초 이내에 다른 16자릿수 숫자로 답변을 내는 작은 프로그램을 1,000개 유닛의 저장소만 써서 설치한 적이 있다. 나는 누군가가 이 답변으로부터, 아직 시도된 적이 없는 값에 대한 답변을 프로그램에 대해 충분히 알아내서 예측할 수 있다고 여기지 않았으면 한다.

(9) 초능력Extra-Sensory Perception에 바탕을 둔 논증

짐작하건대, 독자는 초능력이라는 개념과, 그에 속하는 4개 항목인 텔레파시, 투시, 예지, 염력의 의미에 친숙할 것이다. 이 난처한 현상은 우리의 모든 통상적인 과학적 사고를 부정하는 것 같다. 이런 현상을 깎아내리고 싶어 미치겠다! 불행히도, 최소한 텔레파시에 대해서는, 통계적 증거가 차고 넘친다. 이런 새로운 사실들에 맞게 우리 사고를 재배열하는 것은 매우 어렵다. 일단

이 현상을 받아들이면, 몇 걸음만 더 가면 유령과 악령을 믿게 되는 것 같다. 우리 몸은 알려진 물리학 법칙에 따라 움직이지만, 아직 알려지지 않았지만, 그것과 다소 유사한 다른 법칙에 따라서도 움직인다는 생각을 그 길에서 제일 먼저 거쳐 가게 될 것이다.

내 생각에 이 논증은 꽤 강하다. 많은 과학 이론이 초능력과 충돌하기는 해도 여전히 실천 영역에서 작동하는 것 같다고 답할 수 있다. 사실 초능력을 잊어버리면, 아주 잘 살아갈 수 있기 때문이다. 하지만 이것은 별 도움이 못 되는 위안이다. 생각이라는 것이, 초능력과 특별하게 관련된 그런 종류의 현상이 아닐까 두려운 것이기 때문이다.

초능력에 근거한 더 구체적인 논증은 다음과 같이 진행될 것이다. "흉내 게임을 하는데, 증인으로는 한쪽에 텔레파시 수신 능력이 있는 인간과 다른 한쪽에 디지털 컴퓨터를 놓자. 심문자는 '내 오른손에 있는 카드는 하트, 클럽, 다이아몬드, 스페이드 중 어떤 무늬suit에 속할까?' 같은 물음을 할 수 있다. 인간 증인은 텔레파시나 투시를 통해 400장의 카드에서 130번 정답을 낸다. 기계는 무작위로 추측할 수 있을 뿐이고, 아마도 104번 정도 정답을 낸다. 그래서 심문자는 바르게 식별한다." 여기에 흥미로운 가능성이 하나 열려 있다. 디지털 컴퓨터가 난수 발생기random number generator를 포함하고 있다고 해보자. 그러면 디지털 컴퓨터는 어떤 답을 낼지 결정하기 위해 당연히 이것을 사용할 것이다. 하지만 이때 난수 발생기는 심문자의 염력 능력에 좌우될 것이다. 아마도 이 염력은 기계가 확률 계산에서 기대치보다 더 자주 정답을 추정하게 유발할 수도 있을 테고, 그렇게 되면 심문자는 여전히 바르게 식별할 수 없을지도 모른다. 다른 한편, 심문자는 투시를 통해 어떤 물음도 하지 않고서 옳게 추측할 수 있을지도 모른다. 초능력과 함께라면, 어떤 일이든 일어날 수 있다.

텔레파시가 허용된다면, 우리의 검사를 더 엄격하게 하는 것이 필수적일 것이다. 그 상황은, 심문자는 속으로 말하고, 경쟁자 중 한쪽은 벽에 귀를 대고 듣고 있다고 할 때 일어날 법한 일과 유사하다고 여겨질 수 있다. 경쟁자들을 '텔레파시 차폐 방'에 넣어야 모든 요구사항이 충족될 것이다.

7. 학습하는 기계

독자는 내 견해를 뒷받침할 긍정적인 성격을 갖는 매우 설득력 있는 논거가 없을 것이라고 예상했을 것이다. 그러한 근거가 있었다면, 내가 반대 견해들의 오류를 지적하는 데 그렇게 애쓰지 않아도 됐을 테니까 말이다. 이제 내가 가지고 있는 근거들을 제시해 보겠다.

기계는 우리가 시킨 것만을 할 수 있다고 하는 러브레이스 백작부인의 반박으로 잠시 돌아가자. 인간은 기계에 관념^{idea}을 '주입^{inject}'할 수 있으며, 기계는 해머로 내리친 피아노 현처럼 어느 정도 반응한 다음 고요함에 빠져들게 된다는 주장이 있을 수 있다. 다른 비유는 임계 크기$^{critical\ size}$보다 작은 원자로$^{an\ atomic\ pile}$일 것이다. 주입된 관념은 바깥에서 원자로로 들어가는 중성자에 대응한다. 그런 각각의 중성자는 끝내는 잦아들 어떤 교란^{disturbance}을 야기할 것이다. 하지만 용광로의 크기가 충분히 커지면, 그렇게 유입된 중성자가 일으킨 교란이 점점 더 커져서 용광로 전체가 파괴될 때까지 증가할 것이다. 이에 대응하는 현상이 마음에 있을까? 그리고 이에 대응하는 현상이 기계에 있을까? 인간 마음에는 그런 현상이 진짜로 있는 듯하다. 인간 마음의 대다수는 '임계 미만$^{sub-critical}$', 즉 앞의 유비에서 임계 규모 미만의 용광로에 대응하는 것처럼 보인다. 이런 마음에 제시된 관념은, 평균적으로 하나에 미치지 못하는 관념만 불러일으킨다. 마음의 자그마한 비율은 초임계적$^{super-critical}$이다. 이런 마음에 제시된 관념은 두 번째, 세 번째, 그리고 더 멀리 있는 관념들을 연상시키면서 '이론' 전체를 불러일으킬지도 모른다. 동물의 마음은 매우 명확하게 임계 미만인 것 같다. 이 유비를 고수한다면, 우리는 이렇게 물을 수 있다. "기계가 초임계적이도록 만들어질 수 있을까?"

'양파 껍질'의 유비도 도움이 된다. 마음이나 뇌의 기능을 고려하는 데 있어서, 우리는 순전히 기계적 용어로 설명할 수 있는 어떤 연산^{operation}을 발견한다. 우리가 발견한 이것은 진짜 마음에 대응하지는 않는다. 이것은, 진짜 마음을 찾고자 한다면, 벗겨내야만 하는 껍질 같은 것이다. 하지만 그렇게 되면, 우리는 남아 있는 것에서 벗겨내야 할 껍질이 계속 있다는 것을 알게 된다. 이런 식으로 계속하면, 우리는 '진짜' 마음에 이르게 될 것인가, 아니면 그 안에 아무것도 없는 껍질에 결국 이르게 될 것인가? 후자가 사실이라면, 마음 전체는 기계적이다(비록 그것이 이산 상태 기계는 아닐지라도 말이다. 우리는 이 점을 논한 바 있다).

이 마지막 두 문단은 설득력 있는 논거일 수 없다. 오히려 '믿음을 주는 데 긴요한 설명' 정도로 이해되었으면 한다.

6절 서두에 표현된 견해에 주어질 수 있는, 실제로 만족스러운 유일한 뒷받침은, 20세기 말까지 기다려서 앞서 기술한 실험을 행할 때에만 주어질 것이다. 그렇지만 그사이에 우리는 무슨 말을 할 수 있을까? 실험이 성공하려면 지금 어떤 걸음을 내디뎌야 할까?

내가 앞에서 설명했듯이, 문제는 주로 프로그래밍이다. 공학의 발전도 이루어져야 하겠지만, 그 발전이 요구사항에 부적합할 것 같지는 않다. 뇌의 저장 용량 추정치는 10^{10}에서 10^{15}비트$^{binary\ digits}$로 다양하다. 나는 그 값이 낮은 쪽일 것으로 생각하고, 고차원적 사고에는 뇌의 극소량만 사용된다고 믿고 있다. 뇌의 대부분은 아마 시각 인상을 보유하는 데 사용될 것이다. 적어도 시각 장애인을 상대로 흉내 게임을 만족스럽게 해내는 데 10^9 이상이 필요하다고 하면, 나는 틀림없이 놀랄 것이다(참조: 『브리태니커 백과사전』 11판의 용량은 2×10^9이다). 10^7의 저장 용량은 현재 기술로도 충분히 가능할 것이다. 기계의 연산 속도를 늘리는 것은, 아마도 전혀 필요하지 않을 것이다. 신경 세포와 유사하다고 간주될 수 있는 현대 기계의 일부는 신경 세포보다 1,000배가량 빠르게 작동한다. 이것은 여러 방식으로 생겨날 수 있는 속도 감소를 상쇄할 수 있는 '안전성의 여지'를 제공할 것이다. 이제 우리의 문제는 어떻게 프로그래밍해야 기계가 흉내 게임을 할 수 있을지 찾아내는 일이다. 현재 일하는 속도로 보면, 나는 하루에 십진수 약 1,000개를 프로그래밍한다. 따라서 쓰레기통에 들어갈 작업이 전혀 없다면, 약 60명이 50년 동안 꾸준히 일하면, 임무를 완수하게 될 것이다. 뭔가 더 신속한expeditious 방법이 필요해 보인다.

어른 인간 마음을 흉내 내려고 하는 과정에서, 우리는 어른 인간 마음을 현재 상태로 만든 과정에 대해 많이 생각해야 한다. 우리는 세 가지 요소에 주목할 수 있다.

(a) 마음의 초기 상태, 즉 태어날 때

(b) 받아온 교육

(c) 살면서 겪어왔지만, 교육이라고 기술될 수 없는 다른 경험

어른 마음을 모사하는simulate 프로그램을 만들려고 하는 대신, 아이 마음을 모사하는 프로그램을 만들려고 해보면 어떨까? 그렇게 해서 이것을 적합

한 교육과정에 맡긴다면, 어른 뇌를 얻게 될 수 있을 것이다. 추정하건대, 아이 뇌는 문구점에서 사는 공책과 유사한 것이다. 메커니즘은 적은 편이고, 많은 빈 종이가 있다. (메커니즘과 글쓰기는 우리 관점에서는 거의 동의어다.) 우리의 희망은, 아이 뇌에는 적은 메커니즘만 있어서 그런 것을 쉽게 프로그래밍할 수 있기를 바라는 것이다. 첫 번째 근삿값을 내보면, 우리는 교육 작업 분량이 인간 아이에게 필요한 분량과 같으리라 추정할 수 있다.

그렇다면 우리는 문제를 두 부분으로 나눈 것이다. 아이 프로그램과 교육과정. 이 둘은 매우 밀접한 관련이 있다. 첫 시도에서 좋은 아이 기계를 찾는다는 것을 기대할 수 없다. 아이 기계 하나를 가르치는 실험을 하고, 얼마나 잘 학습하는지 봐야 한다. 그다음 다른 아이 기계를 시도해 보고, 더 나은지 못한지 비교해 봐야 한다. 이 과정과 진화 사이에는 명백한 관련이 있으며, 이렇게 동일시할 수 있다.

아이 기계의 구조 = 유전 물질

아이 기계의 변화 = 돌연변이

자연선택 = 실험자의 판단

하지만 희망하건대, 이 과정이 진화보다 신속했으면 한다. 적자생존은 이점을 측정하는 데 있어 느린 방법이다. 지능을 훈련함으로써 실험자는 속도를 높일 수 있어야 할 것이다. 마찬가지로 중요한 것은, 실험자가 무작위 돌연변이에 구애받지 않는다는 사실이다. 실험자가 어떤 약점의 원인을 추적할 수 있다면, 아마도 그것을 개선할 그런 종류의 돌연변이를 생각할 수 있을 것이다.

정상 아이에게 하듯 기계에도 정확히 똑같은 가르침 과정을 적용하는 것은 가능하지 않을 것이다. 가령 기계에는 다리가 부여되지 않을 테고, 따라서 밖에 나가 석탄 통을 채우라고 시킬 수도 없을 것이다. 기계는 눈이 없을 수도 있다. 설사 이런 결점들이 공학의 영리함을 통해 극복될 수 있다고 해도, 그 피조물을 학교에 보내서 다른 아이들의 과도한 놀림감이 되게 해서는 안 될 것이다. 그래도 교습은 받아야만 한다. 우리는 다리, 눈 등에 대해 지나치게 신경 쓸 필요는 없다. 헬렌 켈러Miss Helen Keller의 예를 보면, 어떤 수단을 통해서든 교사와 학생 간에 양방향 소통이 일어날 수 있으면, 교육은 이루어질 수 있다.

우리는 통상 처벌과 보상을 가르침 과정의 일부로 생각한다. 몇몇 단순한 아이 기계가 이런 종류의 원리를 바탕으로 만들어지거나 프로그래밍될 수 있다. 처벌 신호가 발생하기 직전의 일은 반복하지 않고, 반면 보상 신호를 발생시킨 일은 반복될 확률이 높아지도록 기계가 만들어져야 한다. 이 정의는 기계 쪽에 어떤 느낌이 있다고 전제하지 않는다. 나는 그런 아이 기계 하나로 몇 가지 실험을 해봤고, 몇 가지 일을 가르치는 데 성공했지만, 가르치는 방법이 너무 비정통적이어서 실험이 정말 성공했다고 보지는 않는다.

처벌과 보상의 사용은 기껏해야 가르침 과정의 일부일 수 있다. 거칠게 말해서, 교사가 학생에게 소통할 다른 수단이 없다면, 학생에게 도달할 수 있는 정보의 총량은 적용된 보상과 처벌의 전체 수를 넘지 않는다. 정답text을 '스무고개' 기법으로만 발견할 수 있고, '틀린 답NO'을 하면 한 대씩 맞는 형식을 취한다면, 아이가 '카사비앙카'를 반복하도록 배울 즈음에는, 정말 많이 쓰라려 할 것이다. 따라서 다른 '비감정적인unemotional' 소통 통로가 꼭 필요하다. 다른 통로를 이용할 수 있다면, 뭔가 언어로, 가령 기호 언어symbolic language로 주어진 명령에 복종하도록 처벌과 보상을 통해 기계를 가르치는 것이 가능하다. 이 명령은 '비감정적인' 통로를 통해 전송될 것이다. 기호 언어의 사용은 필요한 처벌과 보상의 수를 크게 줄여 줄 것이다.

아이 기계에 적합한 복잡성에 관해서는 의견이 분분할 것이다. 어떤 이는 일반 원리에 들어맞는다면, 아이 기계를 가능한 한 단순하게 만들려고 노력할 것이다. 또 다른 어떤 이는 논리 추론의 완벽한 체계를 '내장built in'[6]할 것이다. 이 경우에 저장소는 주로 정의와 명제로 채워질 것이다. 명제들은, 가령 잘 확립된well-established 사실, 추측, 수학적으로 증명된 정리, 권위에 의한 진술, 논리적 명제 형식을 띠지만, 믿을 수 없는 표현 등 다양한 종류의 상태status를 가질 것이다. 어떤 명제는 '명령문imperative'으로 기술될 수 있다. 기계는 명령문이 '잘 확립된' 사실로 분류되자마자 적합한 작용이 자동으로 일어나도록 만들어져야 한다. 이를 예시를 통해 설명해 보겠다. 교사가 "지금 숙제해라"라고 기계에게 말한다고 하자. 이것은 "교사는 '지금 숙제해라'라고 말한다"가 잘 확립된 사실에 포함되도록 할 것이다. 또 다른 잘 정립된 사실은 "교사가 말하는 모든 것은 참이다"가 있을 것이다. 이 두 가지 사실의 결합은, 마침내는 "지금 숙제해라"라는 명령문으로 이어지는데, 이 명령문은 잘 확립된 사실에 포함될 것이고, 기계를 만들게 되면, 이는 숙제가 실제로 시작되고 그 효과도 매우 만족스럽다는 것을 의미할 것이다. 기계에 의해 사용된 이 추론 과정은 가장 정확한 논리학자를 만족시킬 정도일 필요는 없다. 가령, 유형의 위계가 없을지도 모르겠다. 하지만 이것이 유형 오류type fallacies가 일어나리라는 것을 의미할 필요는 없다. 울타리가 없다고 절벽으로 떨어지라는 법은 없듯이 말이다. "교사에 의해 언급된 부류class의 하위 부류sub-class가 아니라면, 그런 부류는 사용하지 말라" 같은 (그 체계 **안에서**within 표현됐지만, 그 체계에 대한 규칙의of 일부를 이루는 건 아닌) 적절한 명령

---

6 또는 차라리 우리의 아이 기계를 위해 '내적으로 프로그래밍(programmed in)'된 것은 디지털 컴퓨터에 프로그래밍될 것이다. 하지만 논리 체계는 학습시킬 필요가 없다.

문은 "가장자리^{edge} 근처에 너무 가까이 가지 말라."와 유사한 효과를 가질 수 있다.

사지가 없는 기계가 복종할 수 있는 명령문은, 앞에서 보았던 예(숙제하기)에서처럼 다소 지적 성격을 가질 수밖에 없다. 그런 명령문 중에서 중요한 것은, 해당 논리 체계의 규칙이 적용될 순서^{order}를 규제하는 명령문일 것이다. 논리 체계를 사용할 때 각 국면^{stage}마다 아주 많은 수의 대안 단계^{alternative} ^{steps}가 있고, 논리 체계의 규칙에 대한 복종이 관건인 한, 그 단계 중 어느 것이라도 적용하는 것이 허용되기 때문이다. 이러한 선택은 바른 추론자와 엉터리 추론자의 차이가 아니라 뛰어난 추론자와 시시한 추론자의 차이를 낳는다. 이런 종류의 명령문에 이르는 명제는 "소크라테스가 언급되면, 바바라의 삼단논법$^{syllogism\ in\ Barbara}$을 사용하라"나 "어떤 방법이 다른 방법보다 빠르다는 게 증명됐다면, 더 느린 방법은 사용하지 마라" 같은 것일 수 있다. 이런 종류의 몇몇 명제는 '권위에 의해 주어질' 수 있지만, 또 다른 명제는 기계 자체에 의해, 가령 과학적 귀납에 의해 생산될 수 있다.

학습하는 기계라는 아이디어는 어떤 독자들에게는 역설적으로 보일지 모른다. 기계의 작동 규칙이 어떻게 변할 수 있을까? 규칙들은 기계의 역사가 어떻든, 기계가 어떤 변화를 겪든, 기계가 그에 어떻게 반응할지 완전히 기술해야 한다. 따라서 규칙들은 시간 불변적$^{time-invariant}$이다. 이것은 정말 진실이다. 그 역설은 이렇게 설명된다. 학습 과정에서 변하는 규칙들은 단지 하루살이 목숨같은 타당성$^{an\ ephemeral\ validity}$만을 주장하는 좀 덜 젠체하는 종류의 규칙들이다. 독자는 미국 헌법과의 유사성을 비교해 볼 수 있을 것이다.

학습하는 기계의 중요한 특징은, 교사가 어느 정도는 학생의 행동을 예측할 수 있을지라도 내부에서 벌어지는 일을 종종 대체로 모를 것이라는 점이다. 이것은 잘 디자인한(또는 프로그램한) 아이 기계에서 일어난 기계의 후기 교육에 매우 강하게 적용해야 한다. 이것은 기계를 계산하는 데 사용하는 정상적인 절차와 또렷하게 대조된다. 이때의 목적은 계산의 매 순간마다 기계의 상태에 대한 또렷한 마음속 그림mental picture을 가지는 것이기 때문이다. 이 목표는 고군분투해야 달성될 수 있다. "기계는 우리가 어떻게 명령해야 그것이 실행되는지를 알고 있는 것만을 할 수 있다"[7]는 견해는 이 점을 마주하고 보면 이상해 보인다. 우리가 기계에 집어넣을 수 있는 대부분의 프로그램은 우리가 전혀 이해make sense of하지 못할 것을, 또는 우리가 완전히 무작위 행동이라고 여기는 것을 행하는 결과를 낳을 것이다. 짐작하건대, 지적 행동은 계산과 관련된 완전히 훈육된 행동에서 벗어나는 것이지만, 그런 벗어남은 무작위 행위나 무의미한 반복 순환을 일으키는 것이 아닌 약간의 벗어남이다. 가르침과 학습의 과정을 통해 흉내 게임에서 우리 기계의 역할을 준비하는 일의 또 다른 중요한 결과는, '인간의 틀릴 가능성'이 다소 자연스러운 방식으로, 즉 특수한 '지도coaching' 없이 해소될omitted 가능성이 높다는 것이다. (독자는 이것을 24, 25쪽[8]의 관점과 조화시켜야 한다.) 학습된 과정은 100% 확실한 결과를 생산하지는 않는다. 만약 그렇다면, 학습되지 않는 일은 불가능할 것이다.

학습하는 기계에 무작위 요소를 포함시키는 것이 아마도 현명할 것이다(4절을 보라). 무작위 요소는 우리가 어떤 문제의 답을 찾고 있을 때 다소 유용하다. 가령, 우리가 50과 200 사이에서 각 자릿수의 합의 제곱과 같은 수를 찾으려 한다고 해보자. 우리는 51에서 시작해서 52를 시도하고, 이렇게 계속하면서 답에 해당하는 수를 얻게 될 것이다. 아니면 우리는 정답을 얻을 때까

---

7 러브레이스 백작부인의 진술과 비교하라(p. 450/역자: 본서의 p. 358을 참고하라). 그 진술에는 '만을'이라는 낱말이 없다.

8 [역주: 튜링이 인용한 24, 25쪽은 제퍼슨 교수의 주장으로, 본서 352~354를 참고하라.]

지 무작위로 수를 고를 수도 있다. 이 방법은 이미 시도했던 값을 계속 알고 있어야 할 필요가 없다는 이점이 있지만, 같은 값을 두 번 시도할 수도 있다는 단점이 있는데, 이것은 해답이 여럿이라면 그다지 중요하지 않다. 체계적 방법은 처음 조사해야 하는 영역에 해답이 없으면 큰 어려움을 겪을 수 있다는 단점이 있다. 이제 학습 과정은 교사(또는 다른 기준)를 만족시킬 행동 형식을 찾는 것으로 간주될 수 있다. 만족스러운 해답이 아마 매우 많을 것이므로, 무작위 방법이 체계적 방법보다 더 나아 보인다. 진화라는 이와 유사한 과정에서 무작위 방법이 사용된다는 점에 유의해야 한다. 하지만 거기에서 체계적 방법은 가능하지 않다. 한 번 시도했던 상이한 유전적 조합을 다시 하지 않기 위해 어떻게 그 조합을 다 기억하고 있을 수 있겠는가?

우리는 결국은 순수하게 지적인 모든 영역에서 기계가 인간과 경쟁하기를 바랄 수 있다. 하지만 어떤 영역에서 시작하는 것이 가장 좋을까? 이것마저도 어려운 결정이다. 많은 사람은 체스 놀이 같은 가장 추상적인 활동이 최선일 것이라고 생각한다. 또 돈으로 살 수 있는 가장 좋은 감각 기관을 기계에 부여해서, 영어를 이해하고 말하게 가르치는 것이 최선이라고 주장하기도 할 것이다. 이 과정은 아이를 가르치는 보통의 방법, 가령 사물들을 가리키면서 이름을 붙이는 등등의 방법을 따를 수 있을 것이다. 다시 한번 말하지만, 나는 무엇이 정답인지 알지 못한다. 하지만 두 접근 모두 시도되어야 한다고 생각한다.

우리는 단지 한 치 앞만 볼 수 있다. 하지만 해야 할 일이 많다는 건 볼 수 있다.

출처

해당 대목은 각각 출처에 처음 발표된 글을 수정·편집·보완했다. 나머지 대목은 대체로 새로 작성한 글이다. 전작『인공지능의 시대, 인간을 다시 묻다』의 이론적 내용을 풀어 다시 서술한 대목이 조금 있지만, 분량이 많지 않아 따로 밝히지 않았다.

들어가는 말

- 「인공지능 예술가의 가능성」,《청색종이》6호. 2022년 겨울호.

1장

- 1~4절. 「인공지능은 예술작품을 창작할 수 있을까?」, 유현주 엮음(2019),『인공지능시대의 예술』, 도서출판b.
- 5절. 「인공지능 예술가의 가능성」,《청색종이》6호. 2022년 겨울호.

2장

- 1~2절.《웹진X》2023년 1~3월호.

3장

- 1절. 「인간을 닮아가는 AI」, 국가과학기술인력개발원(KIRD) 국민사이버포럼, 2019년.
- 2절. 「알파고는 애초에 기보 데이터가 필요하지 않았다」,《뉴스톱》2018년 9월 18일.

- 3절. 「AI 판사가 공정할 것이라고?」, 《뉴스톱》 2018년 10월 2일.
- 5절. 「생각이란 무엇인가」, 현대경제연구원 Creative TV, 2020년.
- 6절. 《웹진X》 2023년 3월호.

4장

- 2절. 「AI와 인간의 협업가능성과 문화적 표현의 다양성」(2020), 『"유네스코 문화적 표현의 다양성 보호와 증진에 관한 협약: 제2차 국내 전문가회의"―인공지능 시대에 변화하는 창작의 개념과 문화적 표현의 다양성』 수록 「인공지능은 예술 창작의 주체일 수 없다」(ZERO1NE 매거진, 2020), 「인공지능과 예술, 그리고 창작」(2020, 제1회 세계박물관포럼 '박물관과 인공지능').
- 3~6절. 「인공지능 시대, 창의성 개념의 재고찰」, 《예술영재교육》 6호, 2021년.
- 7절. 「6.1 창의성은 창작의 경험을 통해서만 길러진다」, 『뉴노멀의 철학』, 동아시아, 2020년.

5장

- "3.1.2. 외국 연구", in 김재인, 김시천, 신현기, 김지은, 「뉴리버럴아츠 인문학의 정립: 뉴노멀 시대 한국 인문학의 길」, 경제·인문사회연구회 정책보고서, 2022년 1월.
- "4. 연구 내용", in 김재인, 김시천, 신현기, 김지은, 「뉴리버럴아츠 인문학의 정립: 뉴노멀 시대 한국 인문학의 길」, 경제·인문사회연구회 정책보고서, 2022년 1월.
- 〈광주일보〉 연재 칼럼
  ― 선진국은 자신의 문제를 문제로 삼는다, 2021년 12월 7일.
  ― 인문학의 '데이터'는 무엇일까?, 2022년 7월 12일.

— 학문의 영어 편식과 예속이 심각하다, 2022년 11월 15일.

— 디지털 대전환의 의미, 2023년 1월 17일.

— 생성 인공지능의 시대, 암기 교육이 필수다, 2023년 3월 28일.

6장

- '인문X과학X예술: 뉴리버럴아츠의 탄생', 『뉴노멀의 철학』, 동아시아, 2020년.

- '4장 2절. 인문학 체계의 재편: 뉴리버럴아츠', in 김재인, 박진호, 한상기, 김지은, 송민석, 「인문사회와 인공지능(AI)의 융합연구 지원방안」, 한국연구재단, 2020년 8월.

- '2. 연구 필요성 및 목표', '4. 연구 내용', in 김재인, 김시천, 신현기, 김지은, 「뉴리버럴아츠 인문 학의 정립: 뉴노멀 시대 한국 인문학의 길」, 경제·인문사회연구회 정책보고서, 2022년 1월.

부록 1

- "통제할 수 없는 인공 초지능의 갑작스러운 등장", in 《FUTURE HORIZON+》53호, 과학기술정책연구원(STEPI), 2022년.

부록 2

- "인공지능 윤리는 장식품이 아니다: 윤리의 산업적·경제적 전략 측면", 《정책과 도서관》, 국립세종도서관, 2021년 1-2호.

부록 3

다음은 부록3(A. M. Turing (1950), "Computing Machinery and Intelligence," in Mind, A Quarterly Review of Psychology and Philosophy Vol. 49, No. 236, 433-460.)

의 참고문헌을 수록했다.

- Samuel Butler, *Erewhon*, London 1865. Chapters 23, 24, 25, The Book of the Machines.

- Alonzo Church, "An Unsolvable Problem of Elementary Number Theory", *American Journal of Mathematics*, 58(1936), 345 - 363.

- K. Gödel, "Über formal unentscheidbare Stätze der Principia Mathematica und verwandter Systeme I", *Monatshefte für Mathematik und Physik*, (1931), 173 - 189.

- D. R. Hartree, *Calculating Instruments and Machines*, New York, 1949.

- S. C. Kleene, "General Recursive Functions of Natural Numbers", *American Journal of Mathematics*, 57(1935), 153 - 173 and 219 - 244.

- G. Jefferson, "The Mind of Mechanical Man". Lister Oration for 1949. *British Medical Journal*, vol.i(1949), 1105 - 1121.

- Countess of Lovelace, 'Translator's notes to an article on Babbage's Analytical Engine', *Scientific Memoirs* (ed. by R. Taylor), vol.3(1843), 691 - 731.

- Bertrand Russell, *History of Western Philosophy*, London, 1940.

- A. M. Turing, "On Computable Numbers, with an Application to the Entscheidungsproblem", *Proc. of London Math. Soc.*(2), 42 (1937), 230 - 265.

참고문헌

浅川直輝(2020), "AI教育改革, 始動", *Nikkei Computer*, pp.36-43.

AI Network, 「GPT 모델의 발전 과정 그리고 한계」, 2021년 2월 19일, https://medium.com/ai-networkkr/gpt-모델의-발전-과정-그리고-한계-81cea353200c, (마지막 접속 2022년 11월 6일).

Bateson, G(1979), *Mind and Nature: a Necessary Unity*, E. P. Dutton.

Batteux, C(2015), *The Fine Arts Reduced to a Single Principle*, (J. O. Young, Trans.), Oxford University Press.

Baumgarten, A. G.(2019), 『미학』, 김동훈 옮김, 도서출판 마티 (원본 출간년도: 1750, 1758).

Bentley, Peter John(2018), "The Three Laws of Artificial Intelligence: Dispelling Common Myths", in European Parliamentary Research Service (EPRS), "Should we fear artificial intelligence?", *In-depth Analysis*, March 2018, chap. 3.

Csikszentmihalyi, M.(1999), "Implications of a Systems Perspective for the Study of Creativity", In R. J. Sternberg(Ed.), *Handbook of creativity* (pp. 313-335), Cambridge University Press.

Csikszentmihalyi, M.(2003), 『창의성의 즐거움』, 노혜숙 옮김, 북로드 (원본 출간 년도: 1996).

Csikszentmihalyi, M.(2014), "Society, Culture, and Person: A Systems View of Creativity", In Csikszentmihalyi, M.(Ed.), *The Systems Model of Creativity: The Collected Works of Mihaly Csikszentmihalyi* (pp. 47-61), Springer (원본 출간년도: 1988).

Deleuze, Gilles & Félix Guattari(1980), *Mille Plateaux – Capitalisme et schizophrénie 2*, Les Éditions de Minuit.

Deleuze, Gilles(2002, 초판 1981), *Francis Bacon - Logique de la sensation*, Seuil.

Egor Zakharov et al.(2019), "Few-Shot Adversarial Learning of Realistic Neural Talking Head Models",https://arxiv.org/abs/1905.08233.

Elgammal, Ahmed et al.(2017), "CAN: Creative Adversarial Networks, Generating "Art" by Learning About Styles and Deviating from Style Norms", https://arxiv.org/abs/1706.07068.

Fitzgerald, McKenna, Aaron Boddy, & Seth D. Baum(2020), 2020 "Survey of Artificial General Intelligence Projects for Ethics, Risk, and Policy", *Global Catastrophic Risk Institute Technical Report* 20-1.

Fuentes, A.(2018), 『크리에이티브』, 박혜원 옮김, 추수밭, (원본 출간년도: 2017).

Goodfellow, Ian J. et al.(2014), "Generative Adversarial Nets", arXiv:1406.2661v1 [stat.ML] 10 Jun 2014.

Grace, Katja et al.(2017), "When Will AI Exceed Human Performance? Evidence from AI Experts," arXiv:1705.08807v3.

Henrich, J.(2019), 『호모 사피엔스, 그 성공의 비밀』, 주명진, 이병권 옮김, 뿌리와이파리, (원본 출간년도: 2016).

Hernandez-Orallo, Jose & Sean O hEigeartiagh(2018), "Paradigms of Artificial General Intelligence and Their Associated Risks", *Centre for the Study of Existential Risk*, University of Cambridge, UK.

Kate Crawford, "The Trouble with Bias", Conference on Neural Information Processing Systems, NIPS 2017 Keynote. htttps://youtu.be/fMym_BKWQzk.

Klee, Paul(1920), "Schöpferische Konfession", In: *Tribüne der Kunst und der Zeit. Eine Schriftensammlung*, Band XIII, ed. by Kasimir Edschmid, Reiß, 1920. 아래 사이트에서 재인용. https://de.wikiquote.org/wiki/Paul_Klee.

Kristeller, P. O.(1951), "The Modern System of the Arts: A Study in the History of Aesthetics Part I", *Journal of the History of Ideas*, 12(4), pp. 496-527.

Kristeller, P. O.(1952), "The Modern System of the Arts: A Study in the History of Aesthetics Part II", *Journal of the History of Ideas*, 13(1), pp. 17-46.

Kristeller, Paul Oskar(1965), *Renaissance Thought II: Papers on Humanism and the Arts*, Harper Torchbooks.

Leroi-Gourhan, A.(1964), *Le Geste et la Parole, vol. 1: Technique et langage*, Albin Michel.

Leroi-Gourhan, A.(1965), *Le Geste et la Parole, vol. 2: La Mémoire et les Rythmes*, Albin Michel.

Mazzone, Marian & Ahmed Elgammal(2019), "Art, Creativity, and the Potential of Artificial Intelligence", www.mdpi.com/journal/arts. Arts 2019, 8, 26; doi:10.3390/arts8010026.

National Institute of Standards and Technology, *Blockchain Technology Overview* (Gaithersburg, Maryland: National Institute of Standards and Technology, 2018), 36, accessed February 24, 2023, https://nvlpubs.nist.gov/nistpubs/ir/2018/nist.ir.8202.pdf.

Nietzsche, Friedrich(1883), *Also Sprach Zarathustra, Kritische Studiensausgabe*, ed. by Giorgio Colli and Mazzino Montinari, 1999, de Gruyter. 원문에서 직접 번역. 『차라투스트라는 이렇게 말했다』.

OECD(2021). *21st-Century Readers: Developing Literacy Skills in a Digital World*, PISA, OECD Publishing, Paris.

Paul Oskar Kristeller(1965), *Renaissance Thought II: Papers on Humanism and the Arts*, New York: Harper Torchbooks.

Peter F. Drucker(1989), *The New Realities*, Harper and Row.

Rottier, Bart & Nannette Ripmeester, and Andrew Bush(2011), "Separated by a Common Translation? How the British and the Dutch Communicate", *Pediatric Pulmonology* 46.

Russell, Stuart J. & Peter Norvig(2010, 3rd ed.), *Artificial Intelligence: A Modern Approach*, Prentice Hall.

Russell, Stuart J. & Peter Norvig(2020, 4th ed.), *Artificial Intelligence: A Modern Approach*, Prentice Hall.

Shiner, L.(2015), 『순수예술의 발명』, 조주연 옮김, 인간의기쁨 (원본 출간년도: 2001).

Silver, David et al.(2017), "Mastering the game of Go without human knowledge", *Nature* 550.

Silvester, David(1987, 3th ed.), *The Brutality of Fact: Interviews with Francis Bacon*, Thames and Hudson.

Turing, Alan M.(1950), "Computing Machinery and Intelligence," in *Mind. A Quarterly Review of Psychology and Philosophy* Vol. 49, No. 236, pp. 433-460. 이 책의 부록에 번역해서 수록했음.

Ujhelyi, Adrienn and Flora Almosdi, and Alexandra Fodor(2022), "Would You Pass the Turing Test? Influencing Factors of the Turing Decision", *Psychological Topics*, 31, 1, pp. 185-202, https://doi.org/10.31820/pt.31.1.9.

van Mander, Karel(1718), *De groote schouburgh der Nederlantsche konstschilders en schilderessen*, vol. 1.

Will Douglas Heaven, 「초거대 AI 모델들이 탄생한 2021년」, https://www. technologyreview.kr/ 초거대-ai-모델들이-탄생한-2021년/ (마지막 접속 2022년 11월 6일).

Wittgenstein, Ludwig(1953), *Philosophical Investigations*, tr. by G. E. M. Anscombe, Macmillan Publishing Company. 『철학적 탐구』.

Müller, Vincent C. & Nick Bostrom(2014), "Future progress in artificial intelligence: a poll among experts", *AI Matters*, September 2014, https:// doi.org/10.1145/2639475.2639478.

World Economic Forum(2021), *The Global Risks Report 2021*, 16th Edition.

Zakharov, Egor et al.(2019), "Few-Shot Adversarial Learning of Realistic Neural Talking Head Models", https://arxiv.org/abs/1905.08233

곰브리치, 에른스트 H.(2013), 백승길, 이종숭 옮김, 『서양미술사』, 예경.

구글 인공지능 블로그 포스팅, "Inceptionism: Going Deeper into Neural Networks", http://ai.googleblog.com/2015/06/inceptionism-going-deeper-into neural.html.

김근배(2020), 「숭실전문의 과학기술자들: 이학과와 농학과의 개설, 졸업생들의 대학 진학」, 《한국근현대사연구》, 94.

김석수(2008), 「한국인문학의 자기성찰과 혁신」, 경제·인문사회연구회.

김여수 외(2005), 「한국 인문진흥정책 보고서」, 경제·인문사회연구회.

김재인(2017a), 『인공지능의 시대, 인간을 다시 묻다』, 동아시아.

김재인(2017b), 「바움가르텐으로 돌아가자: 감(感)적 앎의 복권을 위한 한 시도」, 《근대철학》, 9, pp. 31-58.

김재인(2019a), 「인공지능은 예술작품을 창작할 수 있을까?」, 유현주(편), 『인공지능시대의 예술』, 도서출판b, pp. 55-88.

김재인(2019b), 『생각의 싸움』, 동아시아.

김재인(2020), 『뉴노멀의 철학』, 동아시아.

김재인(2021), 「들뢰즈와 과타리의 철학에서 앙드레 르루아구랑의 '손놀림과 말'의 역할」, 《문학과영상》, 22(1), pp. 63-86.

김재인, 〈들뢰즈(Gilles Deleuze)를 통해 본 예술의 기능: 죽음에게 외치며 싸우기〉, YouTube, 2022년 2월 23일 수정, https://youtu.be/ivUW_Ls7n58.

김재인 외(2020), 「인문사회와 인공지능(AI)의 융합연구 지원방안」, 한국연구재단.

김재인 외(2022), 「뉴리버럴아츠(A New Liberal Arts) 인문학의 정립: 뉴노멀 시대 한국 인문학의 길」, 경제·인문사회연구회.

김현정(2003), 「창의성의 개념적 검토」, 《교육과정평가연구》, 6(2), pp. 155-170.

나윤석(2022), 「소설가와 6개월간 대화 교감…가상인간, 얼마나 성장할까」, 《문화일보》, 2022년 11월 3일. http://m.munhwa.com/mnews/view.html?no=2022110301031912173001 (최근 접속일 2022년 11월 6일).

나종석(2018), 「사회인문학의 이중적 성찰 : 대동민주 유학의 관점에서」, 《사회와 철학》, 35.

남기원(2021), 『대학의 역사』, 위즈덤하우스.

레이 커즈와일, 김명남 옮김(2007), 『특이점이 온다』, 김영사.

마크 버트니스, 조은영 옮김(2021), 『문명의 자연사』, , 까치.

마틴 포드, 김대영 외 옮김(2019), 『AI 마인드』, 터닝포인트.

문태형(2000), 「창의성 체계이론과 교육환경: Csikszentmihalyi의 체계모형을 중심으로」, 《인문예술논총》, 21, pp. 235-255.

박승찬(2003), 「학문간의 연계성: 중세 대학의 학문분류와 교과과정에 대한 고찰」, 《철학》, 74.

백종현(2007),「한국 인문학 진흥의 한 길」,《지식의 지평》 2호.

송승철(2013),「인문대를 해체하라! - "전공인문학"에서 "교양인문학"으로」, 《영미문학 연구 안과밖》, 34.

송승철 외(2019),「인문학: 융합과 혁신의 사례들」, 경제·인문사회연구회.

세계경제포럼(2023),「직업의 미래, 2023년 보고서」, https://www3.weforum. org/docs/WEF_Future_of_Jobs_2023.pdf.

스콧 하틀리 지음, 이지연 옮김(2017),『인문학 이펙트: 인공지능 시대를 장악하는 통찰의 힘』, 마일스톤.

스튜어트 러셀 지음, 이한음 옮김(2021),『어떻게 인간과 공존하는 인공지능을 만들 것인가: AI와 통제 문제』, 김영사.

안재원(2010),「인문학(humanitas)의 학적 체계화 시도와 이에 대한 비판에 대해서」,《서양고전학연구》, 39.

안재원(2015),「자유교양학문(encyclo paedeia)의 형성과 전개」,《서양고전학연구》, 54(2).

오병남(1975),「근대 미학 성립의 배경에 관한 연구 — 예술(Fine arts)의 체제의 성립과 미의 개념과의 관계를 중심으로」,《미학》, 5, pp. 55-96.

유찬미(2017),「네이버 웹툰 '마주쳤다'에 적용된 GAN (generative adversarial networks) 기술」(네이버랩스, 2017년 12월 21일, https://www.naverlabs.com/storyDetail/44),

이경숙(2021),「일제강점기 숭실전문학교 교수진의 구성과 네트워크」,《사회와 역사》, 130.

이광래(2003),『한국의 서양 사상 수용사』, 열린책들.

이기범(2018),「GAN(생성적 적대 신경망) - 진짜 같은 가짜를 만드는 AI」, 2018년 6월 8일, http://www.bloter.net/archives/311614.

이용화, 이유정 (2021),「세인트존스 칼리지의 세미나 모델을 적용한 교양 세미나 수업 개발 및 효과 검증」,《교양교육 연구》, 15(2).

전인한(2015), 「시력 약한 박쥐의 아름다운 퇴장 – 새로운 인문학의 출현을 고대하며」,《영미문학연구 안과밖》, 39.

정연보(2017),『초유기체 인간』, 김영사.

조지 앤더스 지음, 김미선 옮김(2018),『왜 인문학적 감각인가: 인공지능 시대, 세상은 오히려 단단한 인문학적 내공을 요구한다』, 사이.

조지프 아운 지음, 김홍옥 옮김(2019),『AI 시대의 고등교육』, 에코리브르.

존 브록만 엮음, 김보은 옮김(2021),『인공지능은 무엇이 되려 하는가』, 프시케의숲.

최예정(2016), 「인문대를 해체하면 되는 걸까 – 교양인문학 또는 인문학 융합교육의 가능성과 의미」,《영미문학연구 안과밖》, 41.

최인수(1998a), 「창의성을 이해하기 위한 여섯 가지 질문」,《한국심리학회지: 일반》, 17(1), pp. 25-47.

최인수(1998b), 「창의적 성취와 관련된 제 요인들: 창의성 연구의 최근 모델인 체계 모델(Systems Model)을 중심으로」,《미래유아교육학회》, 5(2), pp. 133-166.

최인수(2000), 「창의성을 이해하기 위한 체계 모델(Systems Model)」,《생활과학》, 3(1), pp. 441-464.

최인수(2011),『창의성의 발견: 창의성은 언제, 어디서, 무엇에 의해, 어떻게 발현되는가』, 쌤앤파커스.

케빈 캐리, 공지민 옮김(2016),『대학의 미래: 어디서나 닿을 수 있는 열린 교육의 탄생』, 지식의 날개.

한상기(2021),『신뢰할 수 있는 인공지능』, 클라우드나인.

감사의 말

책이 나오기까지 정말 많은 도움이 있었다. 일일이 열거하기 힘들 정도다. 혹시라도 이름을 거명하다 빠트리게 되면 실례가 될까 우려스러워서, 조직이나 기관 중심으로 감사를 표하고 싶다.

가장 먼저 나의 직장 경희대학교 비교문화 연구소 식구들이 떠오른다. 전작 『인공지능의 시대, 인간을 다시 묻다』를 계기로 처음 만나 또 다른 책이 나오기까지 많이 응원해 주고 도움을 주었다(이 책은 2021년 대한민국 교육부와 한국연구재단의 지원을 받아 수행된 연구임, NRF-2021S1A5B8096142). 또한 한국정보방송통신대연합과 디지털소사이어티는 디지털 문화와 인간의 가치를 주제로 연구할 기회를 주었다. 한국연구재단은 두 번의 도움을 주었다. 「인문사회와 인공지능AI 융합 방안 연구」라는 정책연구를 수행할 수 있게 해주었는데, 연구 결과의 일부는 2부 곳곳에 반영되었다. 다른 하나는 학술연구교수 지원을 통해 도움을 주었다(이 책은 2020년 대한민국 교육부와 한국연구재단의 지원을 받아 수행된 연구임, NRF-2020S1A5B5A16082914). 경제·인문사회연구회는 뉴노멀 시대의 새로운 인문학을 연구할 기회를 주었다. 연구 결과의 일부는 5장과 6장에 반영되었다. 포스텍 융합문명연구원에도 감사드린다. 나는 이곳의 《웹진X》 편집위원장으로 활동하며 생성 인공지능에 대한 글을 연재했고, 그 일부가 책의 곳곳에 반영되었다. 그 밖에도 과학기술정보통신부, 과학기술정책연구원, 정보통신정책연구원

등 기관의 도움으로 작은 연구를 수행할 수 있었고, 그 결과가 책의 곳곳에 반영됐다. 끝으로 이 책과 관련한 여러 연구를 함께 진행한 김시천, 김지은, 민경진, 박진호, 신현기, 한상기 님과 훌륭한 조언을 주신 자문위원들께 감사드린다.

빛의 속도로 책의 출간을 수락하고 진행해 준 동아시아 출판사에도 고마운 마음을 전하고 싶다. 바쁜 와중에서 꼼꼼하게 책을 만들어 준 김선형 편집팀장, 문혜림 편집자가 없었다면 책은 가을에나 나올 수 있었을 것이다.

끝으로 이번에도 곁에서 오래 기다려 준 식구들에게 책을 바치고 싶다. 이 책은 가치를 둘러싼 오랜 싸움의 흔적이기도 하다.

AI 빅뱅

생성 인공지능과 인문학 르네상스

초판 1쇄 펴낸날 2023년 5월 23일
초판 4쇄 펴낸날 2024년 4월 25일
지은이 김재인
펴낸이 한성봉
편집 최창문·이종석·오시경·권지연·이동현·김선형·전유경
콘텐츠제작 안상준
디자인 최세정
마케팅 박신용·오주형·박민지·이예지
경영지원 국지연·송인경
펴낸곳 도서출판 동아시아
등록 1998년 3월 5일 제1998-000243호
주소 서울시 중구 필동로8길 73 [예장동 1-42] 동아시아빌딩
페이스북 www.facebook.com/dongasiabooks
전자우편 dongasiabook@naver.com
블로그 blog.naver.com/dongasiabook
인스타그램 www.instargram.com/dongasiabook
전화 02) 757-9724, 5
팩스 02) 757-9726

ISBN 978-89-6262-497-7   03100

※ 잘못된 책은 구입하신 서점에서 바꿔드립니다.

만든 사람들
총괄 진행 김선형
책임 편집 문혜림
교정 교열 김대훈
크로스교열 안상준
디자인 페이퍼컷 장상호
본문 조판 김선형